本教材系安徽省高等学校省级质量工程项目•教学研究项目
“公共事业管理专业课程体系优化与培养模式改革研究”
（项目编号：2013jyxm043）的研究成果之一。

Gonggong Zhengce Gailun

公共政策概论

（修订版）

徐 彬 安建增 主编

安徽师范大学出版社
·芜湖·

责任编辑：胡志立
装帧设计：桑国磊

图书在版编目（CIP）数据

公共政策概论/徐彬，安建增主编．—修订版．—芜湖：安徽师范大学出版社，2016.5
ISBN 978-7-5676-2081-0

Ⅰ.①公… Ⅱ.①徐… ②安… Ⅲ.①公共政策 Ⅳ.①D0

中国版本图书馆 CIP 数据核字（2015）第 164361 号

公共政策概论（修订版）
徐　彬　安建增　主编

出版发行：安徽师范大学出版社
芜湖市九华南路 189 号安徽师范大学花津校区　　邮政编码：241002
网　　址：http：//www.ahnupress.com/
发 行 部：0553-3883578　5910327　5910310（传真）　E-mail：asdcbsfxb@126.com
印　　刷：虎彩印艺股份有限公司
版　　次：2016 年 5 月第 1 版
印　　次：2016 年 5 月第 1 次印刷
规　　格：700 mm×1000 mm　1/16
印　　张：15
字　　数：261 千
书　　号：ISBN 978-7-5676-2081-0
定　　价：34.80 元

修订说明

本教材于2008 年首次出版，2011 年进行简单修改后重印。2013 年，我们申请获批了安徽省高等学校省级质量工程项目之教学研究项目“公共事业管理专业课程体系优化与培养模式改革研究”（项目编号：2013jyxm043）。在该项目的研究过程中，我们发现该教材更多是在“知识”层面上展开的，并不适应“能力”培养的要求，对于政策问题分析与建构能力、政策目标设计与评估能力、政策方案设计能力、政策方案前景预测能力、公共决策能力、政策执行能力、政策评估能力等方面的内容涉及较少。以此为出发点，我们对该教材进行了大幅修订。

主要修订内容如下：

第一，删掉了原版中的“附录”（主要是案例），同时重新选取了一些精短的案例，并将这些案例置入具体内容的阐述之中。这样做，一方面使案例与具体内容有机衔接，更容易使读者理解相关理论阐释（原版教材每章后所附案例都是单独存在的，与正文阐述有些脱节）；另一方面，将案例置入具体阐释过程中，“夹叙夹议”，有助于培养读者理论联系实际的能力。

第二，在每章正文之前增加了“学习目标”“内容提要”，正文之后新设置了“复习思考题”。需要强调的是，在每一章的“复习思考题”中都设置了一些综合性、操作性、启发性的题目，以培养和训练学生的政策分析能力。

第三，对教材实施了“瘦身”。目前国内本科生开设的“公共政策概论”课程大多在50～60 课时，客观地讲，原版字数相对较多，并不太适合50～60课时的本科生课程教学。因此，在修订过程中除了删掉“附录”之外，还在注重体系完整、信息量充实、内容完备的基础上，适当压缩了有关章节的内容，使教材更加适合教学实践。

第四，在修订过程中，既注重政策知识的讲述，又注重政策分析思维、分析逻辑和分析方法的讲述。因此，每一章都设有两节，第一节重“知识”，

第二节重“能力”。第二节中的内容在很大程度上源于我们近些年“公共政策概论”教学的心得和体会，也是我们推行公共管理专业培养模式改革的一点体现。

第五，在修订过程中，着重对原版中表述、引用、注释、译文、国外作者译名及其英文原名等方面错误、疏漏、不规范等进行了详细、严谨的更正。

第六，在修订过程中更加注重“中国情境”论述，讲述中国的“政策故事”，并尽力适应新型智库建设需要和社会治理创新需要，以中国语境、中国道路、中国制度、中国视角来阐释公共政策学的相关问题，同时吸收了政策学界的最新研究进展。

修订分工如下：徐彬、安建增担任主编，提出修订思路，并对全书进行统稿。参与各章修订的分别是：第一章——徐彬、谢宇，第二章、第三章、第四章——安建增，第五章、第六章——何晔，第七章——谢宇，第八章——何阁，第九章——闫妍，第十章——刘怡秀。

本教材的编写和修订参阅了大量中外文文献，吸收了许多学者的研究成果，在此表示特别感谢。本教材的修订和出版得到了安徽师范大学出版社的支持，本教材的修订思路和一些案例搜集得到了2013年安徽省高等学校省级质量工程项目之教学研究项目“公共事业管理专业课程体系优化与培养模式改革研究”的支持，特此说明并感谢。当然，受到我们的精力、学识等的限制，该教材即使经过修订，也难以避免存在这样那样的问题，敬请批评指正。

编　者

2016年元月

目　录

第一章　绪论：公共政策的基本问题

【学习目标】

通过本章的学习，需要掌握与公共政策有关的基本问题，诸如公共政策概念、公共政策的特性、公共政策功能、公共政策的基本活动、公共政策基本类型、公共政策的系统构成，等等。

【内容提要】

公共政策可被视为公共权威的政策主体为了适应环境的变化与发展，为了解决公共问题、处理公共事务、分配公共价值、实现公共利益、协调公共关系等，利用公共权力、合理配置公共资源，而形成的具有权威性、强制性、实践性和可操作性的公共行为规范、行为准则、行为指南、行为策略和行为路线；其具体表现为法律、法规，某种行动计划、发展规划，政府大型工程或项目，行政规定、行政命令、行政规范，国家领导人口头或书面的表态、指示等。

公共政策主要具有三方面的特性：公共性、权威性和实践性。公共政策的公共性、权威性和实践性是通过公共政策的功能体现出来的。具体而言，公共政策的功能包括服务功能、管制功能、引导功能、调控功能和分配功能。我们可以按照政策阈、政策功能、政策地位、政策主体、政策周期等来对公共政策进行分类。与公共政策有关的活动包括公共政策研究、公共政策分析和公共政策管理等。公共政策系统的构成要素包括环境要素、主体要素、客体要素、自身要素和过程要素等。每一要素都是不可或缺的，都对公共政策的运行、结果等产生影响，也都是公共政策分析所必须考量的。

人类需要以"社会"的方式生存与发展。"社会"是由一个个原子化的个体构成，每一个个体都有自己的理性偏好、具体需求；同时，整个社会又需要个体之间的合作、共同行动以及对社会有机体的服从、对社会义务的担负等。也就是说，人类社会面临个体理性与共同利益的矛盾，因而需要一种权威采用合适的行动路线来明确、实现未来的共同愿景，也需要权威采用合适的方法手段来分配公共资源、协调人际关系、形成共享观念等。对于此，有学者明确指出：

> 所谓治理，是指各种公共的或私人的机构和个人管理其共同事务的诸多方式的总和。它是使相互冲突的或不同的利益得以调和并且采取联合行动的持续的过程。这既包括有权迫使人民服从的正式制度和规则，也包括人们同意或认为符合其利益的各种非正式的制度安排。它的基本含义是指在一个既定的范围内运用权威维持秩序，满足公众的需要。治理的目的是在各种不同的制度关系中运用权力去引导、控制和规范公民的各种活动，以最大限度地增进公共利益。①

可以明确地说，公共权威在行动路线的选择、公共资源的配置以及公共价值的分配、人际关系的协调、制度安排等过程中都需要通过公共政策来实现。那么，什么是公共政策呢？公共政策的地位、价值是什么？公共政策具有哪些属性？公共政策系统的构成要素是什么？公共政策以什么方式和形态呈现在公共生活当中的呢？这些问题都是本章要阐述的。

第一节 公共政策的概念与属性

对于学术研究和实践分析来言，概念是"对话"的基础，也是准确认识事物的起点。因此，这一节从认识公共政策的概念开始，在此基础上剖析公共政策的基本属性。

一、公共政策的定义

关于公共政策的定义，学界可谓是"智者见智，仁者见仁"。拉雷·N.格斯顿就曾戏谑地指出，关于公共政策的定义，就像现实中公共政策问题一

① 胡仙芝．治理理论与行政改革［J］．中国行政管理，2001（1）．

样，多得数不胜数[①]。梳理、综述关于公共政策的定义，从中找出异同点，可以帮助我们更好地认识公共政策的本质。

先列举几位西方学者对于公共政策的定义：

詹姆斯·E. 安德森（James E. Anderson）指出："政策是一个有目的的活动过程，而这些活动是由一个或一批行为者，为处理某一问题或有关事务而采取的"；"公共政策是由政府机关或政府官员制定的政策"[②]。

罗伯特·艾斯顿（Robert Eyestone）认为："从广义上说，公共政策就是政府机构和它周围环境之间的关系。"[③]

戴维·伊斯顿（David Easton）认为："公共政策是对全社会的价值作权威性分配。"[④]

伍德罗·威尔逊（Woodrow Wilson）认为："公共政策是由政治家（具有立法权者）制定的并由行政人员（国家公务人员）执行的法律和法规。"[⑤]

哈罗德·D. 拉斯韦尔（Harold D. Lasswell）认为："政策就是一种具有目标、价值和策略的大型计划。"[⑥]

托马斯·R. 戴伊（Thomas R. Dye）认为："公共政策就是政府选择做与选择不做的事情。政府要处理许多事务：调节社会内部冲突；动员人民协同对外；向社会成员提供各种象征性的奖励和实质性的服务；以税收的形式，从社会中汲取资金。因此可以说，公共政策涉及调节个体行为、构建官僚体系、分配利益、征税，或者同时完成这些事务。"[⑦]

再列举几位中国学者对于公共政策的定义：

陈振明认为："政策是国家机关、政党及其他政治团体在特定时期为实现或服务于一定社会政治、经济、文化目标所采取的政治行为或规定的行为准则，它是一系列谋略、法令、措施、办法、方法、条例等的总称。"[⑧]

---

① ［美］拉雷·N. 格斯顿．公共政策的制定：程序和原理［M］．朱子文译．重庆：重庆出版社，2001：3.

② ［美］詹姆斯·E. 安德森：公共决策［M］．唐亮译．北京：华夏出版社，1990：4.

③ 转引自［美］詹姆斯·E. 安德森：公共决策［M］．唐亮译．北京：华夏出版社，1990：2.

④ 转引自伍启元．公共政策（上册）［M］．香港：商务印书馆，1989：4.

⑤ 转引自谢明．公共政策导论［M］．北京：中国人民大学出版社，2004：2.

⑥ 转引自林水波，张世贤．公共政策［M］．台北：五南图书出版公司，1982：8.

⑦ ［美］托马斯·R. 戴伊．理解公共政策（第十二版）［M］．谢明译．北京：中国人民大学出版社，2010：1.

⑧ 陈振明．政策科学：公共政策分析导论（第二版）［M］．北京：中国人民大学出版社，2004：50.

伍启元认为："公共政策是政府所采取的对公私行动的指引；公共政策是将来取向的；公共政策是目标取向的；公共政策是与价值有密切关联而受社会价值所影响的；公共政策是由政府或有决策权者所采取或选择的；公共政策是具有约束性而受大多数人接受的行动指引。"①

张金马认为：公共政策是"党和政府用以规范、引导有关机构团体和个人行为的准则或指南。其表现形式有法律、规章、行政命令、政府首脑的书面或口头声明和指示以及行动计划与策略等"②。

王福生认为：公共政策是"人们为实现某一目标而确定的行为准则和谋略"，"简言之，政策就是治党治国的规则和方略。"③

张国庆认为："可以认为，一切涉及选择现象的研究和应用都可以归属于公共政策范畴。"④

周树志认为："所谓公共政策，就是政府和政党为处理公共事务实现公共管理而制定和实施的公共行为规范、行动准则和活动策略。"⑤

谢明认为："如果需要对公共政策进行定义的话，似乎可以把其简单定义为：社会公共权威在特定情境中，为达到一定目标而制定的行动方案或行为准则。其作用是规范和指导有关机构、团体或个人的行动，其表达形式包括法律法规、行政规定或命令、国家领导人口头或书面的指示、政府大型规划、具体行动计划及相关策略。"⑥

樊钉认为："公共政策是社会公共权威在特定的条件下，针对特定的对象、为达到特定的目标而制定的行动方案或行为准则。其作用是用以规范、引导有关机构团体和个人的行动，其表达形式包括法律规章、行政命令、国家重要领导人的讲话或批示，以及政府的大型规划、具体的行动计划与策略等。"⑦

王达梅等认为："对于公共政策这个概念，可以从静态和动态两个角度来理解。从静态角度看，公共政策就是客观存在的各种行为准则，这些行为准

① 伍启元．公共政策（上册）［M］．香港：商务印书馆，1989：4.

② 张金马．政策科学导论［M］．北京：中国人民大学出版社，1992：17.

③ 转引自周树志．公共政策学：一种政策系统分析新范式［M］．西安：西北大学出版社，2000：31.

④ 张国庆．现代公共政策导论［M］．北京：北京大学出版社，1992：6.

⑤ 周树志．公共政策学：一种政策系统分析新范式［M］．西安：西北大学出版社，2000：36.

⑥ 谢明．公共政策导论［M］．北京：中国人民大学出版社，2004：5.

⑦ 樊钉．公共政策［M］．北京：国家行政学院出版社，2005：5－6.

则用以解决公共问题以及约束和引导社会成员的行为。从动态角度看，公共政策是一个动态过程，这个动态过程包括政策问题认定、政策规划、政策执行、政策评估和政策终结等环节。”[①]

不难发现，国内外学者关于公共政策含义的具体表述各异，但都反映了公共政策的某个侧面或某些特性。借用研究社会组织的国际权威莱斯特·M.萨拉蒙（Lester M. Salamon）的话说：“每一种称呼都至少会部分地误导着人们的视线；但同时，每一种称呼又反映了该领域的某一方面的性质”[②]。这说明，公共政策及其实践本身是一个比较复杂的社会现象或存在，具有多个面向。综合分析上述学者的定义，我们也不难从其中找出一些有关公共政策的“共性”。

第一，公共政策是有“主体”的。在某种程度上可以说，其主体是公共权威，包括政府、执政党、政府首脑等。詹姆斯·E. 安德森、罗伯特·艾斯顿、伍德罗·威尔逊、托马斯·R. 戴伊、陈振明、伍启元、张金马、周树志、谢明、樊钉等对公共政策的定义中均含有“主体”要素。只不过，他们对于公共权威的具体类型的看法不同——基本上认为政府（行政机关）、立法机关是公共政策的基本主体，而对于政治家个人、政党（尤其是执政党）是否可以作为政策主体，观点各异。我国的学者一般都将执政党作为政策主体，这与西方学者的观点略有差异[③]。

第二，公共政策是有“目的”的。一般而言，其目的在于解决公共问题、处理公共事务、分配公共价值、实现公共利益、协调公共关系等。在另一个角度看，公共政策的这些目的构成了公共政策的基本功能。詹姆斯·E. 安德森、戴维·伊斯顿、哈罗德·D. 拉斯韦尔、陈振明、伍启元、王福生、周树志、谢明和樊钉等学者关于公共政策的定义中都明确含有这一要素。

第三，公共政策是有“客体”的。公共政策作为相关主体的一种行为表现，有着特定的指向，或者指向某一问题，或者指向某一领域，或者指向某一群体，而这些问题、领域、群体等则构成公共政策的“客体”要素。不难

① 王达梅，张文礼. 公共政策分析的理论与方法［M］. 天津：南开大学出版社，2009：6.

② 转引自李亚平等. 第三域的兴起：西方志愿者工作及志愿组织理论文选［C］. 上海：复旦大学出版社，1998：31.

③ 出现这种情况的原因应该与我国的政治制度有关。我国实施的是中国共产党领导下的多党合作制度，中国共产党作为执政党在党和国家中居于核心地位。在这种政治情景和制度实践的影响下，我国的学者往往将政党作为公共政策的关键主体要素之一。这在很大程度上是合理的。

看出，上述詹姆斯·E. 安德森、罗伯特·艾斯顿、戴维·伊斯顿、周树志和樊钉等学者关于公共政策的定义中包含有“客体”要素。

第四，公共政策是有“操作性”的。公共政策主体为了实现政策目标，利用公共政策向客体要素施加影响，这是公共政策的内在逻辑。在这一逻辑中，公共政策首先是一种精神现象和理智产出——是有意识的行动和对未来行动、相关关系的理性设计。但更为重要的是，公共政策是需要具体实施和操作的，只有这样才能真正地作用于客体要素，这“表明实践理性是公共政策首要的内在本性”，具有可操作性和执行性①。也就是说，公共政策不能仅仅是大脑深处的观念和谋划，而应是被具体化了的行动路线和操作方案，对实施的对象、范围、指标、措施、设备、工具、手段、资金、程序、步骤、时间、进度、技术、方法、权限等细节，作出十分明确具体详尽的规定②。上述詹姆斯·E. 安德森、伍德罗·威尔逊、哈罗德·D. 拉斯韦尔、伍启元、王福生、周树志和谢明等学者关于公共政策的定义中都包含有这一要素。

第五，公共政策是有“方法性”的。公共政策是理性的产物，是相关主体为了达到目标而利用相关信息、理性思量之后的行动路线和操作方案。从这个意义上讲，公共政策是一种工具、手段范畴的存在，只有较好地服务于目标、实现目标，才能在根本上获得合法性。因此，需要通过一定的方法和技术来整合、配置既有的资源，充分、有效地满足需求、实现目标。威尔逊（Thomas W. Wilson）就在这一意义上指出，公共管理（公共行政、公共政策）在本质上是一种技术性的活动，因此，“行政学研究的目标，在于首先要弄清楚政府能够适当而且成功地承担的是什么任务，其次要弄清楚政府能够以尽可能的效率和尽可能少的金钱或者人力上的消耗来完成这些专门的任务”③。即缺少方法和技术的公共政策显然是“不行的”“不好的”。对此，有学者作出如下概括：“所有政策本来就是人们适应环境和改造环境的方法。‘政策’这个词里的‘策’字，就集中体现了政策方法性这一内在规定性。”④ 虽然，明确以“方法”来定义公共政策的学者不多，但在詹姆斯·E. 安德森、伍德

① 周树志．公共政策学：一种政策系统分析新范式［M］．西安：西北大学出版社，2000：39－42.

② 周树志．公共政策学：一种政策系统分析新范式［M］．西安：西北大学出版社，2000：49.

③ 丁煌．西方行政学说史［M］．武汉：武汉大学出版社，2004：19.

④ 周树志．公共政策学：一种政策系统分析新范式［M］．西安：西北大学出版社，2000：47.

罗·威尔逊、哈罗德·D. 拉斯韦尔、伍启元、王福生、周树志和谢明等学者的定义中无疑都包含有方法和操作的要素。

第六，公共政策是有具体“表现形式”的。公共政策是一种理性谋划，公共政策也是实现公共利益的手段，但这些都是公共政策的内在特征。然而，我们感受到的公共政策是具有外部表象的，诸如法律、法规，某种行动计划、发展规划，政府大型工程或项目，行政规定、行政命令、行政规范，国家领导人口头或书面的表态、指示等[1]。对于这一要素，陈振明、谢明和樊钉等学者的表述最为明确。其他学者没有明确表述和论证，这很大程度上是因为大家“潜意识”都认为法律法规、发展计划规划等是毋庸置疑的公共政策形式，所以没有必要在定义中说明。我们对于公共政策的这些“表现形式”是熟悉的，如果见到了某一种形式，如中国共产党十八届三中全会通过的《中共中央关于全面深化改革若干重大问题的决定》、中国共产党十八届四中全会通过的《中共中央关于全面推进依法治国若干重大问题的决定》，大家会毫不迟疑地说，这是“公共政策”。对于公共政策定义的这六种要素，虽然表述不一，但只有这一要素的争议最小。

至此，我们可以对公共政策下一个定义了——公共政策可被视为公共权威的政策主体为了适应环境的变化与发展，为了解决公共问题、处理公共事务、分配公共价值、实现公共利益、协调公共关系等，利用公共权力、合理配置公共资源，而形成的具有权威性、强制性、实践性和可操作性的公共行为规范、行为准则、行为指南、行为策略和行为路线；其具体表现为法律、法规，某种行动计划、发展规划，政府大型工程或项目，行政规定、行政命令、行政规范，国家领导人口头或书面的表态、指示等。

这里强调两点：一是在某种程度上可以说，这一定义是综合性的，综合采纳了上述学者的观点和思路；二是这一定义也许就像“盲人摸象”那样，仅仅说明了公共政策的某个或某几个特征，并不是全面的。希望读者开动脑筋，结合自己对公共政策及其实践的了解和理解，提出新的看法，概括、归纳公共政策其他本质内涵。

二、公共政策的特性

虽然公共政策的定义是对公共政策本质特性的概括和归纳，但是其本身

① 谢明．公共政策导论［M］．北京：中国人民大学出版社，2004：5.

属于表层的认识。有学者指出，公共政策有自己特殊的内在规定性，认识公共政策固有的本性，是深入理解和掌握公共政策特殊本质的关键。① 因此，在分析了公共政策的定义之后，我们需要对公共政策的特性进行阐述。

对于公共政策的特性，陈振明认为其主要集中在三个方面：

> 政策集中反映或体现统治阶级的意志和愿望，是执政党、国家或政府进行政治控制或阶级统治的工具或手段；政策作为执政党、国家或政府的公共管理的工具或手段，服务于社会经济的发展和文化的进步；政策作为分配或调整各种利益关系的工具或手段，是各种利益关系的调节器。②

周树志对于公共政策的特性作出如下描述：

> 哲学告诉人们，一切存在物的外在特征是由它的内在本质规定的，抓住了存在物内部固有的规定性，就能比较深刻的说明存在物的外在特征。根据这个观点，我们认为公共政策特殊的内在本性是实践理性、政治性和方法性。③

学者谢明在其《公共政策导论》中指出，公共政策具有九方面特性：政治性、价值选择性、层次性、阶段性、功能多样性、合法性、权威性、普遍性和稳定性④。这几个学者的看法都有其合理性，但我们认为，公共政策的特性主要表现在三大方面：公共性、权威性和实践性。

（一）公共政策具有公共性

公共政策如果是为个人利益而制定，尤其是为了迎合某一个政策决策者或某一个强势影响者而制定特定政策的话，我们就可以说这个公共政策的公共性被灭失了。此时的公共政策无异于“腐败”。比如，隋炀帝修建、开通大

---

① 周树志．公共政策学：一种政策系统分析新范式［M］．西安：西北大学出版社，2000：38.

② 陈振明．政策科学：公共政策分析导论（第二版）［M］．北京：中国人民大学出版社，2004：51.

③ 周树志．公共政策学：一种政策系统分析新范式［M］．西安：西北大学出版社，2000：38－39.

④ 谢明．公共政策导论［M］．北京：中国人民大学出版社，2004：17－20.

运河，作为一个“公共工程”，大运河的修挖在当时应该算得上是一个“公共政策”。如果从沟通南北、便利交通的角度看，隋炀帝主持下的这项政策是有历史进步性的，因为它溢出的是公共性。反过来讲，无论大运河的公共性是多么的“客观”，但如果隋炀帝对此项工程的初衷是便于出京游览、便于到江南赏幸佳丽的话，那么开挖大运河这项政策的公共性就会因此大打折扣。更进一步讲，如果修挖大运河时根本就不顾当时的财力物力，不惜盘剥老百姓的财产乃至性命的话，这项公共政策的公共性可能就被销蚀殆尽了。正是在公共性这一意义上，托马斯·潘恩（Thomas Paine）指出，君主制犹如魔鬼一样，总是让愚人、恶棍、下流的人得志，贫穷、战争、混乱等因此而此起彼伏，却将平等、人性、理性等美好的东西拒之门外，“一个国王所能做的事情，往往并不外乎挑起战争和卖官鬻爵，直率地说，这是使国家陷于贫困和制造纷争。”① 这就是说，公共政策与公共性是交织融合在一起的，如果缺失了公共性，公共政策就不再是公共政策。公共政策的公共性取决于其制定主体的公共性、关涉客体的公共性和目标指向的公共性②。那么，如何具体理解公共政策的公共性呢？

首先，公共政策的公共性体现在其作用层次上。对于行动路线、规则、决定等“政策表现形式”，可能体现在个体或家庭、企事业单位、一个国家范围内乃至全球范围内（如图 1－1 所示）。大家不难理解，个体或家庭的行动路线、规则、决定，属于私人政策；企事业单位的行动路线、规则、决定，属于组织政策。私人政策的着眼点是个人私利，组织政策的着眼点是组织利益，这两者都不是严格意义上的“公共”行动，缺乏公共性，因此不应被视为公共政策。而国家范围内的行动路线、规则、决定等，是以国家范围内的

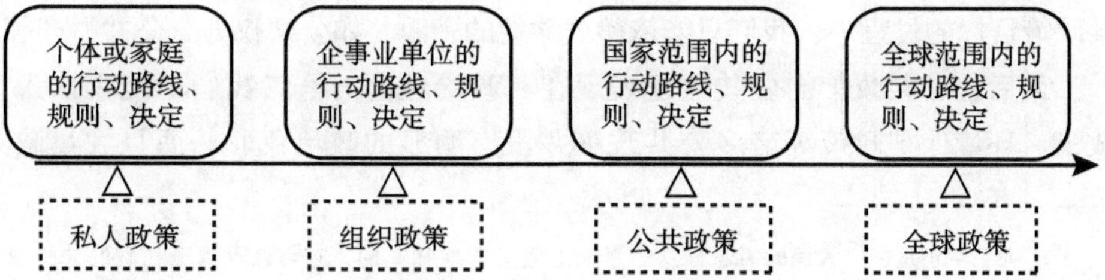

图 1－1　公共性的层次链条示意图

① ［英］托马斯·潘恩．潘恩选集［M］．马清槐等译．北京：商务印书馆，1981：10.
② 王达梅，张文礼．公共政策分析的理论与方法［M］．天津：南开大学出版社，2009：7.

共同利益为着眼点，以“人民的事业”[①] 为主要参照，其公共性明显，因此被视为公共政策。而全球范围内的行动路线、规则、决定具有公共性，且在全球化背景下表现出越来越明显的作用，如全球环保行动与气候策略，全球抗击“埃博拉”病毒行动等。这里我们将视角放在单一国家范围内，对于公共性较强的全球策略不予讨论。

其次，公共政策的公共性表现在其目的指向上。公共政策是具有“公共性”的行动路线、行动准则和行动策略，也就是说其存在于公共领域，旨在解决公共问题、处理公共事务、分配公共价值、实现公共利益、协调公共关系等。学者珍妮特·V. 登哈特（Janet V. Denhardt）等指出，政府有责任促进建立一个集体的、共同的公共利益观念，推行公共政策，“这个目标不是要找到由个人选择驱动的快速解决问题的方案，确切地说，它是要创立共同的利益和共同的责任。”[②] 也就是说，公共政策在最根本的意义上要实现“公共生活的‘多元共赢’……在和规则的博弈中形成多赢或共赢的利益分配格局，进而实现全社会的和平共处与和谐稳定。”[③] “公共政策不是针对个别人和个别事制定的，而是针对多数人和普遍性的问题制定的。”[④] 具体而言，公共政策着眼于社会整体性的普惠与共同利益，而不是单以某个个体或某个群体的利益为指针，不应具有偏向性。公共政策的公共性以“人民的事业”为考量标准，“属于全体公民的‘公有物’，而不是属于个别人或个别集团的‘私有物’”，满足私欲、中饱私囊、关切私益不应是公共政策的优先价值取向[⑤]。

再次，公共政策的公共性表现在其资源基础上。有一个基本原则：除非在紧急状态（如地震、洪灾、火灾、水灾）或合理补偿的情况下，否则不能利用私人资源来贯彻、执行公共政策。也就是说，在推行公共政策、实现公共政策目标的过程中，我们只能依赖公共性的资源，如公共权力、公共财产等。

最后，公共政策的公共性还表现在其政治性上。虽然我们不能否认人口政策、环境保护政策等诸多公共政策并没有明显的政治色彩，而且大量政策

---

① 西塞罗正是在“人民的事业”这一意义上定义“共和”的，它与追求国王私利的“王权专制”制度是截然相反的。参见张凤阳．政治哲学关键词［M］．南京：江苏人民出版社，2006：80.

② ［美］珍妮特·V. 登哈特，罗伯特·登哈特．新公共服务：服务，而不是掌舵［M］．丁煌译．北京：中国人民大学出版社，2004：62.

③ 张凤阳．政治哲学关键词［M］．南京：江苏人民出版社，2006：89.

④ 谢明．公共政策导论［M］．北京：中国人民大学出版社，2004：20.

⑤ 张凤阳．政治哲学关键词［M］．南京：江苏人民出版社，2006：80.

是国家为执行自己的社会职能和公共管理职能而制定的，是为全社会公众服务的公共政策，但同样不能否认“公共政策集中体现了统治阶级的利益需要，是源于政治动机的组织产物，因而它带有鲜明的政治倾向性。”① 马克思主义正确地揭示了国家及其政治属性，这里不再具体阐释。而对于公共政策而言，在很大程度上表现为国家及其具体运行——其价值取向是统治阶级意志和利益的体现与表达，其手段以国家公共权力、暴力机器为基础，其结果也常常表现为不同阶级之间、不同政治力量之间的博弈。可以说，公共政策是统治阶级巩固其政治地位、进行其政治管理的基本途径和基本表现②。列宁就曾明确说道：“政策就是阶级之间的相互关系。”③ 总而言之，公共政策的公共性不仅体现在其服务于经济发展、社会福利提升、公共事务处理等方面，而且体现在其对于政治秩序的维持、阶级关系和政治力量的协调方面。因此，在选择政策价值取向和政策指导思想的时候，不能忽视政治意识形态的作用。即我们需要在科学的层面上秉持工具理性，并以此来制定、选择、实施、评估公共政策，以保证公共政策的高效性；而更为重要的是，我们需要在政治的层面上秉持价值理性，以此来考虑整个公共政策过程，保证公共政策的政治性与我们的社会主义核心价值观相一致。正如习近平总书记所指出的那样：“必须完整理解和把握全面深化改革的总目标，这是两句话组成的一个整体，即完善和发展中国特色社会主义制度、推进国家治理体系和治理能力现代化。这里面有一个前一句和后一句的关系问题。前一句，规定了根本方向。”④ 这里的“根本方向”指的就是治理现代化政策的“政治属性”。任何以科学性为借口来掩盖公共政策的政治性的做法，都是值得质疑的，都是偏离了公共政策的公共属性的。

（二）公共政策具有权威性

“这里所说的权威，是指把别人的意志强加于我们；另一方面，权威又是以服从为前提的。”⑤ 公共政策的权威性指的是合法的公共政策所拥有的强制

① 谢明．公共政策导论［M］．北京：中国人民大学出版社，2004：17.

② 陈振明．政策科学：公共政策分析导论（第二版）［M］．北京：中国人民大学出版社，2004：51.

③ 转引自周树志．公共政策学：一种政策系统分析新范式［M］．西安：西北大学出版社，2000：45.

④ 中共中央文献研究室．习近平关于全面深化改革论述摘编［M］．北京：中央文献出版社，2014：20.

⑤ 马克思，恩格斯．马克思恩格斯选集（第3卷）［M］．北京：人民出版社，1995：224.

性，对包括社会个体、社会组织、政府机关、立法机关等在内的主体都具有强制约束力①。无论是否真心愿意，相关主体必须遵循政策的有关要求，认同政策确定的基本原则。

恩格斯在其《论权威》一文中指出："一方面是一定的权威，不管它是怎样形成的，另一方面是一定的服从，这两者都是我们所必需的，而不管社会组织以及生产和产品流通赖以进行的物质条件是怎样的。"② 也就是说，各行其是、互不相干不应是社会的本性，人类社会的共同利益和未来愿景是需要人们之间精诚合作、完备协同的。但问题是，人们之间的合作与协同不能完全依靠自发，而应该需要权威这一外力促进。美国学者斯科特·巴雷特（Scott Barrett）在《合作的动力》一书中也曾强调，单边主义、非合作主义和机会主义都会危及共同利益，权威及其控制行为可能让人们感到不自由甚或"难堪"，但其对于合作和协同的作用是无法替代的③。借用恩格斯的话来说，很多"问题是靠权威来解决的。"④ 公共政策的公共性指向的是社会的共同利益，在此意义上讲，其天然就应该具有权威性——为了长远发展、共同利益，我们需要认可公共政策的价值，并服从公共政策的规范。

在公共政策实施过程中，难免会出现抵制性的政策相对人，也可能出现一些牺牲个体利益、局部利益的情形。如公共政策在实现国家民族整体和长远利益的过程中，会侵蚀部分群体的利益，遭到一些抵制。在这种情况下，就需要赋予公共政策一定的权威性，使其可以强制性的实施，以实现预设目的。在很多情况下，公共政策是以管制为特征，其出台、实施本身就会使一些群体或个体感到"不舒服"，受到约束，因此他们是不会自动接受该公共政策并按照公共政策要求来行事的。比如，治理污染的政策、防止黄赌毒的政策、针对暴恐犯罪的政策、限制车辆超载超限的政策等。对于这些"规制性"的政策，需要赋予其一定的权威性，使其可以强制实施，发挥正的外部性。在这个角度上看，公共政策的权威性可被理解为强制性，不需要依循规制对象的意愿，而只需要在公共性的前提下，由公共权威制定、实施即可。

在现代政治制度中，宪法以及相关法律程序赋予了特定政策以充分的合

① 王达梅，张文礼．公共政策分析的理论与方法［M］．天津：南开大学出版社，2009：6.
② 马克思，恩格斯．马克思恩格斯选集（第3卷）［M］．北京：人民出版社，1995：226.
③ ［美］斯科特·巴雷特．合作的动力［M］．黄智虎译．上海：上海人民出版社，2012：1－22.
④ 马克思，恩格斯．马克思恩格斯选集（第3卷）［M］．北京：人民出版社，1995：225.

法性，所以政策就被赋予了权威性，只有经过合法程序终结了该政策或者修改了该政策，其权威性才不复存在。也就是说，公共政策是在法律程序下因权威机关的确定而具有合法性，其地位、准则等受到国家法律的保护，因此具有权威性。

（三）公共政策具有实践性

有学者指出：政策无论是对策还是计策，无论是工具还是可操作性的程序方案，它们表明政策是人们适应环境和改造实际的一种方法，是政府管理公共事务的方法①。也就是说，公共政策是以政府（广义的政府）为核心，以集体方式改造世界的产物，具有实践性。实践性是公共政策非常重要的内在属性和规定性，指的是公共政策应该针对具体的实践问题，能够被执行且演变为具体的实践行动。

从公共政策缘起的角度看，公共政策不是人们的奇思妙想，也不是人们海阔天空的漫谈，而是针对具体的社会公共问题所形成的应对措施。有学者如是说："人们期望政府为他们做更多的事情。的确，几乎所有的个人问题和社会问题都要求政府来解决。换句话说，制定公共政策的目的就是为了减轻个人的痛苦或减少社会的不稳定因素"②。即公共政策是针对人类社会实践过程中遇到的具体问题而被制定出来的，有着强烈的现实取向，以人类具体情境中的实践为直接作用对象。

从公共政策的作用角度看，公共政策需要通过切实的发挥作用才能被大家感知和认可，所以公共政策需要具有可操作性，具有可被执行的特性。如果一个公共政策仅仅可以停留在大家的思想里，而不能被执行，不能真正变为人们的实践行为，不能真正成为影响人们实践的因素。那么可以说，这个公共政策犹如不食人间烟火的梦境，是毫无意义的空谈。有学者因此指出，我们需要牢记公共政策分析、公共政策制定以及公共政策文本等都是社会进程中的人类理智活动，是"大脑层面"的，但同时我们也需要时刻警醒，公共政策需要嵌入实践情境，需要通过执行而演变为具体的实践效果③。

---

①　周树志．公共政策学：一种政策系统分析新范式［M］．西安：西北大学出版社，2000：49.

②　［美］托马斯·R. 戴伊．理解公共政策（第十二版）［M］．谢明译．北京：中国人民大学出版社，2010：1.

③　［美］威廉·N. 邓恩．公共政策分析导论（第四版）［M］．谢明等译．北京：中国人民大学出版社，2011：30.

三、公共政策的功能

公共政策的公共性、权威性和实践性是通过公共政策的功能体现出来的。具体而言，公共政策的功能包括服务功能、管制功能、引导功能、调控功能和分配功能。不同的公共政策具有不同的功能，具体的某一个公共政策往往侧重于某一个功能。如《民政部关于促进社会力量参与流浪乞讨人员救助服务的指导意见》（民发〔2012〕233号）更多偏向于服务功能；《民政部全国工商联关于鼓励支持民营企业积极投身公益慈善事业的意见》（民发〔2014〕5号）更多具有引导功能。

（一）服务功能

李克强总理在《2015年政府工作报告》中指出，我们要全面推进依法治国，加快建设法治政府、创新政府、廉洁政府和服务型政府，增强政府执行力和公信力，促进国家治理体系和治理能力现代化。在某种程度上可以说，政府与服务之间存在着密切关联，公共政策作为政府实施公共管理职能的表现，自然也与服务存在密切关联，服务功能是公共政策公共性的基本体现。

《现代汉语词典（修订本）》是这样解释“服务”一词的：“为集体（或别人）的利益或为某种事业而工作。”[①] 可见，服务是让人感觉到温暖、舒适的行为。公共政策的服务功能主要指的就是通过公共资源的分配、公共项目的推进、公共行动的实施，来满足人们的公共需求，提升社会公共福利水平，使人们感觉到“温暖和舒适”。当然，对于一般性的私人服务，这属于市场的领域，由各类服务行业供给。而公共政策的服务功能主要指向基本公共服务。按照2012年11月国务院印发的《国家基本公共服务体系“十二五”规划》的界定：

> 基本公共服务，指建立在一定社会共识基础上，由政府主导提供的，与经济社会发展水平和阶段相适应，旨在保障全体公民生存和发展基本需求的公共服务。享有基本公共服务属于公民的权利，提供基本公共服务是政府的职责。基本公共服务范围，一般包括保障基本民生需求的教

① 中国社会科学院语言研究所词典编辑室编．现代汉语词典（修订本）［Z］．北京：商务印书馆，1996：386.

育、就业、社会保障、医疗卫生、计划生育、住房保障、文化体育等领域的公共服务，广义上还包括与人民生活环境紧密关联的交通、通信、公用设施、环境保护等领域的公共服务，以及保障安全需要的公共安全、消费安全和国防安全等领域。

可见，公共政策的服务功能指向那些具有“非竞争性、非排他性”的领域。或者说，其指向那些不易分割、不易区分具体受众，而由社会大众所共同享有的领域。对于基本公共服务功能的实现，在公共政策制度设计方面并不以政府为唯一主体，即政府并不是只能以直接生产的方式供给，而是在服务供给方面担负主导责任，在资源保障方面是主体，在具体生产方面则承担“委托者”“监督者”等角色。对此，《2015年政府工作报告》是这样描述的：提供基本公共服务尽量采用购买服务方式，第三方可提供的事务性管理服务交给市场或社会去办。南京大学朱国云教授在《多中心治理与多元供给》一书中也在此意义上指出：公共服务质与量的提升，需要“坚持公共物品的网络供给模式。”①

（二）管制功能

如果说公共政策的服务功能是以给人温暖、令人舒适的方式表现的话，那么，可以说公共政策的管制功能则是以让人紧张、令人恐惧的方式表现的。虽然紧张、恐惧等字眼可能令人不舒服，但这却是人类公共生活的常态。不难理解，人类社会的良善秩序以及和谐的公共生活需要每一个人的努力——不投机取巧、不搬弄是非、不侵犯他人、不危害社会、不违反法律、不违背道德良知、不坑蒙拐骗，等等。这些“不能”发生的行为，我们不可能完全指望人们能自觉地抑制自己的内心冲动，自己使自己“不能”“不想”“不敢”“不愿”发生这些行为。这就需要公共权威依据法律程序、运用公共权力来予以管制②。只有通过管制才能消除那些不利于社会和谐、社会秩序的行为，才能真正地让人们感到温暖和舒适。

公共政策的管制功能主要发生在以下三个领域：一是具有“负外部性”

---

① 朱国云．多中心治理与多元供给：对新农村建设中公共物品供给的思考［M］．北京：中国劳动社会保障出版社，2007：前言3.

② ［美］史蒂芬·布雷耶．规制及其改革［M］．李洪雷等译．北京：北京大学出版社，2008：19－54.

领域。比如污染，政府行政命令可以“调整电力和石化等高污染工业布局，严格限制厂址的选择，有时还可指令把产生外部性和受外部性影响的双方厂商联合起来，使外部性‘内部化’。”① 二是“非优效品”领域。比如“黄赌毒”，毒品等“非优效品”，对人的健康有极大损害，所以生产、买卖、消费“非优效品”的行为是“不好的”。在这个意义上讲，管制“非优效品”的生产、买卖、消费就具有了极强的公共性，属于政府的职责范围。如果缺少此类公共政策或者执行此类公共政策不力，都将是渎职的，缺乏公共性的。三是“社会性危害行为”领域。比如暴恐行为、偷窃行为、生产假冒伪劣产品的行为等。此类行为会直接危害他人权利或社会整体的利益，所以需要政府利用公共权力、投入公共资源予以管制。学者顾建光在其《现代公共管理学》一书中关于规制的基本内容和领域概括如下：

> (1) 公益事业政策中的规制，主要以处理自然垄断为目的，以维护帕累托效率。(2) 保护消费者权益、公开信息、保护知识产权等法律中的规制，主要以处理信息不对称为目的。(3) 针对外部不经济问题进行的社会性规制。…… (5) 针对非价值物品进行的社会性规制。有些物品或经济活动市场可以有效地调节，但与社会公德相冲突，如色情、毒品等，则需要借助规制来加以禁止或限制。(5) 财税、金融政策中的规制，主要以保证分配的公正和经济稳定增长为目的。(6) 社会福利和社会保障制度中的规制，主要为了提供公共物品。(7) 民商法及反不正当竞争法中的规制，主要是为了解决不正当竞争问题。(8) 产业政策和振兴科技政策中的规制，以处理多样化市场失灵相关问题为目的。(9) 保护环境、土地及自然资源、劳动保护等政策中的规制。②

公共政策的管制功能主要通过以下三种逻辑来发挥作用：一是通过管制政策的实施，对相关责任人员实施惩戒，使其被管制行为的成本高于收益，以此来减少被管制行为的发生；二是管制政策的惩戒行为本身就是一种威慑，使相关行为者“不想”“不敢”“不愿”实施相关行为；三是管制政策具有监

① 黄恒学．公共经济学［M］．北京：北京大学出版社，2005：80－81.
② 顾建光．现代管理学［M］．上海：上海人民出版社，2007：81－82.

督和预先预防的作用，对于可能的违法违规行为予以实现管控，“防患于未然”，使相关行为者“不能”实施相关行为。

发挥公共政策的管制功能主要有以下几种方式：一是经济性的惩罚，比如违反交通政策后，被扣分罚款；偷排污水、废气之后，被勒令罚款，等等。二是行为控制性的惩罚，比如违反超载超限政策之后，被勒令减卸货物；违反安全生产政策后，被责令限期整改，等等。三是人身自由限制性惩罚，比如偷盗、抢劫、杀人等行为，相关人责任人的人身自由、政治权利乃至生命都可能被依法剥夺。

总之，公共政策的管制功能是从“负强化”的角度来实现社会公共利益，保障社会公共生活的和谐运行。

（三）引导功能

公共政策的引导功能“是指政策引导人们的行为或事物的发展朝着政策制定者所期望的方向发展。”① 公共政策的引导功能并没有具体的领域，可以发生在政治、经济、文化等各个领域。公共政策引导功能发挥的逻辑相对较为简单：一是明确导向目标——我们应该朝向什么样的方向前进，应该发生什么样的行为，等等。二是通过经济激励、心理激励、荣誉激励、情感激励、文化激励等各种方式来让人们觉得应该怎样去做，需要怎样去做才是更好的，让人们知道怎样做才是有价值的，值得追求的。

发挥公共政策的引导功能一般有三种方式：一是经济方面的激励，使得遵循公共政策的人们得到切实的经济、物质满足。如奖金、补贴等。二是心理、文化、荣誉方面的激励，使得遵循公共政策的人们感觉得到心理满足，在内心深处有很强烈的荣誉感、自豪感。如道德模范的评比、民族文化的宣扬等。三是情感激励，使得遵循公共政策的人们感觉到家的温暖，得到人际关系需求方面的满足。如社会地位的提升、发展机会的赋予等。

概言之，公共政策的引导功能“可以起到统一人们思想，凝聚人心，团结一致，向特定目标奋斗的作用。”② 我国当前的“文明城市创建”“社会主义核心价值观”主题宣传等都具有十分强烈的引导功能。

---

① 陈振明．政策科学：公共政策分析导论（第二版）［M］．北京：中国人民大学出版社，2004：52.

② 周树志．公共政策学：一种政策系统分析新范式［M］．西安：西北大学出版社，2000：51－52.

（四）调控功能

公共政策的调控功能主要集中在经济领域。有学者明确指出：公共政策是现代公共管理的主要组成部分，是政府宏观调控社会、经济活动的基本手段之一[①]。调控功能指的是政府通过公共政策手段来适度干预经济运行，以实现经济平稳增长、物价基本稳定、实现充分就业、保证国际收支平衡。

对于经济增长目标而言，主要是通过计划手段设计经济社会发展规划、调整产业结构，并通过适度干预来平衡总需求和总供给，实现经济发展的持续性和经济活力的稳定性，防止“大起大落”，避免经济过热或过冷。凯恩斯主义强调通过平衡总需求和总供给来实现经济增长和稳定，目前世界各国基本上都遵照这一基本思路来调控经济。我国的基础设施投资政策、家电下乡政策等都与这一政策思路有关，发挥调控功能。

对于物价稳定目标而言，政府主要是通过消除通货紧缩政策、最高限价等政策来实现。物价的稳定与通货膨胀关系更为紧密，因此宏观调控政策也需要针对通货膨胀的原因（如成本推动型通胀或需求拉动型通胀）来采取有针对性的政策。

对于充分就业目标而言，政府主要是通过对经济适度增长的刺激、对就业政策的强制推进（如对裁员行为的干预）、利用政策优惠来换取就业、调整产业结构（如扩大第三产业的发展，提高就业吸纳能力）等来实现。

对于国际收支平衡的实现，则主要通过外贸政策来实现。

（五）分配功能

如前所述，戴维·伊斯顿认为“公共政策就是对社会价值的分配”。可以说，公共政策的制定、实施等本身就是对公共资源的一种配置，涉及将公共资源投向哪个领域、投向哪个地区、投向哪个产业。因此，公共政策具有分配功能。

公共政策的分配功能主要表现在两个方面。一方面，对于初次分配的调节和影响。这主要涉及税收政策、工资政策、土地政策等，对各生产要素——劳动力、资本、土地和技术等的报酬和收益产生的影响。初次分配是以生产要素为标的进行的，目的在于调动各种生产要素的积极性，以实现效率为第一目标。另一方面，对于再分配的调节和影响。这主要是通过社会保障政策、住房政策等来调节各个收入主体、社会阶层的利益。如，退休金额

---

① 顾建光．现代管理学［M］．上海：上海人民出版社，2007：98.

度的调整、退休年龄的延迟等，涉及老年人的收入分配问题；养老金制度的并轨，涉及公务员、事业单位工作人员收入的分配问题；残疾人“两个体系”的建设，涉及残疾人群体得到收入分配问题等。再分配功能的目标更多是以公平为指向的。

第二节　公共政策的系统与构成

这一节将从三个角度来探析公共政策的系统构成：一是公共政策的类型学构成；二是公共政策的活动类型构成；三是公共政策的系统要素构成。

一、公共政策的类型学构成

分类有两方面的意义：一方面，通过分类可以更好地认识公共政策。另一方面，不同类型的公共政策在目标指向、作用领域、地位层次等方面都不同，因此分类实际上为政策分析提供了前提——针对不同的公共政策采用不同的标准、思维等进行分析。比如，政治政策的标准与经济政策的标准不一样，具有激励功能的政策与具有管制功能的政策在分析思维上也应区别对待。

不同的分类标准，会出现不同的分类结果。这里，我们从五个角度来对公共政策进行分类。

（一）按照政策阈分类

政策阈指的是特定公共政策所处的领域。按照政策阈可将公共政策分为经济政策、社会政策、政治政策、文化政策、外交政策等。

经济政策以调整经济关系为主要内容，以实现经济稳定、可持续增长等为目标，旨在增进社会财富，主要以工具理性和发展、效率为指标。

社会政策以调整社会关系为主要内容，以实现社会和谐、社会稳定、社会公平等为目标，旨在增进社会秩序，主要以价值理性和公平为指标。

政治政策以政治关系为主要内容，以实现政治秩序、公共合作以及提升公共生活质量为目标，旨在改进政治秩序，主要以价值理性和民主、自由等为指标。

文化政策以思想文化、舆论宣传、价值观、社会心理等为对象，以满足人们的精神文化需求为目标，旨在改善人类社会软环境，提升社会的软实力。

外交政策以调整国际关系为主要内容，以构建和谐、友善、有利的国际环境和国际关系为目标，旨在为本国的发展、稳定等提供一个合适的、有利的国际环境。

（二）按照功能分类

按照公共政策的功能，可将公共政策分为服务性公共政策、管制性公共政策、导向性公共政策、调控性公共政策和分配性公共政策。对于具体的公共政策，可能会同时发挥一个或几个功能，但在某种程度上可以说，某一公共政策都是以某一种功能为主要的指向。由于上文阐述过这一内容，这里不予赘述。

（三）按照地位分类

公共政策在法律效力、作用层级等方面是有层次的，即不同的公共政策具有不同的地位。一般而言，高层次的政策对低层次的政策具有指导作用，但它往往都是概括性很强的原则规定，难以直接规范人们的行为，可操作性不强。只有把高层次的政策逐层分解并加以具体化，才能使之转化为低层次、具有可操作性的扶助政策[①]。也就是说，高层次的公共政策指导、规范和约束低层次的公共政策，而低层次的公共政策是高层次公共政策的具体体现，两者相辅相成，互相影响。学界常常以层次和地位为分类标准，来对公共政策进行分类。被后人称作“公共政策之父”的以色列学者叶海卡·德洛尔（Yehezkel Dror，又译为“德热”）就是从层次、地位的角度，将公共政策分为元政策、基本政策和具体政策，层次依次递减，操作性依次递增（如图1－2所示）。

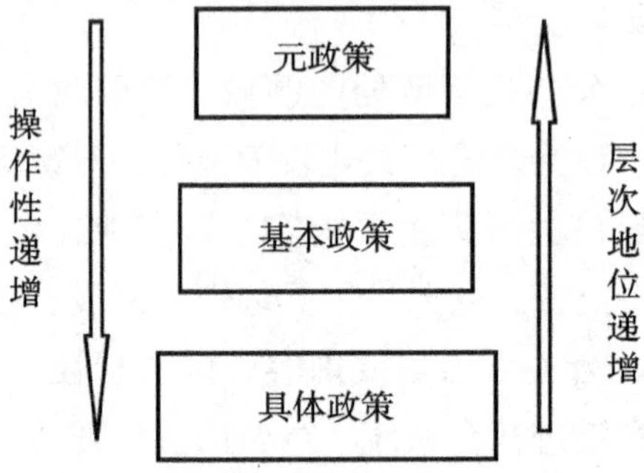

图1－2　公共政策层次类型示意图

第一，元政策。“所谓‘元政策’是关于政策的政策。元政策主要是指那些指导和规范政府政策行为的理念和方法”[②]；“所谓元政策，指的是指导具

① 谢明．公共政策导论［M］．北京：中国人民大学出版社，2004：19.

② 谢明．公共政策导论［M］．北京：中国人民大学出版社，2004：21.

体政策制定和实施的行动准则和行为规范，是制定政策的理论纲领，是制定政策的政策。”[①] 可见，元政策的层次和地位较高，属于“超政策”的范畴。在很大程度上表现为思维深处的理论指导和最基本的行为指南。

第二，基本政策。“所谓基本政策，是指国家或政党在某个领域和某个阶段上的基本方针和主导政策。”[②] 与元政策的相对稳定相比，基本政策要具体化、操作化一些。

第三，具体政策。具体政策是基本政策指导下的更加具体的、操作性强的政策，它是针对具体问题、具体步骤、具体行为而形成的具体方案和路线。具体政策受元政策和基本政策的指导，而元政策和基本政策通过一个个的具体政策得以实现。与元政策和基本政策相比，具体政策更加灵活、易变。

（四）按照主体分类

公共政策是由不同层级或不同类型的主体主导的，产生于不同的主体。因此，根据主体的属性，可以将公共政策分为政党政策、立法政策、政府政策、司法政策等。其中：政党政策由执政党主导、制定，立法政策由立法机关主导、制定，政府政策由行政机关主导、制定，司法政策由司法机关主导、制定。因各个主体的职责、职能不同，政策的类型、作用领域也将不同；同时，因各种主体在整个国家政治生活中的地位不同，它们的位阶也存在差异[③]。

根据主体的层级，可以将公共政策分为中央政策、地方政策和基层政策。中央政策由中央国家机关主导、制定，指导性、权威性最强。地方政策由地方国家机关主导、制定，在地方层面上具有权威性，受中央政策的指导和规范，地方政策可以因地制宜，但不能违背中央政策。基层政策由基层政府主导、制定，具体性、操作性和针对性最强，基层政策受中央政策和地方政策的指导和规范。

（五）按照政策周期分类

公共政策具有周期性，即一项公共政策从起源到终结再到新的发展，会经历一个过程和周期，以此为分类标准可以将公共政策分为两类：原生性政策和调适性政策。

---

① 周树志．公共政策学：一种政策系统分析新范式［M］．西安：西北大学出版社，2000：71.
② 周树志．公共政策学：一种政策系统分析新范式［M］．西安：西北大学出版社，2000：74.
③ 谢明．公共政策导论［M］．北京：中国人民大学出版社，2004：13－16.

原生性政策指的是针对全新的、毫无参照对象的问题而形成的政策。原生性政策的特点是没有“历史包袱”，无需过多考虑“上一个”政策的影响和轨迹。

调适性政策是对现行政策的一种修订和改进，其制定和实施受“上一个”政策的影响，具有“历史包袱”，需要考虑路径依赖的影响。政策的历史发展及其烙印是对制度体系、价值观念、思维方式以及新政策等都有着不可估量的潜在影响力，忽视历史的调适性政策是不合理的。

在具体的政策分析过程中，我们需要辨识该政策是原生性的还是调适性的，以此为基础采取不同的信息收集方法和政策分析思路。

二、公共政策的活动类型构成

与公共政策有关的活动包括三类：公共政策研究、公共政策分析和公共政策管理。对这三种活动的了解，有助于我们更为全面地掌握公共政策的属性。

（一）公共政策研究

公共政策研究指的是有关研究者针对与公共政策有关的问题展开理论分析，以得出关于公共政策的理性认识、概念体系、理论范式等。公共政策研究的主体是研究者；公共政策研究的客体是与公共政策有关的任何一个问题；公共政策研究的依据是科学原则，以理性认识和科学探究公共政策原理为导向；公共政策研究的结果是产生有关公共政策的概念体系、理论范式等，以实现对公共政策的理性认识；公共政策研究对公共政策实践有推动作用，但往往在间接层面发挥指导作用。

（二）公共政策分析

戴维·L. 韦默（David L. Weimer）和艾丹·R. 瓦伊宁（Aidan R. Vining）指出：政策分析是关于公共决策的、以客户为导向（client-oriented）的活动，并反映了社会价值①。威廉·N. 邓恩（William N. Dunn）指出：政策分析是这样一个过程，它运用多学科的研究方法来创造、批判性评价和交流有助于理解和改善政策的信息资料（知识）②。也就是说，公共政策分析的主体是政

① ［美］戴维·L. 韦默，［加］艾丹·R. 瓦伊宁. 公共政策分析：理论与实践（第四版）［M］. 刘伟译. 北京：中国人民大学出版社，2013：1.

② ［美］威廉·N. 邓恩. 公共政策分析导论（第四版）［M］. 谢明等译. 北京：中国人民大学出版社，2011：1.

策咨询人员、政策制定和规划人员；公共政策分析的客体是具体的公共政策问题，并依据政策问题所形成的关于公共政策行动的建议和具体措施；公共政策分析的依据是“客户”的需求；公共政策分析的结果是具体的政策行动建议或方案，“它可以简单到是一条有关行动方案及其结果的陈述：议案A的通过将导致结果X的出现。它也可以呈现更为宽泛和复杂的过程：立法策略S最有可能使议案A获得通过，而议案A的实施将导致社会总成本C社会总收益B（aggregate social cost and benefit），但第一组的成本不均衡（disproportionate），第二组的收益不均衡。”① 公共政策分析对政策实践产生直接影响，因为它直接面向具体政策问题和具体政策实践，“不论影响的深度与广度如何，政策分析都试图去告知一些决定，或者包括简单的（A将导致X），也或者包括复杂的。”②

（三）公共政策管理

公共政策管理可被理解为具体的政策制定者、执行者等对政策过程的推进和管控。公共政策研究、公共政策分析都是“思想”活动，产生的都是思想产品，而公共政策实践产生的却是实践活动，产生的是对客体对象以及整个社会的具体影响。公共政策管理的主体是公共权力机关；公共政策管理的客体是公共政策本身，即被制定出来且被执行的政策方案；公共政策管理的依据是法律及公共决策；公共政策管理的结果是通过公共政策而对社会产生具体的影响，如经济发展、物价稳定等。公共政策管理实际上就是公共政策实践。

显然，三种公共政策活动既有联系也有区别。对于公共政策概论这一课程而言，我们学习的是公共政策研究的结果，获得的是公共政策分析的能力和思维，指导的是公共政策管理实践活动。

三、公共政策的系统要素构成

开展公共政策分析需要从哪些方面着手？判断一个公共政策是否合理，需要从哪些方面着手？这两个问题的回答都需要首先回答：如果把公共政策

---

① ［美］戴维·L. 韦默，［加］艾丹·R. 瓦伊宁．公共政策分析理论与实践（第四版）［M］．刘伟译．北京：中国人民大学出版社，2013：1.

② ［美］戴维·L. 韦默，［加］艾丹·R. 瓦伊宁．公共政策分析理论与实践（第四版）［M］．刘伟译．北京：中国人民大学出版社，2013：1.

视作一个有机系统，它由哪些要素构成呢？

有学者将公共政策系统分为公共政策环境超系统与资源系统、公共政策的主体系统和客体系统、公共政策的组织系统与体制系统、公共政策的咨询系统与信息系统、公共政策的运行轨迹与周期等①。

有学者将公共政策分为微观结构、宏观结构和深层结构。微观结构是由政策阈、政策目标、政策措施、政策文本和政策主体五大元素构成的有机系统。宏观结构分为纵向结构（个别政策、具体政策、基本政策、总政策、元政策）和横向结构（政治政策、经济政策、文化政策、社会政策、对外政策）。深层结构分为过程结构（政策信息、政策策划、政策决策、政策执行、政策监控、政策评价、政策实现）、方法论结构（哲学分析法、系统分析法、模型分析法、数理分析法、历史分析法和创新思维分析法）和组织系统结构（中央组织、地方组织、基层组织、民间组织）②。

有学者认为公共政策系统结构包括三种要素：政策主体、政策客体和政策环境。另外，公共政策系统的运行包括政策制定、政策执行、政策评估、政策监控、政策终结等环节③。

这些学者的看法都有各自的道理。这里我们将公共政策的系统构成分为五个要素：环境要素、主体要素、客体要素、内部要素和过程要素。每一要素都是不可或缺的，都对公共政策的运行、结果等产生影响，都是公共政策分析所必须考量的。

（一）公共政策的环境要素

组织开放系统理论的代表人物沃尔特·巴克利（Walter Buckley）强调指出："一个系统是开放的，并不仅仅是说它与环境之间存在交换关系，更是指这种交换关系是系统存活的关键。"④ 换言之，公共政策系统的良性运行和结果达成需要充分地考量其自身与环境之间的关系，按照戴维·伊斯顿的政治系统论观点，公共政策系统实际上就是其内部系统与外部环境的多元交换过

① 严强，王强．公共政策［M］．南京：南京大学出版社，2002：79－158.

② 周树志．公共政策学：一种政策系统分析新范式［M］．西安：西北大学出版社，2000：69－86.

③ 陈振明．政策科学：公共政策分析导论（第二版）［M］．北京：中国人民大学出版社，2004：55－79.

④ 转引自［美］W. 理查德·斯科特，杰拉尔德·F. 戴维斯．组织理论：理性、自然与开放系统的视角［M］．高俊山译．北京：中国人民大学出版社，2011：100.

程的产物。如图 1－3 所示。

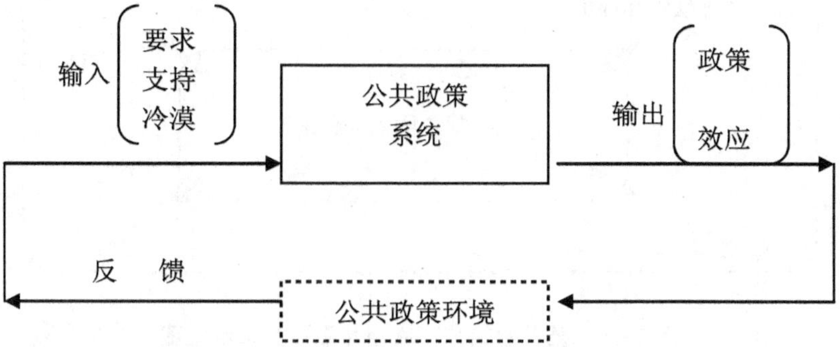

图 1－3　公共政策系统与公共政策环境分界简图

资料来源：［美］戴维·伊斯顿．政治生活的系统分析［M］．王浦劬译．北京：华夏出版社，1998：37；周树志．公共政策学：一种政策系统分析新范式［M］．西安：西北大学出版社，2000：65．有改动。

公共政策的环境要素对公共政策内部系统的取向等产生影响。公共政策内部系统是对外部环境要素的回应，外部环境要素也对公共政策能否顺利、有效运行产生直接影响。公共政策系统的运行，对外部环境要素产生政策效应，这是政策合理性的最基本要求。

公共政策环境要素有多种类型：从环境要素的类型上看，既包括自然环境，也包括社会环境；从环境的作用角度看，既包括直接影响因素，也包括间接影响因素，前者对政策目标、政策取向和政策运行产生直接影响，后者对政策虽有影响，但影响的力度较小，影响的方式也是间接的；从环境的领域类型角度看，包括自然环境、政治环境、经济环境、文化科技环境、社会环境等；从环境的范围角度看，包括国内环境、地区环境和国际环境等；从环境的渊源角度看，包括历史环境与现实环境等。

需要强调两点：一是每项公共政策所处的环境都是不同的，需要区别对待和差别化分析；二是公共政策的环境要素随时间、空间的转移发生变化，应持“时易则事异，事异则备变”动态分析的逻辑思维。

公共政策与环境的相互关系简单图示如下：

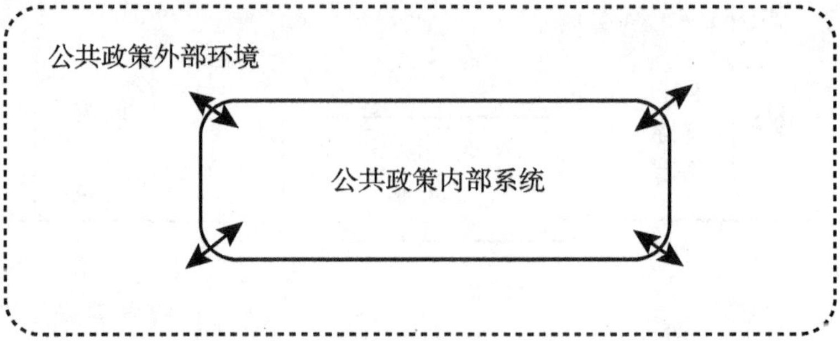

图 1－4　公共政策与环境相互影响关系示意图

（二）公共政策的主体要素

对于公共政策的主体要素有两种理解：一种是公共政策的主体就是公共政策的主导者，如制定者、决策者、执行者；另一种是公共政策的主体是与公共政策有关的"人"，既包括公共政策的主导者，也包括公共政策所针对的对象、公共政策的利益相关者等。我们认为公共政策的主体要素主要包括：

政策决策者，指的是决定、选择以何种政策方案为实践指引的相关主体。他们是公共政策主体中的关键要素，对公共政策的影响较大。

政策参与者，指的是参与公共政策制定的相关主体。政策参与者对公共政策价值取向有一定的影响，也是政策制定和政策决策不可忽视的力量。尤其是在民主政治、协商民主的视野下，政策参与者的多元化、政策参与的制度化更是备受关注。

政策执行者，指的是对政策实践负有直接责任的主体。政策执行者的执行力、执行资源、工具选择以及执行态度等直接影响和决定政策的绩效。

政策监控者、评估者，指的是对于政策的执行（含制定过程、决策过程、执行过程、执行绩效等）负有监督、评估职责的主体。

政策针对者，指的是政策直接针对的对象群体。在某种程度上可以认为政策的效果与政策针对者的配合程度直接相关。一般而言，政策针对者可以分为支持性群体、对抗性群体和"随大流"性群体。需要针对不同的群体采取不同的应对方法，以争取他们的配合，有效地实现政策目标。

政策相关者，指的是与政策有关的各种群体。可能是政策针对者，也可能是受政策间接影响、潜在影响的群体。

需要强调，不同的政策主体对政策的影响程度不同，但都是公共政策所涉及的"人"，都不应该被忽视。在具体的政策分析过程中，需要分门别类地辨识政策主体，梳理他们对政策的不同偏好，以此作为制定政策、发展政策的基本依据。

（三）公共政策的客体要素

对于公共政策的客体要素，学界也有两种观点：一种是公共政策的客体就是指公共政策所针对的“事”，另一种是公共政策客体包括公共政策的针对者和公共政策所涉及的“事”。这里我们持第一种观点。一般而言，公共政策所涉及的“事”有两大类。

一是公共政策问题。公共政策问题是公共政策的起点，是需要通过公共政策活动来解决的对象。如食品安全问题、妇女儿童权益保护问题等，都是涉及公共利益的公共问题，具有“非排他和非竞争”的属性，需要通过公共政策这一手段来解决。

二是公共政策目标。公共政策目标是公共政策的灵魂，是通过公共政策活动而需要达到的一种境界。比如，实现全面小康社会的目标，给人以心旷神怡的、令人兴奋的期待。但这一境界不会自动实现，需要通过全社会的努力才能达成，更需要党和政府的政策干预。

需要说明，公共政策问题和公共政策目标并不是完全不相干的。公共政策目标需要以公共政策问题为依据，或者说需要针对具体的公共政策问题来确定公共政策目标，否则公共政策目标可能就是无的放矢、虚无缥缈的。

（四）公共政策的内部要素①

公共政策系统包括公共政策自身。如果说公共政策系统当中的主体是活的要素、主动的成分，公共政策客体是政策系统的根本依据和客观对象的话，那么，公共政策本身便是连接主体与客体的中介——“介体”。如图1－5所示。

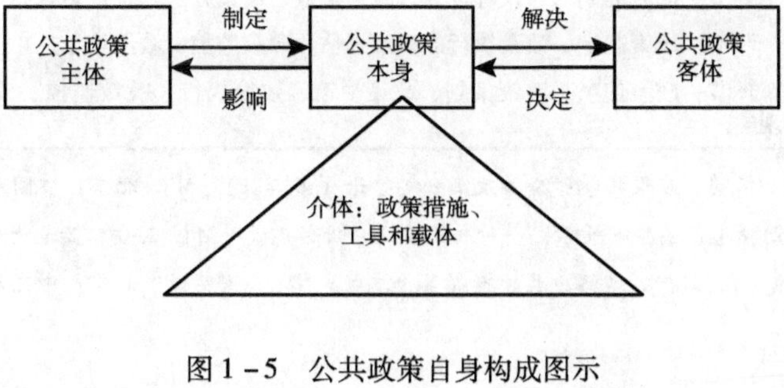

图1－5　公共政策自身构成图示

---

① 周树志．公共政策学：一种政策系统分析新范式［M］．西安：西北大学出版社，2000：70.

一般而言，公共政策作为“介体”，它主要由政策措施、政策工具（政策方法）、政策载体等要素构成。政策措施指的是公共政策的具体规定，常常表现为具体的行动路线、行为策略、行为规则等。政策工具指的是政策主体影响政策客体的具体方式和方法，包括法律方法、思想方法、行政方法和经济方法等①。政策载体指的是公共政策的具体附着体——政策文本，也是政策传递、政策学习的基本载体和依据。

（五）公共政策的过程要素

20世纪80年代以来，公共政策研究基本上都是以“过程论”为指导的。即在论述、分析公共政策时，都将公共政策划分为具有前后衔接逻辑的不同环节。当然，学界在“过程论”方面取得了一致，但是公共政策可以划分为哪些功能环节却差异很多，见仁见智。表1-1列举了国内外学者关于公共政策过程的几种观点。

表1-1　国内外学者对公共政策过程的划分一览表

学者名称	政策过程划分
拉斯韦尔	七个环节：情报、建议、规定、行使、运用、评价、终止
C. O. 琼斯	五个环节：问题认定、政策发展、政策执行、政策评估、政策终结
德洛尔	四个阶段十八个环节：(1) 元政策制定阶段——即对制定政策的政策进行分析，包括处理价值，处理实在，处理问题，调查、处理和开发资源，设计、评估与重新设计政策系统，确认问题、价值和资源，决定政策战略等七个环节；(2) 政策制定阶段——包括资源的细分，按优先顺序建立操作目标，按优先顺序确立其他一系列主要的价值，准备一组方案，比较各种方案的预测结果，并选择最好的一个，评估这个最优的方案并确定其好坏等七个环节；(3) 后政策制定阶段——包括发起政策执行，政策的实际执行，执行后的评估三个环节；(4) 反馈阶段——多层面联结所有阶段的交流与反馈
安德森	五个环节：问题的形成、政策方案的制定、政策方案的通过、政策的实施、政策的评价
戴伊	六个环节：问题的确认、议程设定、政策形成、政策合法化、政策执行、政策评估
陈振明	五个环节：政策制定、政策执行、政策评估、政策监控、政策终结
周树志	七个环节：政策信息、政策策划、政策决策、政策执行、政策监控、政策评价、政策实现

资料来源：陈振明．政策科学：公共政策分析导论（第二版）[M]．北京：中国人民大学出版社，2004：77-79；周树志．公共政策学：一种政策系统分析新范式 [M]．西安：西北大学出版社，2000：83；[美] 托马斯·R. 戴伊．理解公共政策（第十二版）[M]．谢明译．北京：中国人民大学出版社，2010：31.

① 陈振明．政策科学：公共政策分析导论（第二版）[M]．北京：中国人民大学出版社，2004：266-269.

根据我国目前的政策实践以及国内外学者的研究成果，我们将政策过程简单的划分为三大阶段：

第一阶段：政策制定。形成可供执行的公共政策，包括以下具体环节：政策问题建构与界定以及政策议程的启动（见本书第三章）；政策目标的确立（见本书第四章）；政策备选方案的设计（见本书第五章）；政策方案的前景预测（见本书第六章）；政策方案的选择与决策、政策合法化（见本书第七章）。

第二阶段：政策执行与政策监控。这一阶段是政策方案付诸实践、解决实际政策问题的过程，即是将思维层面的政策方案变为政策实践、影响社会现实的过程。在这一过程中，需要对其进行监控、纠偏、评估，对政策制定和政策执行进行“反思”，以搜集相关信息，作为改进政策或制定新政策的依据，保证预期政策目标的实现。其中，政策执行在本书第八章阐述，政策评估在第九章阐述。

第三阶段：政策变迁。在第二阶段的基础上，选择政策变迁方向的过程，或者中止政策、或者修改调整政策、或者发展政策。政策变迁将在第十章作重点阐述。

【复习思考题】

1. 如何理解公共政策？公共政策具有哪些特性？

2. 公共政策的功能表现在哪些方面？

3. 如何理解公共政策“类型学”研究的意义？

4. 公共政策的活动类型有哪些？如何区别它们？又如何看待它们之间的联系？

5. 公共政策系统的构成要素有哪些？这些要素分别对公共政策分析有哪些启示？

第二章　公共政策分析的基本模型

【学习目标】

通过本章的学习，需要掌握两类政策模型：一类是分析“追求什么样的公共政策”的模型，一类是分析“公共政策形成机理”的模型，具体包括各个模型的代表人物、基本逻辑、优缺点、对政策分析的启示意义等。

【内容提要】

模型分析法是公共政策分析常用的方法之一，通过模型建构与分析，可以揭示公共政策原型的结构、形态、特点、本质、规律等，有助于更好地认识公共政策、分析公共政策。围绕“追求什么样的公共政策”这一问题，形成了完全理性模型、有限理性模型和渐进调适模型等。围绕“公共政策形成机理”这一问题，形成了政治系统模型、精英主义模型和多元主义模型等。

模型分析法是公共政策分析常用的方法之一，通过模型建构与分析，可以揭示公共政策原型的结构、形态、特点、本质、规律等，有助于更好地认识公共政策、分析公共政策①。托马斯·R. 戴伊在其经典教材《理解公共政策》中这样评价公共政策模型的作用：

> 简化并澄清我们对政治和公共政策的思考；识别政策问题的重要方面；通过关注政治生活的主要特征，促进我们相互之间的沟通；指导我们更好地理解公共政策，鉴别重要与不重要的方面；解释公共政策并预测其结果。②

鉴于此，本章主要介绍两类政策模型，一类是分析“追求什么样的公共政策”的模型，一类是分析“公共政策形成机理”的模型。通过本章的学习，有助于读者掌握政策分析过程中需要关注的基本面向。

第一节　第一类模型：追求什么样的公共政策

设计政策方案、比较各备选方案、选择政策方案、评估已有政策等等都需要首先明确——我们追求的是什么样的公共政策。很多读者可能会回答，我们追求“好”的、“有价值”的公共政策。但是，什么是“好”的公共政策呢？如何认识和确认公共政策的“有价值”这一特性呢？围绕这些问题，学界形成了多种模型，这里概括介绍三个：完全理性模型、有限理性模型和渐进调适模型。

一、完全理性模型：追求最优化政策

完全理性模型（Comprehensive-rational Model）也称纯粹理性模型（Pure-rational Model）。这一模型产生于上世纪六十年代，受当时流行的行为主义政治学的影响，以“两害相权取其轻、两利相权取其重”的理性选择逻辑和“帕累托最优状态”为基本依据，关注“帕累托改进”，“可以让一个或多个

① 周树志．公共政策学：一种政策系统分析新范式［M］．西安：西北大学出版社，2000：418.

② ［美］托马斯·R. 戴伊．理解公共政策（第十二版）［M］．谢明译．北京：中国人民大学出版社，2010：10.

社会成员的状况得到改善，但不会使任何成员的状况恶化。”[①] 在这一时期，自信的公共政策学者们都自觉不自觉地以完全理性模型为指导，来开展公共政策研究、进行公共政策分析，并试图以此为标准来推进公共政策管理实践。因此，我们无法明确知晓是哪位学者提出这一模型的，但有一点可以肯定，完全理性以最优化的政策为目标。托马斯·R. 戴伊指出：完全理性模型以理性主义为指导，旨在实现社会效益的最大化[②]。

（一）完全理性模型的基本逻辑

如何实现社会效益的最大化呢？或者说，如何追求最优化的政策呢？完全理性模型在基本政策原则、决策者行为和基本决策过程等方面提出了自己的要求。

第一，完全理性模型提出的基本政策原则。对于此，托马斯·R. 戴伊的观点比较经典且准确：

> 在社会效益最大化的界定上有两个重要原则：第一，任何成本超过收益的政策，都不应该被采纳。第二，在所有可供选择的政策中，决策者应该选择那个收益超过成本最多的政策方案。换句话说，只有当一项政策获得的收益和其成本之差为正值，并且大于实施替代政策方案的收益与成本之差时，才可以说所选择的政策是理性的。[③]

我国学者谢明的概括也值得一读：

> 传统理性模型所要求的最优选择应具备如下条件：（1）把决策行为视为整体行为而非群体行为。因为是整体，才会有一致性的价值判断，如果是群体就必然会出现价值观方面的差异，因而在目标选择和最优认定方面产生分歧。（2）决策者必须具有绝对理性。表现在他们具有完备的知识和信息，能穷尽备选方案并预测所有结果。（3）决策目标单一、

---

① ［美］尼古拉斯·亨利．公共行政与公共事务（第十版）［M］．孙迎春译．北京：中国人民大学出版社，2011：213－214.

② ［美］托马斯·R. 戴伊．理解公共政策（第十二版）［M］．谢明译．北京：中国人民大学出版社，2010：13.

③ ［美］托马斯·R. 戴伊．理解公共政策（第十二版）［M］．谢明译．北京：中国人民大学出版社，2010：13.

明确和绝对。(4) 决策者在决策过程中具备一以贯之的价值偏好。(5) 决策过程中不考虑时间和其他政策资源的消耗。[①]

也就是说，完全理性模型强调的原则并不复杂，关键是要理性地“算计”和“比较”。要将相关政策方案的收益、成本计算清楚，以一定的标志来衡量(如金钱、受益人数等)，在此基础上选择最合乎理性原则的政策方案。

第二，完全理性模型主张的决策者行为。在完全理性模型看来，公共决策者是理性的，需要具备如下特点才能真正地践行上述原则[②③]：(1) 完备了解各类信息，包括社会需求信息、行动成本信息等。只有了解了需求信息，才能计算收益；了解了行动成本，才能计算政策支出。(2) 可以充分、完备地设计所有方案。找到最优的方案，只有一个办法，那就是要把所有的可能方案都设计出来，再通过比较择优。如果漏掉了一个可能方案，那么漏掉的有可能就是最优的方案，导致无法找到最优方案。做个简单类比：想把池塘中的最大的那条鱼抓住，办法只有一个——把所有的鱼捞出来，称称重量，比较之后把最大的鱼找到。如果有一条没被捞起来并进入比较的视野，那就可能使最大的鱼漏网——这条没捞起来的可能就是最大的。(3) 能够完备地预测并计算公共政策方案的结果等。只有这样才能选择最“好”的。犹如捞鱼，必须可以通过量器来测量被捞起的鱼，否则无法来比较择优。(4) 政策“收益”是可量化的。如果不能量化，也就无法比较和择优，这就要求决策者具备量化政策结果的能力。(5) 能够统一价值标准。在量化比较的时候，需要统一、客观的标准，且需要被所有主体认可。

第三，完全理性模型强调的基本决策过程。实现完全理性模型的“最优化政策目标”，需要遵循严格的决策过程。托马斯·R. 戴伊为我们绘制了一个比较详细的过程示意图，见图 2－1。

根据托马斯·R. 戴伊、尼古拉斯·亨利等学者的阐释，我们可以将完全理性模型的过程作简单解释，见图 2－2。

① 谢明. 公共政策导论 [M]. 北京：中国人民大学出版社，2004：56.

② [美] 尼古拉斯·亨利. 公共行政与公共事务（第十版）[M]. 孙迎春译. 北京：中国人民大学出版社，2011：214－216.

③ [美] 托马斯·R. 戴伊. 理解公共政策（第十二版）[M]. 谢明译. 北京：中国人民大学出版社，2010：14.

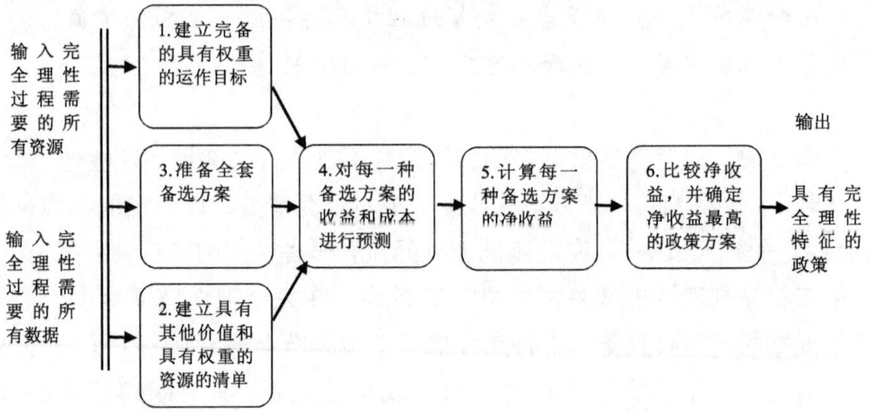

图2－1　完全理性模型过程示意图

资料来源：[美] 托马斯·R. 戴伊. 理解公共政策（第十二版）[M]. 谢明译. 北京：中国人民大学出版社，2010：14.

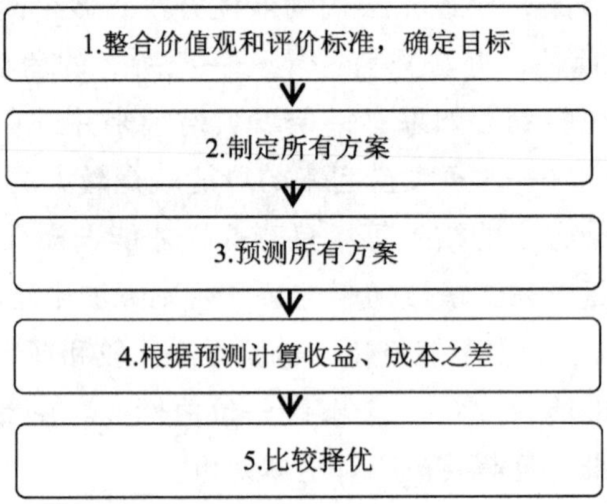

图2－2　完全理性模型过程简图

第一步：整合价值观和评价标准，确定政策目标、政策收益。（类比：确定计量标准，确定捞起“最大重量的鱼”这一目标，是重量标准而不是长度标准、美观标准等。）

第二步：搜集完备信息，制定所有的可以达到目标的政策方案。注意，是所有的政策方案。（类比：把所有的鱼捞起来。）

第三步：利用理性能力，预测所有政策方案的收益和成本。（类比：将所有的鱼进行称重。）

第四步：比较所有政策方案的收益、成本之差。（类比：依据重量标准将所有的鱼进行比较。)

第五步：选择最优的方案，即收益、成本之差最大的方案，然后执行该政策。(类比：选择重量最大的那条鱼。)

（二）完全理性模型的基本评价

完全理性模型对政策分析和政策研究起到了一定的促进作用。其优点主要表现在三方面[①]：一是完全理性模型符合人类追求完美、积极向善的需求，具有相当的理想性；二是完全理性模型的分析逻辑是完美的、严密的，如果的确能够按照完全理性模型的分析逻辑来制定政策实施决策，将会得到积极的政策效果；三是完全理性模型开启了政策分析的先河，为政策研究和政策分析提供了一个有相当借鉴意义的分析逻辑，后世的政策模型都自觉不自觉地以完全理性模型为着眼点和参照系，后世的政策分析范式都是在批判完全理性模式和吸收它的某些成分的基础上发展起来的。

当然，完全理性模型也有一些无法回避的缺陷，受到后世的批判。一是分析逻辑太理想化。从表面上看，完全理性模型的逻辑是严密的，但是其遵循的是"线性"逻辑，并没有考虑到我们的政策实践情境"往往是多维而复杂"的[②]。二是由于价值观的多元化、目标需求的多元化，统合政策目标及其评价标准是困难的，甚至是不可能的。这导致比较选优要么困难重重，要么根本无法进行。"决策者即使具有最先进的计算机分析技术，在面对大量的多元化且利害攸关的政治、社会、经济、文化价值时，也没有足够的智能来计算其成本和收益。"[③] 三是决策者、政策方案的设计者并不是完全理性的，无法掌握完备的信息，也不具备完备的理性能力，所以无法穷尽所有的政策方案（捞起所有的鱼），也无法准确预测未来，并在预测的基础上计算政策方案的收益和成本。四是价值偏好和目标需求是易变的，这使得预测面临困难。五是最优的政策的确是值得追求的，但是完全理性模型的运行需要的成本、时间等都是较多的，在资源紧缺、时间紧急的情况下并不适用[④]。

---

① 陈振明．公共政策学：政策分析的理论、方法和技术［M］．北京：中国人民大学出版社，2004：50.

② Derek Viray. Planning and Education［M］. London：Routledge and Kegan Paul，1972. p4.

③ ［美］托马斯·R. 戴伊．理解公共政策（第十二版）［M］．谢明译．北京：中国人民大学出版社，2010：15.

④ 陈振明．公共政策学：政策分析的理论、方法和技术［M］．北京：中国人民大学出版社，2004：50.

（三）完全理性模型的适用范围

完全理性模型有其具体的适用范围。概括而言，主要适用于以下几种情境：

第一，完全理性模型适用于“非紧急”状态。完全理性模型需要设计全部政策备选方案，要逐一比较政策备选方案的收益和成本，这需要一定的时间成本；另外，统一价值取向和政策目标，也需要一定的时间。因此，在不需要考虑时间要求的情况下，可以按照完全理性模型的逻辑来制定和实施决策。

第二，完全理性模型适用于价值标准统一的状态。由于完全理性模型需要以统一的、具体的标准来衡量公共政策的收益和成本，所以需要价值标准的统一。如果群体分化严重、社会价值观和行动取向、具体需求等十分多元化，且冲突严重，那么，完全理性模型将不适用。

第三，完全理性模型适用于经济领域。完全理性模型需要客观、准确地比较政策方案的收益和成本，这在经济领域比较容易实现。比如，选择运输路线、建设高速公路、修建水利设施等决策。

完全理性模型对于“多方案优化”原则的强调是十分有意义的，对于任何一个决策状态都是适合的。即在做选择的时候，不妨多设计几条行动方案，从中比较择优，这将有利于行动的有效性。

二、有限理性模型：追求相对满意的政策

针对完全理性模型的缺陷，赫伯特·西蒙（Herbert A. Simon）提出了有限理性模型（Bounded Rationality Model）。该模型以追求相对满意的政策为目标。

（一）有限理性模型的基本逻辑

第一，有限理性模型以有限理性为基本假设。在赫伯特·西蒙看来，“说人是完全理性的”这一看法带有乌托邦的性质，人们在价值取向上，不会完全理智、持续不变；人们在信息搜集能力、未来预见能力等方面，不会全知全能，即不具备完备能力；人们在评价标准和目标选择上，不会单一，常常多元且冲突，难以调和。这种有限理性特性，导致人们在政策决策方面不会也不能追求“最优化”，“退而求其次”，追求相对满意反而是最符合现实的。

> 现实生活中决策者的理性是介于完全理性和非理性之间的有限理性，他们不是经济人，而是行政人。行政人的价值取向和目标往往是多元的，受到多方面因素的制约，经常处于变动状态且表现出冲突特征。行政人员的知识和能力水平可能是有限的，其决策行为往往受其心理因素的一定制约，他们不可能也不奢望发现最优解，只要找到满意解就知足。①

简言之，完全理性模型要求的条件太高，“不管社会学、行为学，还是物理学、生物学，其预测能力都还没有发展到这种程度，即能够使决策者完全知晓每一个可供选择的备选方案的收益或成本。”② 在这种情况下，只能求得相对满意的“解”。简单类比如下：在一个池塘里捞鱼，不可能把所有的鱼都捞起来比较选择，而只能是一条一条地捞，逐一比较，一旦捞起自己相对满意的鱼之后，就不在继续捞了。买衣服也是一样，我们不可能把所有的服装店的所有衣服都试一遍，比较选优，而只能是一件一件地试，只要是价格、款式、颜色等相对满意了，我们就会选择购买，而不会再继续试下去。

第二，有限理性模型的基本步骤。一般而言，在选择行动路线，开展公共决策的过程中，有限理性模型按如下基本步骤进行：

第一步：根据具体需求和面临的公共问题，制定一个大家都能接受的公共目标。（类比：捞一条不低于 5 斤的鱼；或者，捞一条基本够做一盘菜的鱼。）

第二步：依据目标，制定可以实现目标的政策方案。立即评价该政策方案，如果该政策方案可令大家基本满意，就停止搜索新的方案，以此政策方案为执行依据。如果该政策方案不能令大家基本满意，则继续搜索新的方案。循环往复这一步骤，直到找到相对满意的目标为止。（类比：先捞上来一条鱼，如果大家觉得这条鱼够吃了，就不再继续捞下去；如果不满意，则继续捞。）

第三步：执行相对满意的政策方案，在执行的过程中进一步了解相关信息，考察该政策方案是否真的令人满意。将执行过程中的“新发现”“新体会”作为修改政策或下一次决策的依据。（类比：在做鱼、吃鱼的过程中，就

① 谢明．公共政策导论［M］．北京：中国人民大学出版社，2004：60.

② ［美］托马斯·R. 戴伊．理解公共政策（第十二版）［M］．谢明译．北京：中国人民大学出版社，2010：15.

鱼的质量、长度、肉质等搜集信息、作出评价，这些都可成为下一次捞鱼的决策依据。）

有限理性模型的图示如下：

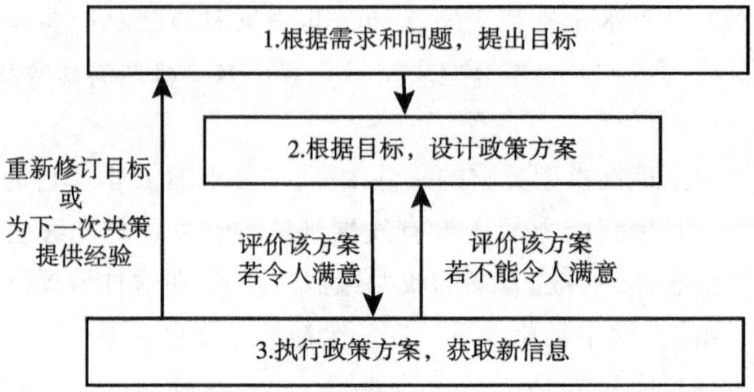

图 2-3　有限理性模型过程示意图

赫伯特·西蒙从决策过程的角度解释了有限理性模型的基本过程：

（1）在情报活动阶段，人的决策行为往往受到知觉选择性的支配，不同经验和背景的决策者，对决策环境的认识会有不同的解释。

（2）在设计活动阶段，人们并不试图找出所有的可行性方案，而是通过力所能及的求解活动，寻找相对满意的决策方案。

（3）在抉择活动阶段，决策者在遇到满意方案时便会中止其方案搜索活动。①

（二）有限理性模型的基本评价

相对于完全理性模型而言，有限理性模型具有如下优点：

第一，有限理性模型更合乎实际，对实际的政策方案选择过程的解释更为真实、客观，也更为符合人性的需求。这一点比起具有“乌托邦”属性的完全理性模型而言是一种进步②。

第二，有限理性模型在决策的时候并不主张“一次选择定终身”，而是注意渐次改进。这是有一定意义的，因为在制订方案、选择方案的时候可能并

① 谢明．公共政策导论［M］．北京：中国人民大学出版社，2004：62.

② 谢明．公共政策导论［M］．北京：中国人民大学出版社，2004：62.

不完全掌握相关问题信息、利益偏好信息、群体冲突程度等信息。因此，在选择一个满意方案并立即实施的过程中，可以加深了解，增进信息的掌握程度，在此基础上进一步决策更有意义。也可以说，有限理性模型只是承认政策制定者、决策者理性能力的有限性，所以在最初只能选择一个相对满意的结果，但这并不是否定人的理性追求，而是在政策执行的过程中继续改进政策，以最终达到理性目标。

第三，有限理性模型无疑开创了一个新的政策分析思路和决策方向，这对于公共政策分析和公共政策管理实践都是有意义的。

当然，也不能否认有限理性模型的缺憾。比如，追求相对满意的政策取向，会为那些“懒政”“不思进取”“得过且过”的实践者提供理论依据，使政策发展进程受阻。另外，有些政策情境要求“快刀斩乱麻”，实施彻底的创新和突破，全面地改革与推进，这是有限理性模型所无法满足的。

（三）有限理性模型的适用范围

一般而言，有限理性模型主要适用于：一是问题情境比较复杂，暂时无法完全掌控问题信息；二是政策资源尚不完全具备，需要用渐进的方式推动发展；三是政策偏好多元且冲突严重的领域，不妨“步子迈小一点”，在有限理性模型的指导下给予相关群体更大的“调适空间”，以保证稳定和秩序。

三、渐进调适模型：追求相对满意的政策

渐进调适模型（Incrementalist Model）是查尔斯 · E. 林德布鲁姆（Charles E. Lindblom，又译为林德布洛姆、林布隆等）在批判完全理性模型的基础上提出来的，以相对满意的政策为目标。

（一）渐进调适模型的基本逻辑

第一，渐进调适模型的前提假定。在查尔斯 · E. 林德布鲁姆看来，完全理性模型仅仅是表面上的逻辑完美，实则无法实施；相反，政府是愿意采用渐进主义的思维逻辑来制定、选择公共政策的。原因主要有：“政府没有足够的实践、信息和金钱来调查能够替代现行政策的政策方案”，即追求尽善尽美的政策只能是一种理性取向，而不是现实的政策实践；“决策者承认以往政策的合法性，因为全新的或完全不同的政策的结果存在着不确定性”，即尽善尽美的创新可能带来社会失序，相反，在原有政策上的边际改进和调适则可以保持稳定和秩序；“在现行的政策项目上可能有巨大的投入（沉没成本），这

也阻碍着任何彻底的变革”；政策往往涉及多元群体，他们之间的相互调适、妥协也使得政策取向变得“中庸”，而“中庸”的政策容易被更多群体所接受，而不至于出现激烈的反抗行为和冲突分歧；政策目标的统一和共识在群体冲突、价值多元的情况下常常无法实现，所以只能以渐进的方式逐渐推进，以此减少彻底变革带来的“激荡”①。正是在这些假定之下，渐进调适模型提出如下决策逻辑：

> 政策制定的实际过程并不完全是一个理性过程（分析问题、明确目标、提出方案、优化选择等），而是对以往政策行为不断补充和修正的过程。政策制定只能根据以往的经验，在现有的政策基础上实现渐进变迁。决策者要依据现有方案，通过与以往政策的比较，考虑不断变化的环境需要，对以往政策进行局部的、小范围的调适，逐渐把一项旧的政策转变为一项新的政策。②

也就是说，渐进调适模型假定：因社会秩序、决策者能力等种种原因，新政策不可能实现绝对地、尽善尽美地创新，而只能在原有政策的基础上，依据新变化和实践需求，对原政策进行修补、改进。显而易见，渐进调适模型并不反对发展和创新，而是反对激变和突变；主张在渐变的基础上实现“量变”向“质变”的跨越。

第二，渐进调适模型的逻辑过程。托马斯·R. 戴伊指出：渐进主义把公共政策视作政府过去行为活动的延续，其中伴随着渐进的调整与修正③。他的渐进调适模型的基本逻辑如图 2－4 所示。

综上，我们可以对渐进调适模型的逻辑过程简单概括：政策制定者和决策者必须重视以往的政策承诺，尊重现行政策的各种重要要素，将现行政策的作用、原则、惯性等作为新政策的基础；在尊重以往政策承诺的基础上，辨识和分析现行政策的缺憾，以此作为政策改进、修订的参照；改进、修订政策时，不求“一劳永逸”，而是追求相对满意——相关利益主体可以接受新

① ［美］托马斯·R. 戴伊. 理解公共政策（第十二版）［M］. 谢明译. 北京：中国人民大学出版社，2010：15－17.

② 谢明. 公共政策导论［M］. 北京：中国人民大学出版社，2004：62.

③ ［美］托马斯·R. 戴伊. 理解公共政策（第十二版）［M］. 谢明译. 北京：中国人民大学出版社，2010：15.

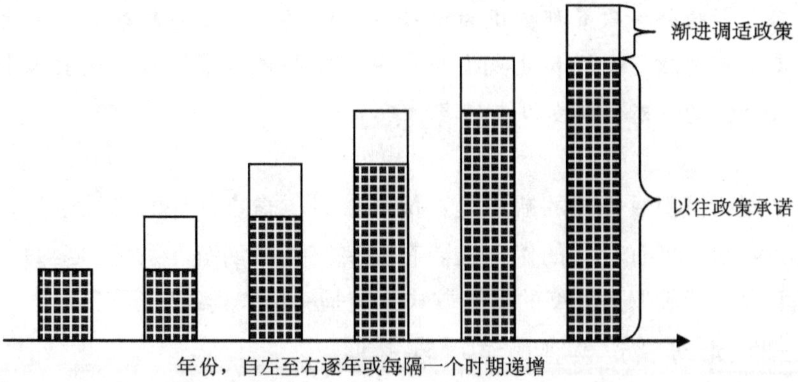

图2－4　渐进调适政策模式的直观图示

资料来源：［美］托马斯·R. 戴伊. 理解公共政策（第十二版）［M］. 谢明译. 北京：中国人民大学出版社，2010：16. 有改动。

增部分①。

（二）渐进调适模型的基本评价

渐进调适模型具有以下几方面的创新和突破：

第一，正视政策制定者和决策者的理性“有限性”，从而指出政策制定和决策是无法实现“尽善尽美”“完美无缺”的，只能在现有政策的基础上进行改进、调适，以渐进主义和逐步改善的方式推进政策周期的演化。

第二，渐进调适模型的逻辑符合辩证法。质量互变规律在公共政策领域是适用的，经过政策目标与政策方案之间的多步调适，以逐步摸索的方式、“摸着石头过河”的思维实现政策目标，解决政策问题。在此意义上可以说，渐进调适模型不仅是符合哲学原理的，而且是符合现实实践的，与社会发展的基本规律相契合。

第三，渐进调适模型所推崇的政策逻辑有助于实现社会秩序稳定。因为突破性的创新和激变具有“不确定性”，会对社会秩序带来负面影响。

不能否认，渐进调适模型并非是十全十美的。对此，尼古拉斯·亨利（Nicholas Henry）指出：

从根本上讲，渐进主义范式在公共决策中呈现的是一种保守的发展

① 谢明. 公共政策导论［M］. 北京：中国人民大学出版社，2004：63.

趋势，新的公共政策都被视为过去政策的变异。公共政策制定者也被认为是没有头脑、时间和金钱去形成真正差异性政策的人，这些人会以满足或合意的心态，接受过去的各种政策。①

渐进调适模型最主要的缺点是：按部就班、修修补补的思维逻辑，不利于突破和创新，具有较强的保守性。在需要突破和创新、系统和全面改革的政策情境中，渐进调适模型的思维方式无疑是一种“羁绊”要素。

（三）渐进调适模型的适用范围

一般而言，渐进调适模型一方面适用于那些问题情境比较复杂、政策资源尚不完全具备、政策偏好多元且冲突严重的领域。在这些问题情境中，为了保证稳定和秩序，采用渐进调适模型的思维方式，有充足的调适空间。另一方面，适用于以稳定和秩序为导向的政策实践。或者说，如果我们需要以稳健的政策来保持稳定，防止“步子过大”而引起不确定性和社会风险，不妨遵循渐进调适的政策思维。用一句俗语来形容这一点最合适不过——“船小易调头”。

需要指出，渐进调适模型和有限理性模型虽然都以“相对满意的政策”为追求目标，但它们之间还是有差别的。查尔斯·E. 林德布罗姆将两者的区别予以归纳（见表2－1）。

表2－1　完全理性模型与渐进调适模型的区别

模式标准	完全理性模型	渐进调适模型
目标与行动	两者明确区分 明确的目标是政策方案分析的前提	两者不区分 两者相互混淆
目的与手段	明确的目的与手段 先确定目的再去寻找手段	目的—手段分析并不适宜且有限
（好）的政策	（好）的政策经由达成目的的最佳手段产生	（好）的政策经由同意产生
分析的情形	广博的、周全的	极有限：忽略了重要的后果、可行方案、价值标准
注重理论的情形	太依赖理论	由于连续比较，减少对理论的依赖

资料来源：严强，王强．公共政策［M］．南京：南京大学出版社，2002：367．有改动。

① ［美］尼古拉斯·亨利．公共行政与公共事务（第十版）［M］．孙迎春译．北京：中国人民大学出版社，2011：207.

对于“追求什么样的公共政策”，除了上述三种政策模型之外，还有一些比较有意义的模型。比如德洛尔提出的最优化模型（Optimal Model，也称为规范最优化模式）和 A·埃齐奥尼（Amitai E. Etzioni）提出的混合扫描模型（Mixed-scanning）。读者如果有兴趣，可以通过相关工具书、教材自学，了解一些它们的基本逻辑、优缺点和适用范围。

第二节　第二类模型：公共政策的形成机理

对公共政策的形成机理进行阐述，形成了一类公共政策模型，这些模型的基本逻辑为公共政策分析、公共政策实践等提供了理论参考。这里主要介绍三种：政治系统模型、精英主义模型和多元主义模型。

一、政治系统模型：政策是政治系统与环境互动的产物

美国政治学家戴维·伊斯顿在其《政治生活的系统分析》一书中提出了政治系统模型。该模型强调，公共政策是政治系统（公共政策制定者、决策者等）与环境互动的产物，或者是为了适应环境，或者是为了改造环境；公共政策是有生命周期的、循环的，随着环境要素输入而更换输出的结果，公共政策就是在这一过程中实现发展、变迁的。“系统模式有赖于信息理论的概念（尤其是反馈、输入与输出），相信公共政策过程基本上是循环的。政策是一个产生、执行、调整、再执行、再调整的循环往复的过程。”① 上述周期的循环最后形成了“……输入→决策→输入→反馈→输入……”的无限循环，正是“在这种循环往复中，公共政策便源源不断地产生。”②

（一）政治系统模型的基本逻辑

在系统理论看来，政治系统作为一种组织形态，有其固有的边界，但有边界并不意味着具有“封闭性”，与外界“老死不相往来”。恰恰相反，政治系统具有开放性，它不仅影响外部环境，而且也接受外部环境的影响。政治系统的运行就是在与环境进行物质、能量和信息交互的过程中实现的，系统以适应环境、改造环境为自己的目标，实现组织“内平衡”与“外平衡”的

---

① ［美］尼古拉斯·亨利．公共行政与公共事务（第十版）［M］．孙迎春译．北京：中国人民大学出版社，2011：208.

② ［美］詹姆斯·E. 安德森．公共决策［M］．唐亮译．北京：华夏出版社，1990：21.

调适。[①] 具体而言，“政治系统可以通过下列途径保护自身利益，维持系统生存：（1）政策输出满足环境需求，符合公众利益；（2）加强系统自身建设，完善内部机制；（3）以武力为威慑或直接使用武力。”[②]

简单地说，政治系统的环境包括自然地理环境、政治环境、社会环境、经济环境、文化环境、国际环境等，政治系统需要不断地分析、辨识这些环境要素对自身的影响，然后采取适当的应对措施，输出合适的政策措施。在阿尔蒙德（Gabriel A. Almond）等看来，环境输入的主要是各种各样的需求信息（或称问题信息）：

> 进入政治系统的要求有六类：（1）关于产品和服务分配的要求，如对于制定最低工资和最长工时法，享有教育机会，得到娱乐享受，以及提供公路和运输服务的要求；（2）关于行为管制的要求，如对保障公共安全，管制市场，制定有关婚姻、健康和环境卫生法规的要求；（3）关于增税或减税以及对其他形式的资源提取的要求；（4）关于传递信息的要求，如对确认各种规范，传递权势人物的政策意图的要求，或是在受到威胁之时，或是在礼仪性的场合，要求政治系统显示威严和力量；（5）关于参与政治过程的要求或是关于各种社会集团的代表权更为平等的要求，也就是有关享有投票、担任公职、向政府请愿以及组织政治社团权利的要求；（6）关于加强社会安定和秩序、减少暴力和冲突的要求；或者以另一种方式要求政治体系对新的价值、挑战和机会积极地加以适应和做出反应的要求。[③]

在戴维·伊斯顿看来，政治系统的环境因素包括许多要素，具体见图2－5。

---

① ［美］W. 理查德·斯科特，［美］杰拉尔德·F. 戴维斯. 组织理论：理性、自然与开放系统的视角［M］. 高俊山译. 北京：中国人民大学出版社，2011：100.

② 谢明. 公共政策导论［M］. 北京：中国人民大学出版社，2004：77.

③ ［美］加布里埃尔·A. 阿尔蒙德，［美］小G. 宾厄姆. 鲍威尔. 比较政治学：体系、过程和政策［M］. 曹沛霖等译. 上海：上海译文出版社，1987：11－12.

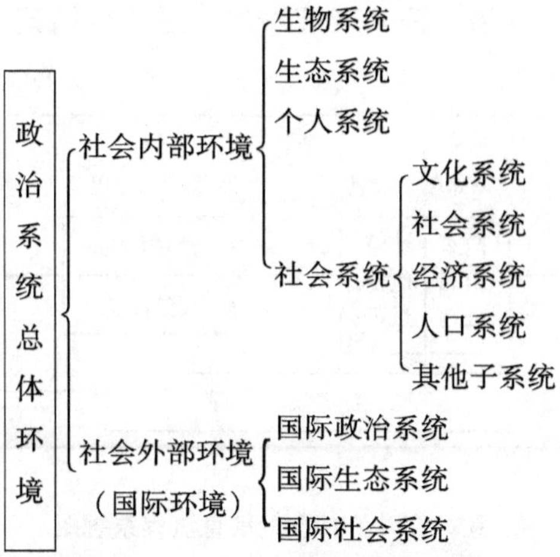

图 2－5 政治系统环境要素示意图

资料来源：［美］戴维·伊斯顿．政治生活的系统分析［M］．王浦劬译．北京：华夏出版社，1998：27.

政治系统是整个系统的关键部分，对外部环境要素的输入（需求、支持以及以前政策的反馈）做出反应、输出政策：一方面是对相关信息进行分析、梳理，确认需要提上政策议程的问题；另一方面，结合相关信息、资源基础等制定政策，并输出政策效应。政治系统模型的图示如下：

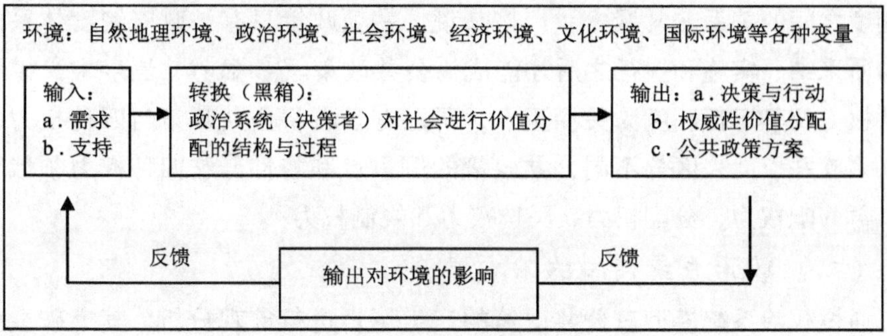

图 2－6 政治系统模型图示

资料来源：参见［美］尼古拉斯·亨利．公共行政与公共事务（第十版）［M］．孙迎春译．北京：中国人民大学出版社，2011：206；［美］戴维·伊斯顿．政治生活的系统分析［M］．王浦劬译．北京：华夏出版社，1998：35. 有改动。

从信息论的角度看，公共政策的系统模型又可以表述为：（1）政策问题与政策资源信息输入；（2）政策信息转换（信息处理与政策方案设计、政策方案选择）；（3）政策信息输出（政策执行输出政策产品和政策影响）；

(4) 政策效应信息（这属于公共政策输出之后产生的具体影响，包括正效应和负效应）。见图 2－7。

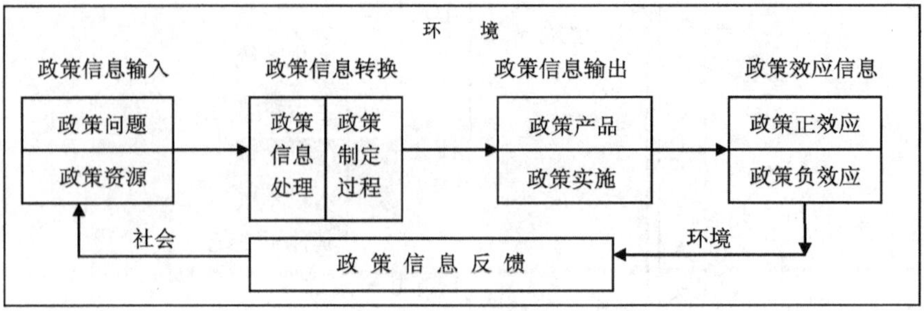

图 2－7　公共政策信息流程系统图

资料来源：周树志．公共政策学：一种政策系统分析新范式［M］．西安：西北大学出版社，2000：122.

还有一种制度主义模型，认为政策是制度的产物。从这个角度看，宏观的政府制度构成了公共政策系统最主要的环境要素。托马斯·R. 戴伊就曾强调，公共政策制度主义模型揭示了影响公共政策产出的重要因素——制定、执行、贯彻政策的政府机构，政府机构的特性也赋予公共政策以合法性、普遍性和强制性，而影响这些政府机构运行的主要是政府制度。“公共政策与政府制度之间的关系非常紧密。严格来说，一项政策只有被政府制度体系内的机构所采纳、实施和执行之后才能成为公共政策。”① 显然，制度主义模型以公共权力及其运行制度为关注重点，所以有学者将公共政策与四种权力领域相联系，并以此来区分不同公共政策的侧重点和特性。这四种权力领域分别为：再分配权力、分配权力、民选权力和规制权力②。

（二）政治系统模型的基本评价

通过政治系统模型对公共政策的产生逻辑进行宏观分析，其突破主要有以下几方面：一是关注于公共政策产生的重要变量，包括环境变量、政治系统变量等，尤其是对环境变量的分析较为翔实、系统。二是认为公共政策是“民主”过程的产物。政治系统模型强调外部的输入（需求、支持等），这意

① ［美］托马斯·R. 戴伊．理解公共政策（第十二版）［M］．谢明译．北京：中国人民大学出版社，2010：11.

② ［美］尼古拉斯·亨利．公共行政与公共事务（第十版）［M］．孙迎春译．北京：中国人民大学出版社，2011：209.

味着公共政策是在回应民众需求的基础上产生的，需要考量民众的需求以及整个社会感知到的“公共问题”。三是强调公共政策的周期性，并在循环往复周期中取得发展。或者说，这是一种动态的分析模型，既着眼当前，又着眼未来。

当然，政治系统模型也有一定缺憾。比如，更多关注环境与政治系统的互动，而对于公共政策的具体产生逻辑关注不够，尤其是“黑箱”内部的运作，政治系统如何才能设计、选择有价值的政策等缺乏关注，使得政策分析过程笼统，导致了政治系统模型在实践中的应用大受限制①。

二、精英主义模型：政策是精英的价值偏好

公共政策是“公共的”政策，天然具有公共性、政治性。因此，公共政策应该回应民众的需求，让民众积极参与其间。但是，这种判断似乎更像是一个“神话”，在实际的政策实践中，起主导作用的是精英或精英集团。概言之，公共政策是精英的价值偏好，是精英的“作品”②。

（一）精英主义模型的基本逻辑

精英主义模型来源于精英主义政治理论。如戴维·伊斯顿指出，在很大程度上，长老、首领、执政官、立法者等政治权威才是决策的真正影响者和实施者，是他们而不是一般大众构成了政治生活的主体③。塞缪尔·亨廷顿（Samuel P. Huntington）等的观点很有代表性：

> 政治精英对政治参与的态度可能是影响该社会政治参与性质的一个最具决定性的因素。动员参与只有在政治精英们竭力推动民众参与时才会出现，而自动参与也只有在政治精英们鼓励、允许、无力或不愿压制时，才会以不太高的代价出现。在较长时期内，一个社会的社会、经济和人口结构的变迁将改变政治参与的性质。然而，这种政治参与的变化常常是通过政治精英们的构成成分及其目标的改变来实现的。④

① 谢明．公共政策导论［M］．北京：中国人民大学出版社，2004：77.

② ［美］托马斯·R. 戴伊．理解公共政策（第十二版）［M］．谢明译．北京：中国人民大学出版社，2010：19.

③ ［美］戴维·伊斯顿．政治生活的系统分析［M］．王浦劬译．北京：华夏出版社，1998：233.

④ ［美］塞缪尔·亨廷顿，［美］琼·纳尔逊等．难以抉择［M］．汪晓寿等译．北京：华夏出版社，1988：30.

精英主义政策理论认为在公共政策实践中，精英的力量和影响是明显的，而一般民众则是麻木的，充其量作为精英们的“政策理由”而影响政策取向①：(1) 社会上存在两类群体：精英群体和一般大众。前者掌握公共权力，具有较强的社会影响力和公共价值的分配权，后者则恰恰相反。(2) 精英群体在本质上并不是一般大众的政治代表，相反，他们来自社会经济地位较高的阶层。(3) 公共政策反映的是精英阶层的价值偏好和利益诉求，精英阶层掌握社会舆论，并以此来塑造政策价值取向。(4) 精英是积极的、主动的，有意愿影响政策取向，政治功效感较强；相反，一般大众则是“麻木”的，不太关心公共政策的价值取向，政治功效感较低。(5) 精英群体对政策的价值取向影响力较大，而一般大众则影响较弱。如图 2－8 所示。

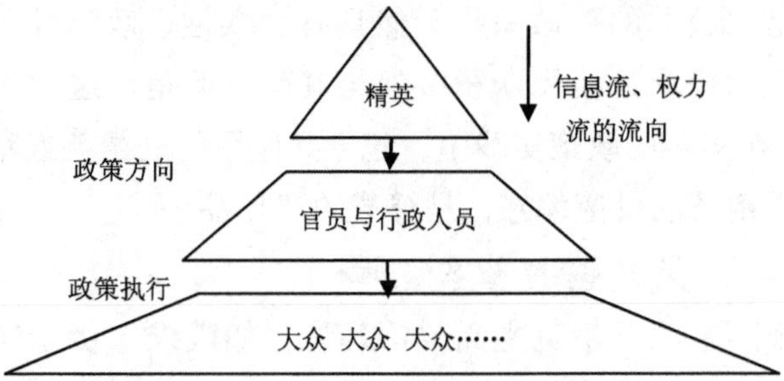

图 2－8 精英主义模型示意图

资料来源：[美] 托马斯·R. 戴伊. 理解公共政策（第十二版）[M]. 谢明译. 北京：中国人民大学出版社，2010：20. 有改动。

（二）精英主义模型的基本评价

精英主义模型对于政策分析具有一定的意义：一是精英主义模型指出了影响公共政策的最主要因素——精英群体。二是精英主义模型强调：一般大众的政策取向容易走向极端和激变，而精英群体则相对“保守”，因此公共政策作为精英群体的价值偏好，有助于稳定和秩序。三是精英主义模型具有极强的现实针对性，反映了公共政策实践的现实。四是精英主义模型有助于防止“政治肥大症”，因为一般大众的参与在时间、协调等方面都需要较大的成本，而精英群体的数量相对较少，容易达成均衡。

当然，精英主义模型也在很多层面备受质疑：一是其具有强烈的“反民

① [美] 托马斯·R. 戴伊. 理解公共政策（第十二版）[M]. 谢明译. 北京：中国人民大学出版社，2010：19－20.

主”取向，在政治价值上被视为一种不正义的表现。二是忽视了现实情况与价值取向之间的区别，一味强调精英主导政治这一现实，并将此作为依据，这是不合适的。吸收民众参与政策、让民众积极有序地表达政策需求，决不能因“有难度”而忽视公共政策的民主需求。三是民众无法在公共政策中充分地表达和参与，但这可能并不是因为民众不愿参与的结果，而是因为制度渠道缺乏的结果。所以，精英主义模型的分析逻辑值得反思。四是随着经济社会的发展，民众的参与意识和参与能力会增加，这是精英主义模型所忽视的。五是民众的参与并不必然导致失序，只要参与制度完善、参与渠道健全，公共政策的民主参与过程将会呈现有序的态势。这一点也是精英主义模型所忽视的。

三、多元主义模型：政策是团体利益平衡的产物

多元主义模型的代表人物有戴维·杜鲁门（David Truman）、厄尔·莱瑟姆（Earl Latham）、罗伯特·达尔（Robert Dahl）等。多元主义模型在很大程度上有效协调了民主参与和政治秩序的关系，将具有中介性、整合性的社会团体作为政治参与的工具和公共政策的重要影响者，认为公共政策是多元团体利益平衡的产物[①]。

（一）多元主义模型的基本逻辑

在多元主义看来，因利益的相同性、地理区域的相同性、兴趣爱好的相同性、价值偏好的相同性等形成了各种各样的社会团体。它们以团体的声音“发话”，以游行等方式向政府机构表达诉求，试图影响政策取向。“在当代社会政治生活中，政治社团得到很大发展，已成为社会政治体系不可或缺的重要组成部分，其对于政治生活和政府政策的制定、执行具有重要影响。”[②] 团体的声音相对于个体而言，要“大”很多，团体的影响力也要大很多。在此意义上，托马斯·R. 戴伊指出：“个体在政治中的重要性，只有当他作为团体的一分子或者代表团体利益做出行为选择时，才能够显示出来。”[③] 因此，

① ［美］托马斯·R. 戴伊. 理解公共政策（第十二版）［M］. 谢明译. 北京：中国人民大学出版社，2010：17－18.

② 王浦劬等. 政治学基础（第二版）［M］. 北京：北京大学出版社，2006：225.

③ ［美］托马斯·R. 戴伊. 理解公共政策（第十二版）［M］. 谢明译. 北京：中国人民大学出版社，2010：17.

在多元主义模型看来，多元的社会团体是政府和个体的中介，整合并代表个体向政府表达政策诉求，参与政策过程；待政策出台后，团体又作为约束、规范个体的力量而存在，以此来推动政策执行。如图2-9所示。

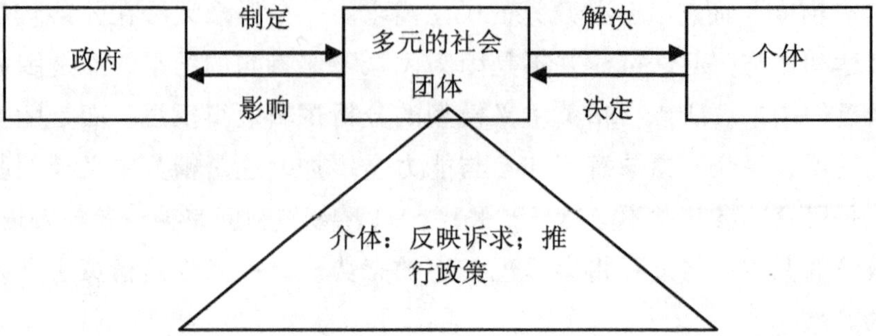

图2-9 多元主义模型图示

由于多元的社会团体的参与，政治过程就不再是精英主义模型笔下的“精英的游戏”，而是多元主体之间的博弈、协商、妥协。厄尔·莱瑟姆指出：

> 所谓公共政策，实际上就是团体竞争在既定时间达到均衡的结果，它代表的是相互竞争的派别或团体坚持不懈地努力，为维护自身利益而达到的平衡……立法机关裁决团体之间的斗争，认可取得胜利的团体，并用法令或条例把放弃、妥协和征服等记录在案。①

托马斯·R. 戴伊指出：

> 政治的确是不同团体力求影响公共政策而展开的斗争。政治体系的任务是通过如下方式协调团体间的冲突：（1）确立团体斗争的游戏规则；（2）制定折中策略，平衡各方利益；（3）以公共政策的形式制定妥协办法；（4）推动政策实施。②

① 转引自［美］托马斯·R. 戴伊. 理解公共政策（第十二版）［M］. 谢明译. 北京：中国人民大学出版社，2010：18.

② ［美］托马斯·R. 戴伊. 理解公共政策（第十二版）［M］. 谢明译. 北京：中国人民大学出版社，2010：17.

可见，在多元主义模型那里，政府更多是公共裁决者，它衡量各个团体的影响力，判断各个团体的政策取向，然后将公共团体置入既定的政策规则当中，出台一个被大家所接受的、具有均衡意义的公共政策。其基本逻辑如图 2－10 所示。

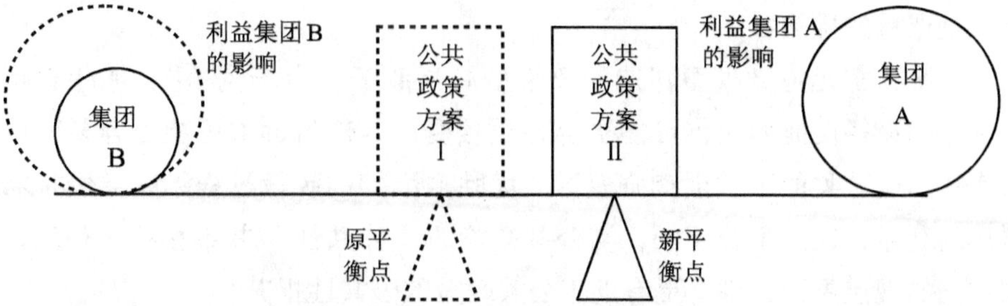

图 2－10　利益集团政策模型示意图

资料来源：［美］托马斯·R. 戴伊. 理解公共政策（第十二版）［M］. 谢明译. 北京：中国人民大学出版社，2010：18. 有改动。

（二）多元主义模型的基本评价

与精英主义模型相比，多元主义模型更容易被人们接受。

第一，多元主义承认社会参与的必要性，将公共政策作为社会参与的结果，认为公共政策是回应各种政策诉求信息、调和政策价值取向的公共行动，这与民主价值相一致。

第二，多元主义模型具有较强的现实针对性。在现代国家中，人们以团体的方式表达诉求是“常态”。换言之，人们并不会是精英主义笔下的“麻木不仁者”，而是组成团体，以团体的方式参与政治、表达诉求、影响政策。

第三，多元主义模型规避了个体参与的缺陷。每个个体都有自己的利益诉求，如果都以原子化个体的方式参与政策的话，将会导致“政治肥大症”。相反，各种团体在整合内部需求的过程中，实际上已经取得了一定的共识，这种数量相对较少的团体参与公共政策过程而不是人人参与的做法可以保持公共参与的有序性。

第四，多元主义模型允许各种团体的合法参与、积极协商，这有助于达成政治秩序。另外，多元团体之间“相互制约”，也有助于公共政策公共性的提升，防止公共政策被某一力量所垄断。

第五，多元主义模型与政策网络理论、治理理论的观点基本一致，都推崇多元主体的参与，多元力量的相互学习、协同行动。这与我国的治理现代化目标相一致。

学界也对多元主义模型提出了一些批评。

首先，多元主义模型在强调多元团体力量的时候，忽略了政府的作用。这是不合适的。多元团体也可能采取不合作、对抗的行为策略，这对公共秩序将是严重的挑战。

其次，多元主义模型塑造的政策格局类似于“市场竞争”，那些影响力大、影响途径便捷的团体可能更容易被接受，其价值诉求可能更容易变成政策实践。这种类似于“弱肉强食”“优胜劣汰”的政策过程无疑会侵害弱势群体的利益，这是不公正的，与公共政策的“公共性”并不相符。相反，法团主义的观点更为合理，更有助于公共政策的公共性提升①。

最后，多元主义模型更多强调多元团体参与对于公共政策的影响，而对具体如何参与、如何协商等问题并没有详细阐释。

需要强调，对于公共政策形成机理这一问题，除了上述三个政策模型之外，还有公共选择政策模型、博弈论政策模型等。读者可以查阅相关资料，自行学习一下。

【复习思考题】

1. 什么是完全理性模型？该模型的主要观点是什么？你如何评价该政策模型？

2. 什么是有限理性模型？该模型的主要观点是什么？你如何评价该政策模型？

3. 什么是渐进调适模型？该模型的主要观点是什么？你如何评价该政策模型？

4. 请通过查阅相关资料，了解 A. 埃齐奥尼（Amitai E. Etzioni）提出的混合扫描（Mixed-scanning）模型，并对其作出简评。

5. 请通过查阅相关资料，了解德洛尔提出的最优化政策模型（Optimal Model，亦称为规范最优化模型），并对其作出简评。

6. 你是如何理解政治系统模型的？它的优缺点是什么？

---

① 关于法团主义理论及其对公共政策的看法，读者可以参与张静．法团主义［M］．北京：中国社会科学出版社，2005.

7. 什么是精英主义模型？该模型的主要观点是什么？你如何评价？

8. 什么是多元主义模型？该模型的主要观点是什么？你如何评价？

9. 根据本章学习的几种模型，你觉得在政策分析的时候应该着重考虑哪些层面？

10. 请查阅相关资料，了解公共选择理论模型、博弈理论模型等。当然，读者也可以借鉴利用其他学科的知识，构建出一种新的、针对政策实践的政策模型。

第三章　公共政策问题的界定与政策议程的建立

【学习目标】

通过本章的学习，需要了解公共政策问题的基本含义和属性；掌握公共政策问题建构的重要性、基本步骤以及基本方法；了解公共政策议程的地位、主要类型以及影响公共政策议程启动的基本因素。

【内容提要】

公共政策问题是公共政策活动的关键要素。一般而言，公共政策问题具有客观性、主观性、不舒适感、动态性、关联性等。但是从公共政策分析的角度看，公共政策具有建构性、系统性、非竞争性和非排他性。问题建构指的是政策分析者利用主观能动性，对客观存在的问题进行辨识、梳理和界定。公共政策问题建构的目的，就是将复杂的、结构不良的政策问题进行合理的建构，使之转化为较容易解决的、结构优良的问题。公共政策问题建构过程：公共政策问题的感知与察觉→公共政策问题的界定与分析→公共政策问题的描述与澄清。公共政策问题建构需要遵循的基本原则有：紧扣问题；不能就问题而进行问题建构，要与问题解决相关联；要充分利用理性，创造性地界定问题、解决问题。有效的政策问题建构方法有：头脑风暴法、德尔菲法、鱼骨图法、问题点检验表法、方案前提法等。公共政策议程指的是将社会公共问题纳入具体的政策过程，着手予以解决。政策议程分为外在创造型、政治动员型和内在创造型等三类。影响政策议程启动的因素有：公共问题本身的重要程度、政策资源的充足程度、公共权力机构的认可程度、社会力量的促进程度、特殊事件的影响程度。

进入第三章的具体论述之前，我们不妨先看一个类比的例子——病症 a，可以用药方 A 来治疗，或者说药方 A 是病症 a 的科学医治方法；同理，病症 b 的科学医治方法是药方 B。如果在诊断的时候，将病症 a 错误地诊断为病症 b，然后采用药方 B 来治疗，我们就可以毫不犹豫地说：这是一种错误。这种错误表现为——采用科学的方法解决了一个错误的问题。或者说，方法本身没错，而是问题界定错了，没有准确地把握问题的属性、原因等。对于公共政策也是一样，如果客观的公共问题没有被准确认识和把握，那么，以此为基础而制定、实施的公共政策将无异于南辕北辙、缘木求鱼。哪怕公共政策的设计过程如何科学，公共政策本身如何科学，都将无济于事，因为该政策针对的是一个“错误”的问题。

公共政策是为了解决公共问题、处理公共事务、实现公共目标，因此公共政策就必须做到有针对性，针对政策问题、针对政策目标来设计政策方案，否则就是“无的放矢”。换句话说，政策问题和政策目标是政策方案设计的导向和指针，是公共政策的起点。如果问题没有辨识清楚，或者公共政策方案没有有效契合公共政策问题，那么它是难以达到解决公共问题这一公共目标的。鉴于此，本章以公共政策问题及其建构为内容，向读者阐释公共政策问题的属性，并尝试从方法论的角度阐释如何进行公共政策问题建构、界定公共政策问题，为公共政策目标的确定、公共政策方案的设计提供基础。

第一节　公共政策问题的概念与属性

在很大程度上可以说，公共政策分析、公共政策管理实践就是问题提出、问题解决、新问题发生（问题取代）这样一个循环的过程。而公共政策问题是公共政策活动的关键要素，必须首先要明确问题，对问题进行准确、清晰地界定和说明[①]。美国政策学者 J. S. 利文斯顿（J. S. Livingston）也对公共政策的重要性做出明确强调：

> 问题的挖掘和确认比问题的解决更为重要，对一个决策者来说，用一个完整而优雅的方案去解决一个错误的问题对其机构产生的不良影响，

---

① 周树志．公共政策学：一种政策系统分析新范式［M］．西安：西北大学出版社，2000：142.

比用较不完整的方案去解决一个正确问题大得多。[①]

美国政策学者格罗弗·斯塔林（Grover Starling）在谈论公共决策时也指出：

> 首先，让我们设定，各种行政问题之间有着根本性的差异，理解我们要应对的问题的类型（type），可以使我们避免犯下代价高昂的错误。例如：1. 该问题是紧迫的还是并非不处理不行的？2. 该“问题”究竟是掩盖深层次问题的症状，还是引起实际问题的根本原因？3. 该问题是特殊性的（sui generic，独一无二的），还是一般性的（generic，一组相当类似的问题中的一个）？[②]

总之，公共政策问题是公共政策过程的起点，也是公共政策评价的基本依据。那么，什么是公共政策问题呢？公共政策问题具有哪些属性呢？这一节主要回答这两方面问题。

一、公共政策问题的概念

对于公共政策问题的概念，这里遵循如下逻辑来阐述：问题→社会公共问题→公共政策问题[③④]。

（一）问　题

《现代汉语词典（修订本）》对“问题”一词的解释是：

> （1）要求回答或解释的题目；（2）须要研究讨论并加以解决的矛盾；（3）关键；重要支点；（4）事故或麻烦。[⑤]

① 转引自周树志．公共政策学：一种政策系统分析新范式［M］．西安：西北大学出版社，2000：143.

② ［美］格罗弗·斯塔林．公共部门管理（第八版）［M］．常健等译．北京：中国人民大学出版社，2011：227.

③ 樊钉．公共政策［M］．北京：国家行政学院出版社，2005：52.

④ 徐家良．公共政策分析引论［M］．北京：北京师范大学出版社，2009：108－110.

⑤ 中国社会科学院语言研究所词典编辑室编．现代汉语词典（修订本）［Z］．北京：商务印书馆，1996：1322.

公共政策问题是公共政策要解决的、处理的问题，因此可以说，此处的“问题”应该在“须要研究讨论并加以解决的矛盾”和“事故或麻烦”两个层面上理解。有学者是这样解释的：“问题，从哲学上讲，就是矛盾；从社会学的角度看，指实际存在状态与社会期望之间的差距。”① 从这个角度看，“问题”具有以下特性：

第一，“问题”是客观的存在。“问题”不随人的意志转移，需要去解决和应对的矛盾状态。

第二，“问题”是相关主体感受到的。“问题”是客观存在的，但如果相关主体没有感受到它的存在，体认到它的影响，那么“问题”就类似于不存在一样。比如，“强辐射”对身体具有危害性，这是一个客观事实，是客观存在的“问题”。但是，如果科技没有发展到发现辐射的程度，或者对辐射的影响并不清楚时，“强辐射”将不被作为“问题”而呈现。总之，“由于个人主观状态不同，对同一个问题会有不同的体验、察觉、看法和认定。”②

第三，“问题”是给人不舒适感的存在。“问题”作为矛盾、作为现实与理想的差距，总是让人感到不舒适，具有“负面的”“坏的”“不好的”“不被接受的”“难以忍受的”等特点。

另外，问题还具有如下特点：交叉性——不同的问题交叉存在，相互影响，互为因果；复杂性——问题产生原因、应对举措等往往是复杂的，并不符合简单的线性逻辑；多变的（动态的）——问题会随着时空状态的转变而改变。

（二）社会公共问题

问题作为“实际存在状态与社会期望之间的差距”，在影响上有不同的层级：只对个人有影响，还是对整个社会有影响；问题作为“相关主体感受到的不舒适感”，在程度上也具有不同的层级：仅是个体感受到的，还是整个社会（或大多数人）感受到的。这实际上对问题进行了一个简单的分类：个人问题与社会公共问题。

个人问题的感受者是个体，其解决难度较小，可以通过家庭或个人而相

① 转引自周树志．公共政策学：一种政策系统分析新范式［M］．西安：西北大学出版社，2000：140.

② 转引自周树志．公共政策学：一种政策系统分析新范式［M］．西安：西北大学出版社，2000：141.

对容易、简单地解决。因此，个人问题在危害程度上相对较小，涉及面和影响力度也都较小。个人问题属于私人领域的问题，一般认为公共权力不应干预和规范个人问题，而由社会力量通过自治的方式予以解决。如果利用公共权力来解决个人问题，往往意味着“腐败”的发生，是权力“异化”的结果。

社会公共问题与个人问题完全不同，其感受者是整个社会或社会大多数人，解决难度较大。一般认为，任何个人在任何时空状态下都没法解决的问题才属于社会公共问题。因此，社会公共问题的危害程度相对较大，涉及面和影响力度也较大，常常与社会秩序、公共福利等有关。社会公共问题属于公共领域的问题。解决社会公共问题是公共权力的职责所在，如果对那些必须解决的且具备解决条件的公共问题不闻不问、置之不理，就可以说公共权力缺位、失职了。“只有当社会的大部分成员或一部分有影响的人物认为某种生活状况是社会问题时，它才是社会问题。”① “现实社会中，始终存在着三个基本要素：社会现状、社会期望与社会问题。社会问题是指社会的实际状态与社会期望间的差距。如果仅是极少数人，从自身的需要、利益、价值等因素出发，感到期望与现实之间存在差距，这并不构成社会公共问题。”②

社会公共问题与“问题”一样，都具有客观性、主观感受性、不舒适感等特征。具体的公共问题包括饥饿、贩毒吸毒、环境恶化、食品安全问题，资源枯竭、社会失序、疾病等。在理论上，所有的社会公共问题都应该进入政策议程，被公共机构纳入“待解”清单之中并采取切实行动予以解决。但这无异于“天方夜谭”。一方面，问题的解决需要资源基础、技术支撑等，而公共权力机构无法拥有完备的能力和充分的资源、技术来解决所有的问题。只能根据“轻重缓急”原则，解决其中的一部分。另一方面，由于问题具有“主观性”，这导致在任何一种状态下，我们都无法穷尽所有的问题，实际存在的问题也许比感知到的问题要多很多。“人们的主观意识、思想信仰、生活态度等价值因素在社会问题的形成过程中具有决定性影响。”③ 这也就意味着我们不可能去解决所有的问题——那些未被感知到的问题无论如何是无法被纳入“待解”清单之中的。

① 谢明．公共政策导论［M］．北京：中国人民大学出版社，2004：88.

② 陈庆云．公共政策分析［M］．北京：中国经济出版社，2000：148－149.

③ 谢明．公共政策导论［M］．北京：中国人民大学出版社，2004：88.

概言之，在最理想的意义上，所有被感知到的公共问题都应被纳入到公共机构的“待解”清单之中；而在一般意义上，只能是根据具体情况选择部分被感知到的公共问题，将它们纳入政策议程，着手予以解决。

（三）公共政策问题

如上所述，受种种条件的限制，我们不可能将所有公共问题都纳入政策议程，以着手解决。这时，社会公共问题可以被分为三类：未被感知到的，被感知到的但被搁置的，被感知到的且被纳入政策议程的。对于这三类社会公共问题，它们都是公共政策问题吗？

答案是，否！只有被感知到的且被纳入政策议程的社会公共问题才是公共政策问题。也就是说，虽然我们十分期待所有的社会公共问题都是公共政策问题，都被公共权力机构纳入政策议程之中①。但是，这仅仅是个“乌托邦式”的想法。现实状态是：只有部分社会公共问题才能被“升格”为公共政策问题，被纳入公共政策议程。在这种情况下，最理想的状态就是——尽可能多地将被感知到的社会公共问题推进政策议程，使之变为公共政策问题。托马斯·R. 戴伊曾指出，在实际的公共生活中，“政策问题并不只是‘发生’的”，而是在各种原因的叠加下被“选择”出来的②。

说到这里，需要强调一点：公共政策问题仅仅是一种具有限定性的说明，它在本质上与公共问题并无二致。唯一的区别就是，是否被纳入政策议程，被纳入政策议程的就是公共政策问题，反之亦反。如图 3－1 所示。

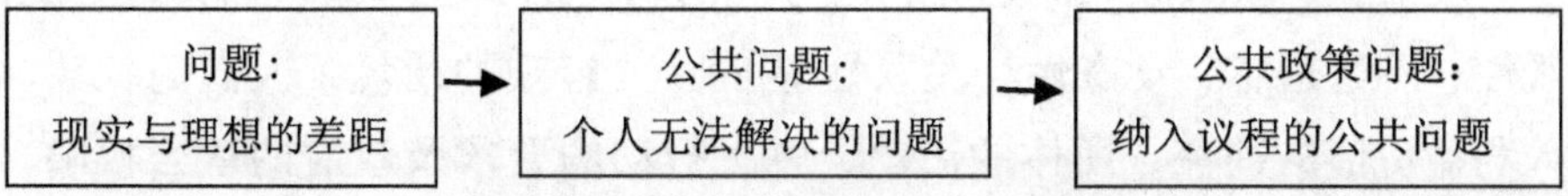

图 3－1　公共政策问题概念示意图

另外，如果公共政策问题与各种问题（包含私人领域的问题）重合度很高，说明这个国家的福利水平很高，或者说明这个国家的“计划”水平很高。如果公共政策问题与公共问题的重合度很高，则说明这个国家的政府效率很高，很负责任，能够及时配置资源并回应各类矛盾、需求等。

① 王达梅，张文礼．公共政策分析的理论与方法［M］．天津：南开大学出版社，2009：162.

② ［美］托马斯·R. 戴伊．理解公共政策（第十二版）［M］．谢明译．北京：中国人民大学出版社，2010：29.

对于公共政策问题，有很多种分类方法[①②③]：

从政策问题产生原因的角度看，分为自然原因诱发的政策问题（如地震、洪灾）、社会原因诱发的政策问题（如社会骚乱、社会不信任、生产安全危机）以及多因素诱发的政策问题（如地震之后诱发的社会风险）。

从政策问题的发生领域看，可分为政治问题、自然生态问题、经济问题、文化问题、社会问题、外交问题、军事问题，等等。

从政策问题的产生逻辑角度看，可分为过失性政策问题和结构性政策问题。前者指的是因某些主体偏离社会正常生活和规范等过失、越轨、失范行为而诱发的问题，如各类违法犯罪行为、妨碍社会和谐的行为等。后者指的是因社会自身结构不合理、不适应外部环境发展等而诱发的一些问题，如人口膨胀、人口老龄化、人口结构不合理等。

当然，还有很多种分类方法，读者可以根据自己的视角和标准来对公共政策问题进行分类。有一点需要注意，不同的政策问题分类对于政策分析是有益的，因为不同的政策问题意味着不同的政策属性，根据问题种类、原因、发展趋势、缓急程度等可以采取不同的政策措施。也就是说，读者不要仅仅停留在政策问题“类型学”这一层次，而应该将政策问题分类与政策措施建构结合起来，在政策分析的逻辑中进行政策问题的“类型学”研究。

二、公共政策问题的属性

一般而言，公共政策问题的属性与“问题”的属性一致，都具有客观性、主观性、不舒适感、动态性、关联性等[④⑤]。“客观的情境、人们的觉察、多数人利益价值的冲突、团体的活动、解决行动的要求及政府的适当权限，是构成政策问题的主要因素。”[⑥]

本书将不从公共政策问题具体属性的角度来说明其属性，而是尝试在提

① 徐家良．公共政策分析引论［M］．北京：北京师范大学出版社，2009：110－112.

② 樊钉．公共政策［M］．北京：国家行政学院出版社，2005：57－58.

③ 王达梅，张文礼．公共政策分析的理论与方法［M］．天津：南开大学出版社，2009：157－162.

④ 徐家良．公共政策分析引论［M］．北京：北京师范大学出版社，2009：108－110.

⑤ ［美］威廉·N. 邓恩．公共政策分析导论（第四版）［M］．谢明等译．北京：中国人民大学出版社，2011：52－53.

⑥ 林水波，张世贤．公共政策［M］．台北：五南图书出版公司，1982：75.

升政策分析能力的基础上说明其属性。

（一）公共政策问题具有建构性

这是公共政策问题的“主观性”所衍伸出来的特性，但这里并不仅仅强调公共政策问题是被感知到的，被人们主观认识到的，而是指公共政策问题因其“主观性”而具备“建构性”特征。即为了便于解决问题、更好地设计公共政策方案，而对政策问题进行适当的塑造，体现的是政策分析者、研究者以及公共政策管理者的能动性①。比如，对于河水被污染了这一政策问题，我们可以将其建构为“相关行为者没能有效处理污水”，也可以将其建构为“大自然没有能力自行解决污水”，还可以将其建构为“被污染了的河水没有被及时处理”。不同的政策问题，将会得出不同的政策分析结论和政策措施。如果将其建构为“相关行为者没能有效处理污水”，结论就是相关行为者发生了错误，需要通过控制此类行为，以保证河水不被污染。如果将其建构为“大自然没有能力自行解决污水”，结论就是大自然本身出了问题，这也许是无法解决的，或者是想方设法提高大自然的自我修复能力。如果将其建构为“被污染了的河水没有被及时处理”，结论就是针对污染河水的处理迟缓了，需要马上行动起来，去处理被污染的河水。显然，第一种建构是较为合理的，对问题原因的把握较为精准，且更有利于政策方案设计，便于问题解决。

（二）公共政策问题具有系统性

这是公共政策问题的“关联性”所衍伸出来的特性，但这里也并不仅仅是说公共政策问题是互相影响、互为因果的，而是说在解决公共政策问题的过程中不能“头痛医头脚痛医脚”，也不能仅仅着眼于眼前，而不顾未来。

一方面，公共政策问题不是孤立地存在，要以系统思维来分析并在此基础上设计政策方案。“公共政策问题并不是孤立存在于社会之中的，它总是与其他问题、其他社会结构性要素处于一个复杂的动态体系之中。”② 因此，不妨针对“问题束”采用“一揽子”的方案来解决。威廉·N. 邓恩的话非常有代表性：

> 有时候“同时解决十个相互关联的问题比单独解决一个问题更容

---

① ［美］威廉·N. 邓恩. 公共政策分析导论（第四版）［M］. 谢明等译. 北京：中国人民大学出版社，2011：53.

② 汪大海. 现代公共政策学［M］. 北京：清华大学出版社，2010：95－96.

易”。相互影响的问题系统化需要整体分析法（holistic approach），整体分析法把问题视为由相互关联的部分构成的系统的不可分割的主要组成部分。①

另一方面，不仅同一时段的公共政策问题之间是相互关联的，而且不同时段的公共政策问题之间也是相互关联的。历史因素、现实因素、未来趋势因素都是公共政策问题的重要参量。忽略历史，就无法把握公共政策问题的来龙去脉，也因此而无法明晰公共政策问题的根本原因。忽略未来，就无法使公共政策在未来具有适应性，就意味着政策并没有真正地达到解决问题的目标。比如，中国的人口问题，并不单纯是生与不生、生多生少的问题，而是涉及中国的传统文化、人口结构、优生优育、未来养老、国家可持续发展以及劳动力资源等各个侧面，这里面就包含有“昨天”“今天”和“明天”所有的因素。

（三）公共政策问题具有非排他性和非竞争性

我们常常在“受益”的角度上使用非排他性和非竞争性，并以这两种属性来区分私人物品和公共物品。“受益的非排他性”（Non-excludability）指的是消费某物品时无法排斥他人也同时受益；“消费的非竞争性”（Non-rivalness）指的是一个主体对某一物品的消费，不妨碍也不能排斥其他主体也同时消费，即新增消费者并不会增加成本（边际成本为零）②。

其实，我们也可以在“受害”的角度上使用非排他性和非竞争性。简单而言，就是指感受到不舒适感的不是一个人，而是所有人——任何个人也无法独自承担这种不舒适感，无法排除其他主体也感知到这种不舒适感。比如，被污染了的空气，不可能说，我作为一个个体，独自受害就行了，其他人可以不受污染空气的侵害。对于社会混乱也是一样的，无法排除身处其中的任何一个人，使之不受伤害。如果某“问题”不具备非排他性和非竞争性，那么它就不能被视为公共政策问题，不应该由公共权力机构使用公共资源来处理。相反，如果具备了非排他性和非竞争性，那么这一问题就属于社会公共问题的范畴，只要条件具备，公共权力机构就应该依法予以处理。在“受害”

---

① ［美］威廉·N. 邓恩. 公共政策分析导论（第四版）［M］. 谢明等译. 北京：中国人民大学出版社，2011：53.

② 黎民. 公共管理学（第二版）. 北京：高等教育出版社，2011：90－91.

的角度上使用非排他性和非竞争性标准，可以辨别某问题是否属于公共问题。

第二节　公共政策问题的建构与界定

问题建构指的是政策分析者利用主观能动性，对客观存在的问题进行辨识、梳理和界定，为更好地解决问题、设计政策方案提供基础。“解决建构不好的问题要求具备的条件和那些解决构建恰当的问题要求具备的条件不同。”[①]简单而言，公共政策问题建构的目的就是将复杂的、结构不良的政策问题进行合理的建构，使之转化为较容易解决的、结构优良的问题。

简单类比：在很多大学教室中，课桌上有许多污渍，很不美观。如何消除这种“课桌文化”呢？如果将这个问题建构为“课桌质量不好，具备可写入性”，那么对策就是研制“不可写入”的课桌，然后配备到高校教室当中。这个问题构建得虽然很新颖，但无疑是一个“不良”的问题，因为实现这一技术的研发成功恐怕难度较大，对于高校而言成本（购买不可写入的课桌）过高。

如果在如下逻辑上建构这个问题，问题就会简单许多。据我们观察，大学的课桌污渍大致包括三类：（1）考研占座类，如某某年某某专业考研占座；（2）考试占座与小抄类，如某月某日某某课程某某专业占（课桌上还写有这个“小抄”）；（3）随意写生类，如画一个肖像、写一首打油诗。很多学校主要的课桌污渍是前两类。考研占座的根本原因是自习教室不够用，或者教室使用安排不合理，导致自习教室成为紧缺资源；考试占座与小抄的根本原因是考试时位次由学生自己选定。试想，为什么研究生入学考试、四六级英语考试没有人占座呢？因为占也不管用，你压根就不知道自己会坐在哪里。所以，要解决前两类课桌污渍，就是让教室足够，让考试位次不再由学生自行确定。对于第三种课桌污渍，只有通过思想教育来解决了。

综上所述，公共政策分析和实践不仅要求我们准确把握问题的真实特征，恰当地建构问题，以更好地设计政策方案。只有合理地建构问题，才能将公共政策问题提上政策议程。因此，本节主要内容包括两部分：公共政策问题

---

① ［美］托马斯·R.戴伊.理解公共政策（第十二版）［M］.谢明译.北京：中国人民大学出版社，2010：57.

的建构和公共政策议程的启动。

一、公共政策问题建构

公共政策问题建构包括很多具体的内容，这里着重阐述其基本过程（步骤）、需遵循的基本原则以及可以使用的主要方法。

（一）公共政策问题建构的基本过程

一般而言，公共政策问题建构需要遵循如下过程：

图 3－2　公共政策问题建构的基本步骤

第一，公共政策问题的感知与察觉。“政策问题建构的初始条件或初始状态是‘感觉到有问题’，即存在着一种‘问题情境’（problem situation）。”[1] 严格地说，这一阶段并不是“理性”分析阶段，而是在表象和知觉上感知到了问题的存在及其影响。此时对问题具体是什么、问题有哪些危害、问题的基本原因、问题的未来趋势、解决问题的资源基础、问题的边界等并不清楚。按照威廉·N. 邓恩的观点，在问题察觉阶段，人们处于一种“感知存在”的状态，只是在脑海中、在思维上形成了粗浅的问题意识，并在此基础上搜索问题的边界等信息，以初步了解“元问题”——关于问题的问题。即此时的政策分析并不是针对正式的问题展开研判，而是针对正式问题的基础等进行辨识[2]。

第二，公共政策问题的界定与分析。这一阶段是公共政策问题建构的主体性阶段，居于关键位置。这一阶段是以“透过现象把握本质”为主要特征的，旨在通过理性分析，全面判断、理性认识公共政策问题的各个层面，主要包括七个方面，如图 3－3 所示[3][4][5]。

---

① 徐家良．公共政策分析引论［M］．北京：北京师范大学出版社，2009：113.

② ［美］威廉·N. 邓恩．公共政策分析导论（第四版）［M］．谢明等译．北京：中国人民大学出版社，2011：58.

③ 周树志．公共政策学：一种政策系统分析新范式［M］．西安：西北大学出版社，2000：143.

④ 顾建光．公共政策分析述论［M］．上海：上海人民出版社，2013：68－71.

⑤ 汪大海．现代公共政策学［M］．北京：清华大学出版社，2010：98.

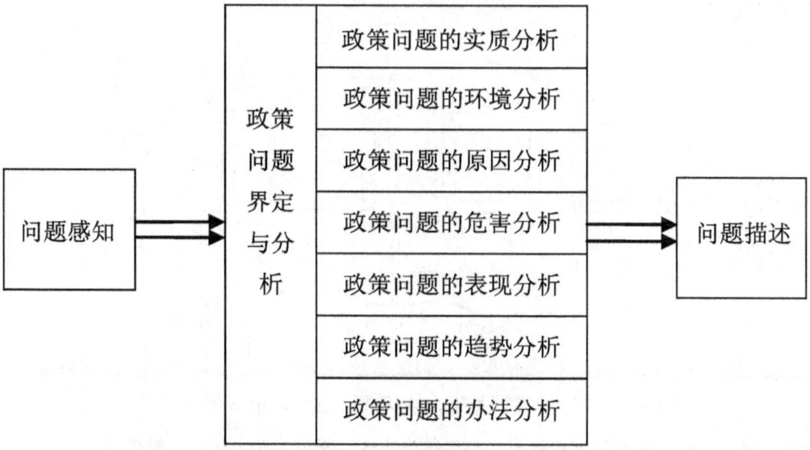

图 3－3　政策问题界定与分析示意图

（1）政策问题的实质分析。即分析、辨识政策问题的内在要素、主要矛盾和次要矛盾、存在于哪个领域、具有哪些属性等。

（2）政策问题的环境分析。即分析、辨识与政策问题有关的外部要素有哪些、对政策问题的影响有哪些、是直接影响还是间接影响、与特定政策问题有关的其他政策问题有哪些、以往的政策是怎样的、以往的政策对新政策产生什么样的影响等。

（3）政策问题的原因分析。即分析、辨识诱发特定政策问题的各种原因、各原因的地位、影响程度、作用方式等。格罗弗·斯塔林曾强调，在进行政策问题建构时，必须区分“症状和根本原因”，症状是现象，根本原因是本质，只有对处于深层次的本质原因进行剖析，才能更好地“对症下药”。“有效的管理者决定的事情较少，因为他们专注于问题的根本原因（E）——而不是症状（A、B、C 和 D）。”[①] 如图 3－4 所示。

（4）政策问题的危害分析。即分析、辨识特定政策问题可能对现在和未来产生哪些危害、诱发哪些不确定因素以及危害的大小、紧急程度、影响面大小、覆盖群体多少等。

（5）政策问题的表现分析。即分析、辨识特定政策问题的外在表现、内部逻辑，以何种方式作用于社会和自然等。

① ［美］格罗弗·斯塔林．公共部门管理（第八版）［M］．常健等译．北京：中国人民大学出版社，2011：228.

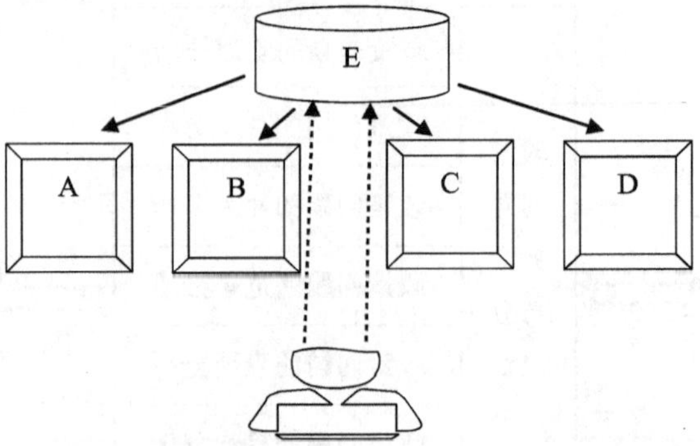

图 3-4　有效的管理者关注问题的原因而非表象示意图

资料来源：[美] 格罗弗·斯塔林. 公共部门管理（第八版）[M]. 常健等译. 北京：中国人民大学出版社，2011：228.

（6）政策问题的趋势分析。即分析、辨识特定政策问题在未来的发展走向，影响政策问题变迁的主要因素等。

（7）政策问题的办法分析。即分析、辨识解决特定问题的基本思路、难易程度，以及社会各个群体对这些办法的价值偏好等。概言之，通过政策问题的界定与分析，可以形成对政策问题的理性认识。

需要强调的是，在这一过程中不仅要实现对公共政策问题的理性认识，而且要将理性认识与政策方案设计、政策问题解决相契合①。威廉·N. 邓恩在《公共政策分析导论》一书中，根据米特洛夫（I. Mitroff）和萨伽斯蒂（F. Sagasti）的观点，从公共政策问题的结构角度将公共政策问题划分为结构优良、结构适度和结构不良三种类型。每一类型的问题都具有不同的特征，具体如表 3-1 所示。

在这些学者看来，问题构建时要避免构建出结构不良的问题，而应向结构优良的方向积极推进。也就是说，公共政策问题构建要注意想方设法地构建适当的问题，保证构建适度的问题，防止构建不良的问题②。就像上文所举“河水污染了”“课桌污渍出现了”例子一样，构建问题要以公共政策方案的设计和政策问题的解决为着眼点，否则就类似于“缘木求鱼”，并不能发挥问

① [美] 威廉·N. 邓恩. 公共政策分析导论（第四版）[M]. 谢明等译. 北京：中国人民大学出版社，2011：55-56.

② [美] 威廉·N. 邓恩. 公共政策分析导论（第四版）[M]. 谢明等译. 北京：中国人民大学出版社，2011：55-56.

表 3-1　公共政策问题的结构分类

构成要素	问题的结构		
	构建恰当的问题	构建适度的问题	构建不良的问题
决策者	一个或多个	一个或多个	许多
备选方案	有限	有限	无限
效用（价值）	共识	共识	冲突
结果	确定或有风险	不确定	未知
概率	可计算	不可计算	不可计算

资料来源：[美] 威廉·N. 邓恩. 公共政策分析导论（第四版）[M]. 谢明等译. 北京：中国人民大学出版社，2011：56. 略有改动。

题建构的积极作用。

第三，公共政策问题的描述与澄清。公共政策问题建构的直接结果是让各种政策主体明晰政策问题的实质、表现、危害等，或者以此形成共识，或者以此引发重视，或者以此澄清视听。因此，如何描述政策问题至关重要。对于一般性的公共政策问题，可以运用可操作性的、清晰明了的语言文字、数字、公式、图表等进行表述，进而使本质化的问题（理性认识后的）转化为形式化的问题①②。对于相对复杂的问题，可以通过模型来表示，“政策模型——尤其是那些用数学形式表达的模型，常常是很难传达给政策制定者和其他利益相关者的，对这些人来说，设计模型是为了帮助改善决策。”③ 威廉·N. 邓恩在《公共政策分析导论》一书中详细介绍了描述性模型、规范性模型、口头模型、符号模型、过程模型、作为替代或透视图的模型等，读者如果有兴趣，可以参阅该书。

至此，我们可以说，公共政策问题建构的过程是从形式问题开始到形式问题结束。在问题察觉阶段，以形式问题为对象；在问题的界定与分析阶段，旨在实现对政策问题的理性认识。但是，理性认识并不是终点，还需要通过描述的方式陈述理性认识，从而将理性认识得出的实质问题转化为另一种形式问题④。如图 3-5 所示。

① 周树志. 公共政策学：一种政策系统分析新范式 [M]. 西安：西北大学出版社，2000：143.

② 谢明. 公共政策导论 [M]. 北京：中国人民大学出版社，2004：96.

③ [美] 威廉·N. 邓恩. 公共政策分析导论（第四版）[M]. 谢明等译. 北京：中国人民大学出版社，2011：61.

④ 周树志. 公共政策学：一种政策系统分析新范式 [M]. 西安：西北大学出版社，2000：143-144.

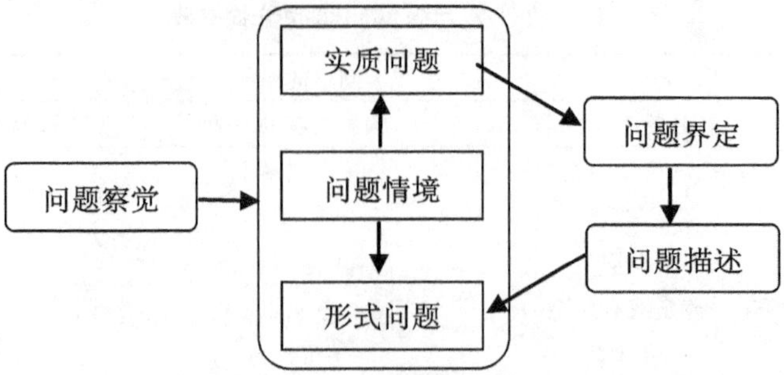

图 3-5 从形式问题到形式问题示意图

资料来源：周树志．公共政策学：一种政策系统分析新范式［M］．西安：西北大学出版社，2000：144.

（二）公共政策问题建构的基本原则

威廉·N. 邓恩曾强调，公共政策问题建构要具有创造性，创造性也是政策问题建构必须遵循的第一原则：

> （1）分析的成果是全新的（novel），是大多数人在同样的解决方案上不能够或者不可能得出的；（2）分析的过程是非常规的（unconventional），需要对先前接受的思想加以修正或舍弃；（3）分析的过程要求足够强的动力和毅力（high motivation and persistence），因为分析工作具有很高的强度或者需要很长的时间；（4）分析的成果被认为是有价值的（valuable），因为它提供了恰当的解决问题的方案；（5）最初提出的问题是如此含糊不清（ambiguous）、不明确（vague）或界定错误的（ill defined），以至于阐述问题本身就是个艰巨的任务。①

具体而言，公共政策问题建构需要遵循的基本原则包括三方面：

第一，紧扣问题。政策问题是政策问题建构的"对象"，因此必须紧扣问题，以问题为依据来建构。无论怎样强调问题建构过程的创新性，也无论怎样强调问题建构过程的主观能动性，都不能超越"政策问题"本身。要切实针对问题的实质、环境、表现、危害、原因、未来趋势、基本解决方法等来

① ［美］威廉·N. 邓恩．公共政策分析导论（第四版）［M］．谢明等译．北京：中国人民大学出版社，2011：58.

展开问题建构，而不能“言而无物”，随心所欲地构建问题。这一原则也可以被称为“针对性”原则。另外，这一原则也要求客观地分析、辨识和描述公共政策问题，不能随意夸大或缩小，要坚持实事求是的原则，有一说一，有二说二，尽量做到以客观代替主观，以直接代替间接，以准确的事实代替加工过的材料①。

第二，不能就问题而进行问题建构，要与问题解决相关联。不能否认，问题建构的目的之一是明确辨识公共政策问题的各个层面，达到对公共政策问题的理性认识。但如果仅仅就问题而进行问题建构，忽略问题的解决思路，则难以实现问题建构的初衷。如上所述，我们需要通过政策问题的建构，来形成结构优良或适中的政策问题，以便于设计一套简洁的方案。所以，政策问题建构不仅要紧扣问题，而且要紧扣问题的解决思路，通过合适的问题建构来设计合适的政策方案。如上述“课桌污渍”一例，通过问题建构，我们将之分为“课桌资源不够或课桌资源配置不合理”“专业课考试制度不合理”“思想教育待提高”等三种问题，并据此提出一揽子解决方法。

第三，要充分利用理性，创造性地界定问题、解决问题。创造性地构建问题是有效解决公共问题的重要途径，这需要充分地利用理性，完备地收集各种问题信息，从而形成科学的认识，构建出结构优良或适度的问题，同时规避结构不良的问题。举个简单的例子，诸葛亮在“空城计”实施之前，如果单纯从兵力部署的角度构建问题，将会得到“结构不良”的问题，只能逃跑或投降。但是，诸葛亮构建出了一个“结构优良”的问题——利用对手的疑心以及对手对自己的恐惧，打开城门，并淡然地走向城楼，煞有介事地弹琴奏乐。可见，“空城计”中的问题建构是将兵力部署缺憾这一硬性的“不良”问题转化为“优良”的心理较量问题，规避了自己的缺陷，利用对方的缺陷，取得了成功。

而在现实的公共政策分析过程中，问题诊断和建构常常受到各种因素的干扰，使得我们的理性无法“正常发挥”。因此，利用理性就必须注意这些干扰因素，并尽力避免它们的影响②。

公共政策学者格罗弗·斯塔林对这些干扰因素进行了归纳，如表 3 – 2

① 谢明．公共政策导论［M］．北京：中国人民大学出版社，2004：98.

② 张成福，党秀云．公共管理学（修订版）［M］．北京：中国人民大学出版社，2007：102.

所示。

表 3－2 问题建构的干扰因素一览表

干扰因素	干扰因素的解释
组织结构	第一，过分强调层级节制体系，使导致信息传递的选择性，使某些重要的问题信息被隐蔽；第二，过分强调专业化（部门化），会导致本位主义，使某些关键信息无法有效地取得；第三，过分强调集中化，使高层的信息负载严重，进而影响到准确、全面地掌握信息、分析信息
意识形态	意识形态指的是社会成员所共同拥有且信奉的一套思想体系。一方面，意识形态可能会发挥“过滤器”的作用，妨碍真实信息的传达；另一方面，对某些思想观念的坚持，可能会影响对实际问题信息的感知，妨碍对实际问题的了解
无知	对于专业知识并不了解，因此会相信某些错误的信息，或对于那些正确的信息置之不理。这是“门外汉”经常犯的错误
信息太多	政府官员的信息太多，造成沟通上的障碍。即信息量太大，影响了接受效果和判断力
噪音干扰	当甲想让乙了解某种信息，但乙所得到的和甲的预期不同，同样的原始信息，会产生许多不同的意义。由于接受者的认知与人格结构的不同，使信息有不同的意义
时间落差	指从接收到信息岛开始反应之间的时间差距。现在被忽略的问题，将来可能是严重的问题
逃避问题	决策者往往逃避其所不愿意面对的问题，于是对于问题的真相无法真正了解
隐蔽问题	指提出某些大家已知道的问题来隐蔽事实上的重要问题
虚假问题	解决了错误的问题，但不会对真正要解决的问题造成伤害

资料来源：张成福，党秀云．公共管理学（修订版）［M］．北京：中国人民大学出版社，2007：102. 有改动。

（三）公共政策问题建构的主要方法

建构公共政策除了遵循基本的原则之外，还需要采用合适的方法。学界对此提出了很多种方法。

周树志指出，可采用四种方法来进行问题建构①：一是类别分析法，指对公共政策问题进行分类的方法。按照一种共同性的标志，把相似的公共政策问题归纳为一个大类，然后再根据同类中目的差异性进行细分。二是类比分析法，指对同类公共政策问题的相同和不同方面作比较分析，以确定某一政策问题情境的特征、性质和原因的分析方法。三是原因分析法，指对公共政策问题形成的各种原因进行层次分析，以确定公共政策问题实质的方法。四是假设分析法，即在沟通共同资料基础上，假设各种可能发生的政策问题的情境条件，进行逻辑推论，形成正确结论的分析方法，目的在于对结构不良

① 周树志．公共政策学：一种政策系统分析新范式［M］．西安：西北大学出版社，2000：144－145.

的政策问题，找出一套有效的解决办法。

威廉·N. 邓恩指出，可采用边界分析、类别分析、层次分析、共同研讨法、头脑风暴法、多角度分析、假设分析、论证图形化等方法来进行问题建构①。有兴趣的读者以及需要进行政策问题构建的读者可以参阅邓恩的著作。参表3-3。

表3-3 问题建构的方法一览表

方法	目的	程序	知识来源	绩效标准
边界分析	估计元问题的边界	饱和抽样、问题探寻	知识系统	限定范围内的正确性的累积
类别分析	澄清概念	概念的逻辑划分和分类	个人分析者	逻辑一致性
层次分析	识别可能的、似乎的和可争议的原因	原因的逻辑划分和分类	个人分析者	逻辑一致性
共同研讨法	认识问题的相似性	构建个人的、直接的、符号的和想象的类比	个人分析者或群体分析者	相对真实性
头脑风暴法	提出观点、目标和策略	提出和评价观点	群体	一致
多角度分析	提出深刻的见解	综合利用专家、组织和个人的观点	群体	洞察力的提高
假设分析	创造性综合各类冲突性假设	识别利益相关者，假设的提出、质疑、共用和综合分析	群体	冲突
论证图形化（规划）	评价假设	对真实性和重要性进行排列和图形化	群体	最佳真实性和重要性

资料来源：[美] 威廉·N. 邓恩. 公共政策分析导论（第四版）[M]. 谢明等译. 北京：中国人民大学出版社，2011：68. 有改动。

我们认为，最有效的政策问题建构方法有：头脑风暴法、德尔菲法、鱼骨图法、问题点检验表法、方案前提法等。这几种方法对于管理学相关学科的学生来说比较熟悉，也较为简单易用。这里不做具体介绍②。希望读者进行

① [美] 威廉·N. 邓恩. 公共政策分析导论（第四版）[M]. 谢明等译. 北京：中国人民大学出版社，2011：67-83.

② 亦可参见汪大海. 现代公共政策学 [M]. 北京：清华大学出版社，2010：102-104.

模拟实验——自己设定一个“问题”，然后分别采用这几种方法予以建构。

二、公共政策议程启动

对于公共政策议程的概念，学界的争议较小，一般都认为是将社会公共问题纳入具体的政策过程，着手予以解决。“多数政策学家将公共问题转变为政策问题的过程称为政策议程。”① 但是，对于公共政策议程与公共政策问题建构的前后关系，不同学者有不同的看法。有人认为，先进行政策问题建构，然后才有选择性地进行政策议程启动；有人认为，先发生政策议程启动，然后才有政策问题建构的过程。其实两者都有一定的合理性，也都在现实中存在。只不过，在逻辑思维上，可以认为先进行政策问题建构，而后有选择性地启动政策议程。

对于公共政策议程的地位，学界也基本上取得了共识，即“政策议程的建立是将社会问题转化为政策问题的关键一步”，政策议程的启动意味着公共政策过程的正式开始②。所以，我们有必要首先来了解一下公共政策议程的种类和影响因素。

（一）公共政策议程的种类

“类型学”研究永远具有一个特性——动态性，随着分类标准和价值依据的变化，将会出现不同的分类结果。当然，分类结果的不同，也意味着人们对于分析对象的认识存在差异。不同的学者对公共政策议程进行了不同的分类。这里介绍几种有代表性的分类方法。

托马斯·R. 戴伊认为政策议程包括两类③：一是自下而上的议程设定，也被称为公众议程，即政策问题的确认主要来自于“自下而上”的大众驱动。或者说，是社会需求以及社会成员对政策问题的感知和呼吁推动了公共权力机构启动政策议程。此间，社会个体、民间团体、大众传媒等发挥了重要的作用。二是自上而下的议程设定，也被称为政府议程。与自下而上的政策议程完全相反，政策问题是由政治精英、组织活动家、执政党、领导者团体等提出，并推动政策议程的建立。这带有较强的“精英主义”色彩。

---

① 王达梅，张文礼．公共政策分析的理论与方法［M］．天津：南开大学出版社，2009：162.

② 谢明．公共政策导论［M］．北京：中国人民大学出版社，2004：98.

③ ［美］托马斯·R. 戴伊．理解公共政策（第十二版）［M］．谢明译．北京：中国人民大学出版社，2010：29－33.

罗格·科布（Roger W. Cobb）和查尔斯·埃尔德（Charles D. Elder）的分类与托马斯·R. 戴伊的分类相似。他们将公共政策议程分为公众议程和政府议程。公众议程也称为系统议程、系统化议程，具有自下而上的特征。公众议程也是指某个社会问题已引起社会公众和社会团体的普遍关注，他们向政府部门提出政策诉求，要求采取措施加以解决的一种政策议程。政府议程也称为制度性议程，具有自上而下的特征。政府议程是指某些社会问题已引起决策者的深切关注，他们感到有必要对之采取一定的行动，并把这些社会问题列入政策范围的一种政策议程①。可见，公众议程是由民间力量（非正式群体、大众传媒、利益集团、社会团体等）发起，并影响到政策过程；政府议程是由公共权力部门发起的，它们在日常运作、服务供给过程中感知到了问题的存在，且在它们的法定职责范围之内，出于公共性，它们启动政策议程，可被视为制度化运作的结果②。这两种政策议程的启动过程大致如图 3-6 所示。

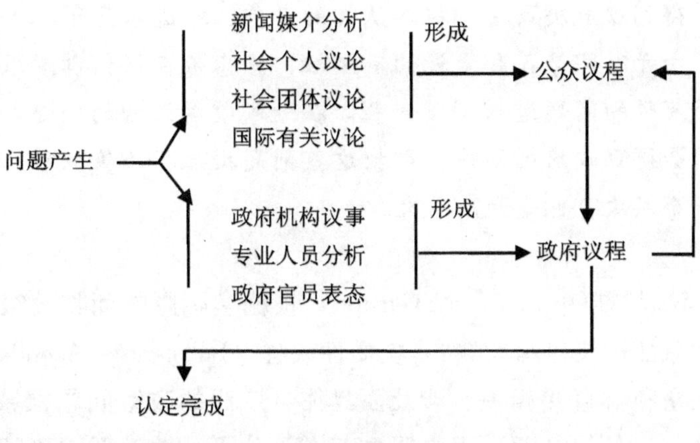

图 3-6　公众议程与政府议程关系示意图

资料来源：王达梅，张文礼．公共政策分析的理论与方法［M］．天津：南开大学出版社，2009：167.

查理斯·琼斯（Charles Jones）的分类较为细致，他将政策议程分为四类：

① 谢明．公共政策导论［M］．北京：中国人民大学出版社，2004：98-99.

② 林水波，张世贤．公共政策［M］．台北：五南图书出版公司，1993：129-134.

> 一是问题确认议程，指社会问题能够得到政策制定机构积极与严肃对待和研究的议程类型；二是提案议程，指从问题确定到发现解决方法之间所提出的议程类型；三是协议议程，指在各种不同意见的讨论过程中发展起来的议程类型；四是持续议程，指使政策问题和方案得到不断检验的议程类型。①

托马斯·A. 伯克兰德对政策议程的分类也较为详细：

> 一般议程、系统议程、制度议程和决策议程。议程的最低层次是一般议程，包括在一个社会或政治系统中的可能提出并进行讨论的全部思想。在这些大量的思想当中只有或多或少的部分被政治系统接受，进入议程的第二层次即系统议程，包括那些被政治系统的成员认为引起公众的并属于现任政府合法权限范围内的问题。如果问题从系统议程中提出来，并得到权威决策者积极和认真的考虑，就进入了第三个层次即制度议程，由于时间等各种资源的有限性，意味着在任何制度或社会当中只有数量有限的问题进入制度议程。在进入制度议程的问题之中，极少的问题将会得到政府的解决，即把这些问题提上了决策议程，这是议程的最后一个层次，也是最高层次。②

赖瑞·N. 格斯顿（Larry N. Gerston）根据实际影响而将政策议程分为实质性议程和象征性议程两大类③：实质性议程（Substantive Agenda）主要存在于那些与民众利益直接相关、涉及面具体且广泛的政策问题领域。比如，公共资源的分配，以及分配过程中明显存在不公平、效率低下等问题；全社会（包括社会公众和公共权力机构）都感觉到的影响经济社会发展的人口问题、资源枯竭问题等。象征性议程（Symbolic Agenda）主要针对象征性的、价值意味较强的、文化含义较浓的政策问题。虽然象征性议程主要涉及价值观念、民族情感、精神激励等领域，但却不能忽视，因为它关涉一个国家的精神支柱和民众的心理感受等。所以，不能仅仅关注实质性议程，而要兼顾实质性

① 转引自汪大海．现代公共政策学［M］．北京：清华大学出版社，2010：106.

② 转引自张国庆．公共政策分析［M］．上海：复旦大学出版社，2004：171－172.

③ 宁骚．公共政策学［M］．北京：高等教育出版社，2003：316.

议程和象征性议程。另外还需要指出，如果对象征性议程处理不当，极可能诱发实质性议程。

也有学者将政策议程分为旧政策议程和新政策议程。旧政策议程与政府常规性管理、程序性决策有关，如社会养老、退休制度、最低生活保障制度的实施等。新政策议程与非程序性决策有关，因突发性问题而诱发，如灾害救助等①。

罗格·科布根据政策实践中的实际情形，并考虑政策问题诉求主体的差异，将政策议程分为三类：外在创造型、政治动员型和内在创造型②。

关于外在创造型（Outside Initiation Model）。外在创造型议程与公众议程相似，是由政府之外的专家、学者、利益集团等提出政策诉求，“宣扬”政策问题，然后影响其他社会大众，使政策问题消息、影响力等“扩散”开来，进而影响政府，使该政策问题进入政策议程。

关于政治动员型（Mobilization Model）。政治动员型政策议程的启动者是政治精英、政府权威，他们作为政治系统的“顶端”主体，握有更多、更全面的信息，更可能“高瞻远瞩”。政治精英、政府权威也常常是政策议程的启动者——他们提出政策意向，动员社会公众和其他政治群体参与政策问题的“宣扬”、相信政策问题的严重性、紧迫性，最终使政策问题进入政策议程。政治动员型政策议程的主要特点是政治精英、政府权威提出“问题”，通过社会动员启动政策议程。

关于内在创造型（Inside Initiation Model）。内在创造型政策议程的启动者不是社会大众也不是精英群体，而是政治系统内部的工作人员或具体职能部门。他们作为公共管理的具体工作者和实践者，对公共问题信息的掌握也较为全面，对公共问题的感知也比较系统，因此也常常作为政策议程的倡导者。可以说，忽略政治系统内部成员和职能部门的政策议程分类是不合适的，他们可能是启动政策议程数目最多和比例最高的部门。“政治活动通常是以特定的政府制度为中心，……公共政策的制定、执行和贯彻均要依赖这些机构。”③

---

① 谢明．公共政策导论［M］．北京：中国人民大学出版社，2004：99.

② 林水波，张世贤．公共政策［M］．台北：五南图书出版公司，1993：134－139.

③［美］托马斯·R．戴伊．理解公共政策（第十二版）［M］．谢明译．北京：中国人民大学出版社，2010：11.

(二) 公共政策议程启动的影响因素

如上文所述，在最理想的意义上，所有的公共问题都应该被纳入政策议程。但实际情况并非如此：

> 社会上存在的公共问题是多种多样的，政府作为公共权力机构，它有义务和责任解决公共问题。然而，由于受到多种因素的影响或制约，并非所有的公共问题都会受到政府的关注，进入政府议程。受到政府青睐，有幸进入政府工作议程的公共问题毕竟是少数。①

那么，到底哪些因素影响政策议程的启动？政策学者约翰·金登（John Kingdon）基于信息流的视角对政策议程确立的条件及其影响因素进行了较为详尽的论述。约翰·金登所强调的信息流主要包括三方面：一是问题流（Problem Stream），如指标变化、焦点事件（危机）、反馈、预算约束、问题界定等；二是政策流（Policy Stream），如技术可行性、价值一致性、科技、公众接受度、时尚或知识等；三是政治流（Political Stream），如民族情感、公共舆论、选举政治、政体变化、法律权威、利益集团、达成一致等②。还包括一些干涉变量，见图3-7。

一般认为，影响政策议程启动的因素有：公共问题本身的重要程度、政策资源的充足程度、公共权力机构的认可程度、社会力量的促进程度、特殊事件的影响程度。

第一，公共问题本身的重要程度。社会公共问题具有轻重缓急等特性，这是影响政策议程启动的首要因素。如果一个社会公共问题没有被察觉和感知，那么针对该问题的政策议程就不会被启动；如果一个社会公共问题影响程度较小、严重程度不大、不是十分紧急，那么针对该问题的政策议程被启动的可能也很小；如果一个社会公共问题影响广泛，且十分严重、特别紧急，那么针对该问题的政策议程被启动的可能就很大。罗格·科布等学者是这样描述的：

---

① 王达梅，张文礼．公共政策分析的理论与方法［M］．天津：南开大学出版社，2009：162.

② 参见张国庆．公共政策分析［M］．上海：复旦大学出版社，2004：321－323.

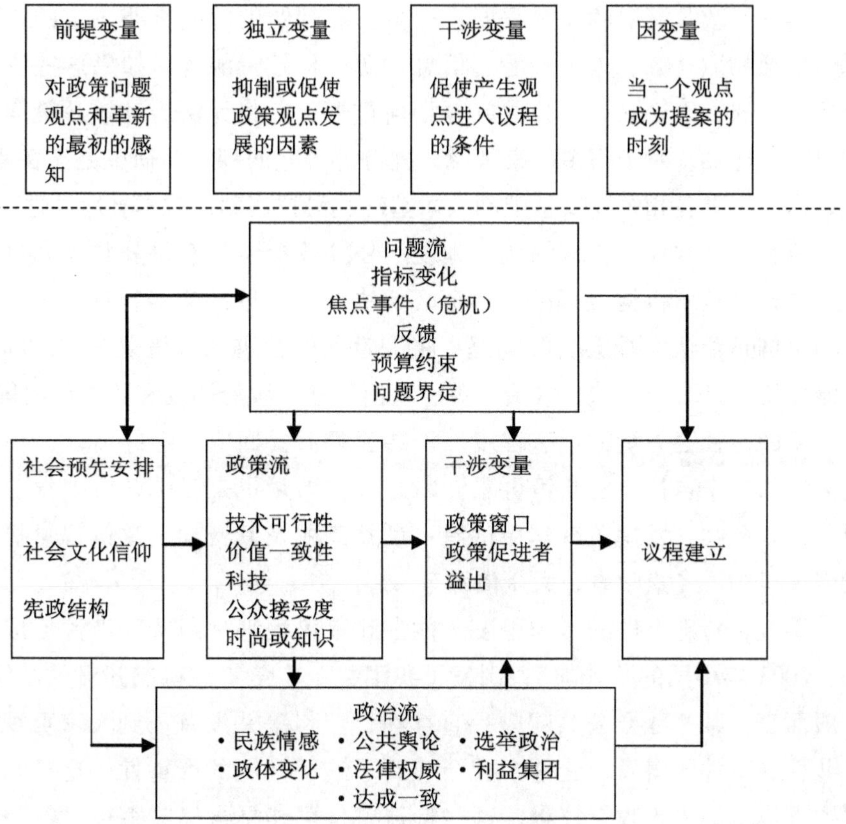

图3-7　金登的议程确立条件模型图示

资料来源：张国庆. 公共政策分析［M］. 上海：复旦大学出版社，2004：23.

1. 问题的特殊性。即一个问题的含义越模糊不清，这个问题受到公众广泛关注的可能性就越大。2. 问题的重要性。即一个问题的社会意义越重大，这个问题受到公众广泛关注的可能性就越大。3. 关联期长短。即一个问题的长期关联性越大，这个问题受到公众广泛关注的可能性就越大。4. 问题的复杂性。即一个问题越复杂，越不具有技术性，这个问题受到公众广泛关注的可能性就越大。5. 问题的新旧程度。即一个问题越新，越缺乏明确的先例，这个问题受到公众广泛关注的可能性就越大。①

① 王达梅，张文礼. 公共政策分析的理论与方法［M］. 天津：南开大学出版社，2009：168.

第二，政策资源的充足程度。社会公共问题的解决需要一定的资源作支撑，包括物质资源、人力资源、信息资源、科技资源等。如果这些资源基础不具备，那么无论该社会公共问题如何重要，都将无法启动该政策问题的政府议程。比如，对于很多国家来说，进行外太空的探索与研究是至关重要的，但是由于不具备相关物质基础和人才基础、科技基础，就不会启动这一项目。

第三，公共权力机构的认可程度。公共政策说到底是公共权力机构运行的表现，是政府机构处理公共事务、解决公共问题的实践行动。因此，公共权力机构是否认可社会公共问题，将决定其能否进入政策议程。此间，发挥关键作用的是政府首脑、政治精英、政治领袖、政府制度和职能部门等。

第四，社会力量的促进程度。公共管理需要回应社会的需求，公共政策也需要回应来自社会的政策诉求，因此社会力量也是影响政策议程启动的重要因素。此间，发挥关键作用的有：利益集团及其行动、政策智囊机构、政策咨询机构、专家学者、大众传媒等。

第五，特殊事件的影响程度。很多政策议程都是因特殊事件促成的。比如，2003 年中国的“非典”，引发了我国关于应急管理机制建设的政策议程。一般而言，某些社会公共问题一直存在，但似乎并没有受到大家重视。由于某些特殊事件的爆发，让整个社会感到了这一问题的严重性，这一问题就可以顺理成章地进入政策议程。这些特殊事件可能是自然灾害也可能是社会事件，既可能是国内的也可能是国外的，但它们有一个共同点——突然发生，且给全社会以极大震撼[①]。

当然，也有一些因素是阻碍某一政策问题进入政策议程的。这些因素包括：一是价值观问题。如果某一问题严重偏离、排斥于一个国家的主流文化，那么其将会受到极大阻碍。二是政治原则。如果某一问题的解决与一个国家的基本政治原则相悖离，那么其进入政策议程的可能性微乎其微，甚至是不可能的。比如，在我国任何背离四项基本原则的政策议题，都将被排斥在政策议程之外，因为此类议题与我国的稳定发展相悖离，与我国的政治制度和根本利益相悖离。三是承受能力限制。稳定、秩序是任何一个政治体系所必不可少的。如果某一社会公共问题涉及动荡性的发展和激变，并需要公共权力机构和社会大众在内心深处作出较大的“调适”，那么其进入政策议程的可

① 谢明．公共政策导论［M］．北京：中国人民大学出版社，2004：104－105.

能性将大打折扣。另外，政府体系的封闭、不负责以及社会力量表达方式的不适当（过激、影响社会秩序）等都可能是阻碍某一社会公共问题进入政策议程的因素①。

【复习思考题】

1. 什么是公共政策问题？你如何理解公共政策问题的特殊属性？
2. 你如何理解公共政策问题建构？它的重要性表现在哪些方面？
3. 公共政策问题建构的基本步骤有哪些？
4. 在进行公共政策问题构建的过程中，需要注意哪些问题？
5. 请列举几种公共政策问题构建的方法。
6. 请拟定一个公共政策问题，并选择几种方法进行建构实验。
7. 什么是公共政策议程？公共政策议程在这个公共政策过程中的地位是什么？
8. 公共政策议程可以分为哪几类？
9. 影响公共政策议程的基本要素有哪些？
10. 阻碍公共政策议程启动的要素有哪些？

① 谢明．公共政策导论［M］．北京：中国人民大学出版社，2004：105－106.

第四章　公共政策目标

【学习目标】

通过本章的学习，需要掌握公共政策目标的基本含义、类别和属性；了解公共政策目标确定在整个公共政策过程中的地位和价值；掌握公共政策目标确立需要遵循的基本原则；掌握合理的公共政策目标应该具备的基本特征；掌握公共政策目标的评估指标体系；了解一些设计公共政策目标的方法；学习确定公共政策目标的基本能力。

【内容提要】

公共政策目标就是公共政策实践行动所指向的目的。公共政策目标的确定是公共政策问题建构和分析之后的政策环节，它源于政策问题，为政策方案设计、公共决策、政策执行和政策评估提供“标准”。公共政策目标有多种分类方法，不同的政策目标类型对公共政策分析和实践构成了不同的约束。公共政策目标的本质属性可以从三方面来理解：基于理性的需求设计、面向未来的共享观念、无法避免的冲突协调，观念、事实和能力都是影响公共政策目标界定的因素。评价公共政策需要依据基本指标和一般指标两种指标。基本指标主要针对公共政策的基本属性而提出来的，是指待分析、确定和评价的公共政策目标是否符合政策的几种基本目标——公平、效率、发展和稳定；一般指标针对具体的政策问题情境而提出，是以具体的问题、需求为依据评价公共政策目标，包括公共政策目标的充分性、适应性、符合性。

著名社会学家涂尔干（Emile Durkheim，又译迪尔凯姆）曾言："假如没有目标的话，即使我们大步迈向前去，亦将无所寸进。"① 对于公共行动、集体行为而言，有明确的目标非常重要。目标具有认知功能和导向功能，可以为制定和选择行动方案提供指导，是决策与行动的约束、准则；目标也具有象征和聚合功能，可以使不同偏好的人更好地、自愿地合作；目标还具有评价功能，可以作为行动效果、方案成效的评估依据②。概言之，公共政策目标是公共政策的"灵魂"，它源于政策问题，为政策方案设计、公共决策、政策执行和政策评估提供"标准"。如果没有明确的政策目标，政策方案设计、公共决策、政策评估将失去依据，也无法有效地激励政策执行者执行公共政策，并使相关利益主体遵从政策的要求。因此，在分析了公共政策问题之后，就需要以政策目标为对象。

当然，从理性逻辑上讲，经过政策问题建构和政策议程启动之后，公共政策过程就进入了一个新的环节——确定政策目标。可以认为，确定公共政策目标是公共政策过程的有机环节之一，具有基础性、导向性作用。

第一节　公共政策目标的概念与属性

我们经常讲，如果迷失了方向，就不知道如何做才是正确的，也就没有了行动的目标，行动的正确性就无以保证。很多学者都强调，公共管理者应该具有概念化技能（Conceptual Skill），所谓概念化技能，指公共管理者所具有的宏观视野、整体考虑、系统思考和把握大局的能力，能够在社会整体意义上提出令民众"心旷神怡"、认可接受的目标③。

对于公共政策而言，要想科学地配置公共资源、有效地处理公共问题，就必须有一个明确的目标。这一节主要介绍公共政策目标的含义、分类及其基本特征等内容。

① 张成福，党秀云．公共管理学（修订版）［M］．北京：中国人民大学出版社，2007：23.

② ［美］W. 理查德·斯科特，［美］杰拉尔德·F. 戴维斯．组织理论：理性、自然与开放系统的视角［M］．高俊山译．北京：中国人民大学出版社，2011：209－211.

③ 张成福，党秀云．公共管理学（修订版）［M］．北京：中国人民大学出版社，2007：39.

一、公共政策目标的含义

《现代汉语词典（修订本）》对“目标”一词的解释是：

> （1）射击、攻击或寻求的对象；（2）想要达到的境地或标准。[①]

由此，我们可以将公共政策目标定义为：通过公共政策实践，想要达到的境地或标准。简单地说，公共政策目标就是公共政策实践行动所指向的目的。具体而言，政策目标指的是政策实施后，政策问题解决的期望程度和水平，其中包括目标项和目标值。目标项是指政策制定和实施后所要达到的目的，即取得哪些方面的效果，而目标值则指的是政策制定和实施后各政策目标项所要达到理想状态的具体指标[②]。基于这种思路，有学者认为：政策目标是指在解决政策问题的要求下，进一步确立的通过政策规划和政策执行所要达到的具体目的，以及衡量目的是否达到的各项指标[③]。

当然，公共政策目标的确定是公共政策问题建构和分析之后的政策环节，政策目标的确定需要依据具体的政策问题，不能简单地将公共政策问题解决与政策目标相混同。首先，政策目标应该具有“前瞻性”，不应仅仅立足于当前的政策问题[④]。其次，政策问题包含有笼统和抽象的“不舒适感”，而政策目标则是理性分析之后，旨在通过政策实践所要实现的一种理想状态，该理想状态往往由具体的指标所衡量，具有明确性、具体性[⑤]。如消除贫困问题，可以用消除贫困人口数量、贫困人口的年均收入等指标来衡量。最后，政策目标在很多时候不仅仅满足于“解决问题”，可能会高于“问题带来的不舒适感”。比如，反贫困目标不仅仅是使相关对象不再贫困，而且包括其具有发展的能力、生活质量的现代化等。换言之，如果仅仅将政策目标局限于政策问题，此类政策属于“维持型”政策，具有相对消极特征；相反，在很多情况下，我们应该以“发展型”政策为目标，以积极的态度提升公共福利。

---

① 中国社会科学院语言研究所词典编辑室编．现代汉语词典（修订本）［Z］．北京：商务印书馆，1996：903.

② 汪大海．现代公共政策学［M］．北京：清华大学出版社，2010：129.

③ 王达梅，张文礼．公共政策分析的理论与方法［M］．天津：南开大学出版社，2009：69.

④ 汪大海．现代公共政策学［M］．北京：清华大学出版社，2010：129.

⑤ 王达梅，张文礼．公共政策分析的理论与方法［M］．天津：南开大学出版社，2009：69.

“目标”和“目的”十分相似，但也有一些区别，学者威廉·N. 邓恩对两者的区别进行了梳理，如表4－1所示。

表4－1　目标与目的的比较

特征	目的	目标
明确性	宽泛的（提高卫生保健的质量）	具体的（把医生的人数增加10%）
术语的界定	书面化的（卫生保健的质量是指医疗服务的可及度）	操作性的（卫生保健的质量是指每10万人所拥有的医生数；医疗服务机构的覆盖率及其区域分布的均衡性）
时间段	不确定的（将来）	确定的（在2015—2020年）
衡量的方法	非量化的（充分的医疗保险）	常常是量化的，被指标标示了的（每千人中覆盖的人数；参保率）
对标的群体的处理	宽泛界定的（需要照顾的人；人民）	明确界定的（年人均收入低于××××的家庭；或不幸遇到清单内疾病的人）

资料来源：[美] 威廉·N. 邓恩. 公共政策分析导论（第四版）[M]. 谢明等译. 北京：中国人民大学出版社，2011：96.

二、公共政策目标的分类

任何分类都是对给定学科领域信息的一种排列整理方式①。对于公共政策目标而言，我们可以将之分为不同的“排列”方式。根据目标的重要程度，可分为主要目标和次要目标；根据目标周期，可分为短期目标和长期目标；根据目标对现状的改进程度，可分为平衡性目标和改进性目标；根据目标的显著程度，可分为显性目标和隐性目标②。公共政策目标分类情况具体见表4－2所示。

不同的目标对于公共政策分析和方案设计具有不同的约束。在具体的公共政策分析和实践过程中，要合理地把握不同类型的政策目标对于政策方案的约束性，以有针对性的方案来满足不同类型政策目标的要求。这里需要着重说明两种政策目标：一般政策目标和基本政策目标。它们对公共政策分析和实践构成了不同的约束，需要特别注意。

① 于显洋. 组织社会学（第二版）[M]. 北京：中国人民大学出版社，2009：113.
② 于显洋. 组织社会学（第二版）[M]. 北京：中国人民大学出版社，2009：113－116.

表 4-2　公共政策目标分类情况一览表

目标类型	中心点	服务对象
主要目标	公共产品和服务的生产与分配	主要受益人群体
次要目标	对完成公共物品和服务的生产、分配起支持作用	次要受益人群体
短期目标	1 年或更短的时间，或一个固定的周期	主要和次要受益人群体
长期目标	2—20 年，甚至更远	主要和次要受益人群体
平衡性目标	对环境保持现状	资源保护
改进性目标	增加操作、性能和效率	主要和次要受益人群体
显性目标	（正规的、官方的）向公众宣布的目标	外部集团和上级管理机构
隐性目标	（操作性的、非官方的）人们实际追求的目标	执行管理者

资料来源：于显洋．组织社会学（第二版）[M]．北京：中国人民大学出版社，2009：116.

（一）一般政策目标

一般政策目标也可称为具体政策目标，是指针对具体政策问题、面对具体政策实践而确立的目标。“在精确地界定问题之后，管理者就可以转向建构对该问题的回应”①。公共政策目标是对政策问题的第一个回应，且必须是切实针对“问题”而作出的有效回应。否则，该政策目标就可能类似于“纸上谈兵”或“画饼充饥”，无法获得人们的支持，也无法调动起人们的积极性。比如，针对京津冀污染问题而提出一个具体目标——在 2015 年度关停多少家低产能钢厂，减少多少吨燃煤使用量，绿化多少面积的山地等。具体政策目标只对具体的某一个政策有约束力，而对其他政策，只可能作为环境要素产生特定的影响，但绝不会成为约束、评判另一政策的依据。比如，污染防治的政策目标与计划生育政策、教育政策就不构成直接约束关系。

（二）基本政策目标

基本政策目标实际上是宏观意义上的公共管理目标，是一切政策都不应该违背的，或者说，是一切政策目标都应该满足的。在公共政策学看来，由于针对的公共问题不同、所处的政策领域不同，不同的公共政策拥有各自的具体目标，但是任何公共政策都应该与一些基本的政策目标相契合。对于基本政策目标所包含的内容，虽然学者博尔丁（Kenneth E. Bonlding）、阿罗（Kenneth J. Arrow）等分别列出了不同的清单，但大都包括公平、效率、稳

① ［美］格罗弗·斯塔林．公共部门管理（第八版）[M]．常健等译．北京：中国人民大学出版社，2011：229.

定、发展等①。由此可见，能否恰当地处理公平与效率、稳定与发展的关系，成为评价公共决策合理与否的基本标准之一。可以说，基本政策目标具有宏观的指导性，体现的是整体意义上的公共政策应该达到什么效果，应该具有哪些特征。因此，基本政策目标具有质的规定性，对具体政策目标形成了约束。比如，党的十八届三中全会通过的《关于全面深化改革若干重大问题的决定》指出："必须更加注重改革的系统性、整体性、协同性，……让一切创造社会财富的源泉充分涌流，让发展成果更多更公平地惠及全体人民"。这一论断包含两层含义："让一切创造社会财富的源泉充分涌流"是效率层面的；"让发展成果更多更公平惠及全体人民"是公平层面的。这两层含义就是两种基本政策目标。在全民深化改革的过程中，我们肯定会面临许多具体问题、确定许多具体目标、制定许多具体政策，但它们应该与这两种基本政策目标相一致。总之，公共政策不能体现为"狂热家型官僚"（Zealot Bureaucrat）的个人目标，而应该追求美好的意志与周全的政治感觉——诸如公平、效率等②。

当然，公平与效率、发展与稳定等目标并不是完全融合的，在某种情况下会此消彼长、相互冲突。这就需要在具体的问题情境中，合理地处理基本目标之间的冲突，创造性地实现多元目标的融通③。

三、公共政策目标的基本特征

准确把握公共政策目标的特征，有助于我们更好地进行公共政策分析。但需要强调，此处所阐述的公共政策目标并不是"理想意义上"的，而是作为"目标"所具有的特征。换言之，下述特征是公共政策目标所拥有的一般属性，而并不是合理的政策目标所应该具有的特征。在下一节，我们将在提高政策分析价值的基础上阐述"理想"的公共政策目标应该具备的特征，在设计具体的政策目标时，需要以理想特征为依据。在此处，我们只是客观分析公共政策目标所具有的基本特征。

① 陈振明．公共政策学：政策分析的理论、方法和技术［M］．北京：中国人民大学出版社，2004：116－120.

② 张成福，党秀云．公共管理学（修订版）［M］．北京：中国人民大学出版社，2007：41－42.

③ ［美］戴维·L. 韦默，［加］艾丹·R. 瓦伊宁．公共政策分析理论与实践（第四版）［M］．刘伟译．北京：中国人民大学出版社，2012：12.

（一）基于理性的需求设计

公共政策目标是人类社会的一种理性设计，它是针对具体的公共问题，依据人们的价值偏好，利用“理智”产生。这与动物出于本能而产生的需求存在本质差别[①]。蜜蜂可以搭建非常精美、令人叹为观止的“窝”，但它们却不可能将这个“窝”与美的追求相联系，更不会在蜜蜂的世界产生这样的目标——我准备在n年以后搭建多少个这样的“窝”，建设多少套“廉租窝”，使所有的蜜蜂都能享受到“住窝”的权利。同理，狮子也不会制定年度计划——今年内我们狮群要发展到多大的规模、捕猎多少头猎物、不同种类猎物的比例构成，等等。总之，动物有需求，但是动物的需求是出自本能，而非理性。人类与动物的不同之处就在于人有理性，人可以通过理性来辨识自己需求什么，所需求的内容各自处于什么样的位置（轻重缓急），如何以最低的成本、最高的效率实现需求，等等。公共政策目标是理性的产物，是社会公众、公共权力机构等依据需求内容和地位、资源基础、时间紧急程度等而动用“理智”确定的。

（二）面向未来的共享观念

目标的确定会受到历史的影响，会烙有历史的印记。但是，目标是人们对于未来的一种理性预期，是未来意义上的理想状态[②]。著名公共管理大师加雷斯·莫根（Gareth Morgan）在《驾驭变革的浪潮》一书中强调，公共管理者应该具备面向未来的、具备前瞻力的[③]。公共政策目标也一样，应该面向未来。

公共政策目标不是一个人的需求，也不是一个人对未来的理性判断，而是被整个社会或被大多数人所认可、共享的一种观念和判断。公共政策目标具有公共性、共享性、共识性。对于特定的公共政策目标而言，虽然不能指望所有人都认可这种理性需求，但最起码在社会整体意义上这一目标是值得追求的，是被认可的。概言之，公共政策目标与一般的个人目标、组织目标不同，具有社会整体意义上的共识性，是一种共享观念的表现。

（三）无法避免的冲突协调

公共政策目标具有公共性——涉及社会大众，涉及整个社会，甚至涉及

① 朱国云．组织理论：历史与流派（第二版）[M]．南京：南京大学出版社，2014：22－23.
② 于显洋．组织社会学（第二版）[M]．北京：中国人民大学出版社，2009：116.
③ 张成福，党秀云．公共管理学（修订版）[M]．北京：中国人民大学出版社，2007：42.

当前和未来的所有人。然而，是不是公共政策目标与个体目标之间完全协调？是不是共享观念自然而然地就可以产生？答案是否定的。在很大程度上说，冲突是绝对的，协调是相对的①。每个人、每个群体都有各自的价值偏好和利益诉求，在公共政策实践过程中，资源的分配具有偏向性，对其他群体无害，但以特定群体的利益为指向，也可能会损害某些群体的利益。因此，能否协调多元利益、弥合多元冲突决定了能否顺利地确定目标；同时，能否顺利地以某一共享观念为指导，也决定了能否顺利地协调多元利益、弥合多元冲突②。概言之，公共政策目标是在协调价值冲突的过程中形成的，是协调价值冲突的手段和结果。

第二节　公共政策目标的确定与评价

公共政策实践是人类理性的表现，这在本质上要求公共政策方案的设计、公共决策、政策执行等都具有明确的“合目的性”。所谓“合目的性”，是指所设计的方案要符合政策目标的基本要求，并在对达到目标的各种条件进行客观分析的基础上，明确规定政策方案与政策目标间的相应关系，即不同方案在政策目标实现方面的作用和所处地位的明确表示③。显然，“合目的性”的前提是必须知道“目的”是什么？因此，确定公共政策目标是公共政策过程的有机环节之一。同时，确定公共政策目标也意味着必须懂得如何评价政策目标，并在此基础上设计、选择一个合理的政策目标。

一、确定公共政策目标的意义

进行公共政策目标分析、确定公共政策目标具有重要的意义，政策目标不仅是政策方案设计和择优的基础依据，同时也是政策执行的指导方针，并且为政策评估提供了参考标准，因而政策目标对于政策规划具有基础研究的意义，是我们进行政策规划分析的首要步骤④。

一般而言，确定公共政策目标的意义包括以下两方面。

---

① 朱国云．组织理论：历史与流派（第二版）[M]．南京：南京大学出版社，2014：219.
② 朱国云．组织理论：历史与流派（第二版）[M]．南京：南京大学出版社，2014：190－191.
③ 顾建光．公共政策分析述论 [M]．上海：上海人民出版社，2013：89.
④ 汪大海．现代公共政策学 [M]．北京：清华大学出版社，2010：128.

（一）具有导向作用

理查德·L. 达夫特（Richard L. Daft）指出，目标有很多种，诸如正式目标与操作性目标等，不同目标会发挥不同的作用。

> 正式目标和操作性目标对组织来说都很重要，但是它们服务于不同的目的。正式目标和使命描述了组织的价值体系，操作性目标则反映了组织的主要任务。正式目标使组织的存在具有合法性，而操作性目标则为员工提供行动的方向、决策的指导和绩效评价的标准等。①

不难看出，确立政策目标可以凝聚人心，为未来的共同行动提供导向，使公共政策执行得到民众的支持，进而更顺利地实现政策目标：设定政策目标可以为政策制定指明方向；设定政策目标有利于指导和控制政策的实施；设定政策目标可为政策效果评价提供重要的参考标准；设定政策目标也有利于政策研究者在思想认识上保持一致；设定政策目标有利于厘清目标间的关系②。比如，党的十八届三中全会通过的《关于全面深化改革若干重大问题的决定》指出："全面深化改革的总目标是完善和发展中国特色社会主义制度，推进国家治理体系和治理能力现代化。"习近平还指出："必须完整理解和把握全面深化改革的总目标，这是两句话组成的一个整体，即完善和发展中国特色社会主义制度、推进国家治理体系和治理能力现代化。这里面有一个前一句和后一句的关系问题。前一句，规定了根本方向。"显而易见，这里的治理现代化目标构成了全面深化改革的基本导向，在全面深化改革过程中的经济建设、政治建设、社会建设、文化建设等政策设计都以此为依据。

（二）有助于提高政策行动的科学性

如果在政策实践中，我们设定了一个错误的目标，这不仅不能解决实际的政策问题，而且还可能导致问题恶化、资源浪费、社会动荡等。所以，防止、避免政策目标设计偏差就成了政策实践中的一个关键问题。如何能够实现这一点呢？那就是通过政策目标分析确定一个合适的目标。比如，要分析政策问题对政策目标的要求、不同群体对政策目标的价值偏好、实现政策目

---

① ［美］理查德·L. 达夫特. 组织理论与设计（第九版）［M］. 王凤彬等译. 北京：清华大学出版社，2008：71.

② 顾建光. 公共政策分析述论［M］. 上海：上海人民出版社，2013：80－81.

标的资源基础和方法基础、多项政策目标之间的关系、实现政策目标的促进因素以及可能存在的约束条件等。只有经过系统全面地目标分析，才能避免政策目标设定的偏差和谬误，以此提高政策行动的科学性①②。

二、公共政策目标的标示

在很多时候，我们并不知道自己的目标是什么，或无法准确地表述我们的目标。对于公共政策也是一样，有很多因素影响了目标的准确界定。为解决这一问题，学界提出了“政策指标”这一概念。当然，政策目标应该尽可能地明确表述，被公众所理解和认可，进而更好地遵循政策的要求。为使政策目标具体明确，需要通过政策指标来实现。因此，这一部分着重说明界定公共政策目标的困难因素以及明确标示政策目标的政策指标。

（一）界定公共政策目标的困难因素

影响公共政策目标界定的因素包括：观念因素、事实因素和能力因素。

第一，观念因素。在具有不同观念的人那里，特定政策问题呈现的方式、轻重缓急程度、出现原因存在差异，对于未来的理想状态的发展方向、期待水平等也存在差异。这就难免引起公共政策目标的界定存在多样性、模糊性。犹如俩兄弟射雁的故事：老大和老二对于飞来的大雁都“垂涎三尺”，但对于如何吃大雁却各有想法，最终导致大雁飞走，而他们却仍在争执不休。也就是说，本来他们应该设定一个共同的目标——射下大雁，这是问题的关键、是目标，但他们却因为观念差异而导致无法快速、准确地设定目标，从而影响下一步行动。公共政策目标是人的理性的产物，它事关多个人群甚至整个国家，因此难免会遇到价值观念的分歧、利益诉求的冲突，导致共同目标设定困难重重。功能各异的目标（指导行为的、激励行为的、标志行为的、证明行为的和评价行为的）不一定一致。这不仅是因为使用它们的目的不一样，而且是因为它们往往出自不同的来源③。这启示我们，设定公共政策目标，需要首先设定决策前提，在决策前提的基础上相互妥协、消除分歧、达成共识④。

① 汪大海．现代公共政策学［M］．北京：清华大学出版社，2010：128－129.

② 顾建光．公共政策分析述论［M］．上海：上海人民出版社，2013：84.

③ ［美］W. 理查德·斯科特，［美］杰拉尔德·F. 戴维斯．组织理论：理性、自然与开放系统的视角［M］．高俊山译．北京：中国人民大学出版社，2011：210.

④ 朱国云．组织理论：历史与流派（第二版）［M］．南京：南京大学出版社，2014：190－196.

再以俩兄弟射雁故事为例：他们应该有一个决策前提——只有射下大雁才能讨论如何享用大雁；或者说，射下大雁是行动的关键步骤，先执行，之后在商讨其他事宜。这时，围绕“射下大雁”这一前提，就可以确定为先期目标，完成先期目标之后，再做其他选择。

第二，事实因素。政策所要解决的问题常常是比较复杂的问题，因而政策目标往往也不是单一的①。简言之，问题是复杂的，需求是多样的，复杂的问题和多样的需求，导致人们无法清晰地表明自己到底想达到什么样的理想状态，即事实使我们无所适从，无法确定目标。从人的需求的角度看，可以分为四类人性假设模型：经济人、社会人、自我实现的人和复杂人。经济人以经济利益和获利动机为追求，并在此基础上选择目标；社会人的目标选择则依据社会性需求，如社交动机、良好的人际关系、和谐的社会环境、稳定的社区交互等；自我实现的人则更多关心自己的事业和成就，从“最大限度地发挥自己的潜力”来设计未来目标；复杂人则假设人的需求和动机是多种多样的，且随着时空转移而发生变化，所以其目标也是捉摸不定的②。

第三，能力因素。人的理性能力有限、掌握的信息也有限，因此无法设计一个符合未来发展趋势的、符合公共需求的政策目标。理想的公共政策目标需要切实针对具体的公共政策问题，认识、建构公共政策问题的能力如果受到限制，政策目标的确定就会受到约束；理想的公共政策目标需要具有协调性，并兼顾多元群体的目标，且能激发人们在长时间内的积极性，这需要政治智慧，如果缺乏这种具有战略思维的政治智慧，公共政策目标的确定必将受到限制；理想的公共政策目标需要通过不同领域、不同层级、不同时期而分解为一个有机协调的“目标群”，并使每一个具体目标都具有操作性、可行性和激励性，这也需要较完备的管理能力和协调艺术③。总之，理想的公共政策目标需要以一定的理性能力为基础，能力因素是影响公共政策目标合理确定的重要因素之一。

（二）政策指标

组织通常是巨大、多样而分散的，它们同时从事多种活动，追求多重目标，并产生多个结果，其中有些结果是计划设想到的，有些则是未曾预设的。

① 汪大海．现代公共政策学［M］．北京：清华大学出版社，2010：129.

② 朱国云．组织理论：历史与流派（第二版）［M］．南京：南京大学出版社，2014：128－130.

③ 徐家良．公共政策分析引论［M］．北京：北京师范大学出版社，2009：160.

管理者要决定以什么指标来作为衡量组织效果的标尺①。公共政策目标事关方方面面，需要通过各种指标来具体说明、衡量；同时，很多公共政策目标具有战略性、宏观性，也需要通过各种指标来标示。比如，“全面小康社会”这一目标，我们可以通过“定义”来说明，但是具体什么样的状态才能达到“全面小康社会”呢？这就需要从人均收入、人们的生活质量等各个角度提出具体的衡量指标。再如，“治理体系和治理能力现代化”目标，我们也可以通过“定义”来说明，但是，什么是“现代化”，什么是现代化的治理体系，什么是现代化的治理能力，这也需要将其“剖解”开来，用一个个的指标来标示。

有学者就曾设计了一套测度地方政府治理现代化的指标体系：包含2个一级指标和7个二级指标。一级指标包括地方政府治理体系现代化和地方政府治理能力现代化；二级指标包括行政体制、行政人员能力、经济治理、政治治理、社会治理、文化治理和生态文明治理以及21个三级指标②。详见表4－3。

表4－3　地方政府治理现代化目标的指标体系一览表

一级指标	二级指标	三级指标
地方政府治理体系现代化	行政体制的现代化	权力机构（政府与市场企业、公民社会的关系）、组织机构设计（岗位人员匹配合理、职能清晰、机构精简）、决策体制（重大决策听证率、预算制定中的公众参与率）、权力运行机制（责权利结合程度、公职人员的自主性、政策的稳定性与连续性）
	行政人员能力的现代化	学历结构（本科以上学历者占比、海归占比）、专业结构（专业与本职岗位的匹配率）、年龄结构（老中青人数比）、人力资源开发（参加与本职岗位有关的培训进修情况、培训效果）
地方政府治理能力现代化	经济治理的现代化	市场机制（市场发育与景气情况、企业和民众对市场秩序的满意度）、经济发展（GDP增长率、第三产业GDP占总GDP比、高新科技产业值增长率、地方财政收入）、经济效益［全社会劳动生产率（元/人）、人均GDP、万元GDP能耗降低率］、人民生活（人均可支配收入、恩格尔系数、住房自有率）
	政治治理的现代化	公共安全（刑事案件发案率、治安案件发案率、公共安全应急体系状况、居民安全感）、政治清明（基层组织直选率、居民参选率、行政执法正确率、腐败指数）

① ［美］理查德·L. 达夫特. 组织理论与设计（第九版）［M］. 王凤彬等译. 北京：清华大学出版社，2008：80.

② 唐天伟，曹清华，郑争文. 地方政府治理现代化的内涵、特征及其测度指标体系［J］. 中国行政管理，2014（10）：46－50.

续表

一级指标	二级指标	三级指标
地方政府治理能力现代化	社会治理的现代化	劳动与社会保障（社会保险覆盖率、低保标准与人均可支配收入比、社会救助比例、服务设施数、年新增就业岗位数、失业率）、社会参与（万人社会组织数、中介组织的发育程度、万人志愿者数、媒体监督的有效性、政府购买社会组织服务占公共服务总支出比、居民的满意程度）、社会公平（一站式服务普及率、基尼系数、居民的公平感、女干部比例）
	文化治理的现代化	公共文化基础设施［公共文化支出占地方财政收入比、人均公共图书馆藏书（册/人）］、科技教育（人均受教育年限、教育经费占地方 GDP 比重、万人发明专利申请量）
	生态文明治理的现代化	环境治理［三废（废气、废水、废物）处理达标率、环保投资经费占财政支出比、耕地污染控制合格率］、生态建设（年造林成活面积、人均公共绿地面积、三废重复利用率）

资料来源：唐天伟，曹清华，郑争文．地方政府治理现代化的内涵、特征及其测度指标体系［J］．中国行政管理，2014（10）：46－50.

概言之，政策指标是具体标示政策目标的变量特征，它是使政策目标具体、明确的工具，也是在政策执行之后评估政策绩效的依据和标准。因此，能否科学、系统地为政策目标设定完整的指标，成为确定政策目标的关键。

三、评价公共政策目标的指标[①]

在具体的政策分析过程中如何使政策目标更加科学、合理呢？或者说，什么样的政策目标是科学、合理的呢？对于待确定的政策目标，需要从哪些方面来评价和分析呢？这几个问题都涉及政策目标的评估指标。需要强调，上一部分讲的“政策指标”是标示、说明公共政策目标的工具，而这里讲的“评估指标”是分析、确定公共政策目标的指南和依据。前者使公共政策目标更加具体、明晰，更加容易被人理解和捉摸；后者使公共政策目标更加科学、合理，更加符合公共政策的公共性。

（一）基本指标

基本指标主要针对公共政策的基本属性提出来的。具体而言，就是指待分析、确定和评价的公共政策目标是否符合政策的几种基本目标——公平、效率、发展和稳定。如果一个具体的公共政策目标与公平、效率、发展和稳定当中的一个或几个严重不符、直接对立，那么就可以说，这个公共政策目

① 陈振明．公共政策学：政策分析的理论、方法和技术［M］．北京：中国人民大学出版社，2004：138－141.

标是有问题的。政府治理中的理性往往是多元理性（multirationality），应考虑各种利益和价值的平衡，而非单一向度的考虑，如效率与平等、改革与稳定、个人利益与公共利益的平衡等等①。

在约翰·芬维克（John Fenwick）看来，需从三方面测度公共政策的效率问题：一是经济（Economic）指标，关注点是在维持既定数量和质量的公共产品或服务的情况下，是否做到了最小的投入。或者说，在成本最小的情况下，生产既定数量和质量的公共产品和服务。二是效率（Efficiency）指标，关注点是单位成本。三是效果（Effectiveness）指标，关注点是在多大程度上满足了有关需求，实际结果与理性预期越接近越好。即经济指标关注的是政策投入是否最少、成本是否最低、所费是否最小；效率指标关注的是政策投入与产出的比值是否最小，单位成本是否最低；效果指标关注的是政策结果与预期目标是否最为接近②。我们可以说，如果某一公共政策目标与这“3E”标准相悖，那么它就需要适当改进。如某公共工程材料运输路线的选择，这基本上属于技术问题，应以效率为决策依据，选择里程最短、耗时最小、成本最低的运输路线。但是恰逢高考，其最有效的运输路线经过某高考考场，会产生噪音，对受影响的考生而言是不公平的；然而绕开考场，运输成本就会提高。因此，可取的办法是对提高了的运输成本进行补偿，以兼顾效率和公平两种目标。

（二）具体指标

具体指标是针对具体的政策问题情境，以具体的问题、需求为依据来评价公共政策目标。主要包括三方面：公共政策目标的充分性、适应性、符合性。

第一，公共政策目标的充分性。在一般意义上，目标是人们对未来的一种憧憬和理性预期，这决定了公共政策目标应该具有充分满足需求和预期的特征。在平时的授课过程中，有学生举出了几个非常有意思的例子——“大学辅导员在入学伊始就豪言壮志，说要把我们班建设成一流班集体，但我们并没有感到心旷神怡，因为我们内心深处关注的是如何更好地完成大学学业，顺利地找到工作。因此，我们更希望听到辅导员关于能力培养、就业竞争力、

① 张成福，党秀云．公共管理学（修订版）[M]．北京：中国人民大学出版社，2007：15－18.

② 张成福，党秀云．公共管理学（修订版）[M]．北京：中国人民大学出版社，2007：277－278.

课程考核等方面的目标。”“辅导员对工作并不积极，对于我们班，更多以‘不出事’逻辑对待，追求的是‘平平安安地度过大学四年’。这种班级建设目标无法激起我们的动机，因为它与我们上大学的追求和预期不符。”上述例子虽不属于严格意义上的公共政策目标，但可以说明，公共政策目标需要具有一定的充分性，以更好地满足人们的未来预期，也只有这样才能让人们在内心深处体认到公共政策目标的重要性和“可追求性”。

第二，公共政策目标的适应性。公共政策目标的适应性关注的是支撑目标的前提是否站得住脚，是否符合基本的逻辑关系。对于此，也有学生举过类似的例子——“如果我们把大学班集体的建设目标设定为‘毕业后80周年还能健康地相聚’，这就是一个典型的不具有适应性的案例，因为这一目标压根就不符合逻辑。最起码在目前看来，毕业后80周年是十分遥远的，很难保证全班在此时还能健康的聚会。”笔者也曾遇到这么一个公共政策目标：某地级市提出“建设旅游城市”的发展目标，但笔者在参与该目标论证时发现，该市除了仅有的一个3A旅游区之外，再也没有什么可利用和开发的旅游资源。可以说“建设旅游城市”的目标是缺乏适应性的，因为它所依赖的资源基础十分匮乏，是“站不住脚”的。

第三，公共政策目标的符合性。公共政策目标的符合性是指特定的目标是否符合政策目标的基本特征①。这里我们认为，科学、合理的公共政策目标应该具备以下八方面的特点：

（1）目标针对性。即公共政策目标应该针对具体的公共政策问题来确定，不能脱离问题情境、偏离政策问题。否则，该公共政策目标就属于无的放矢、言之无物，无法打动人们的内心。

（2）目标可能性。即公共政策目标是能够在未来的一段时间内实现的。如果该目标永远不具备实现的可能性，那么其就是不合理的，不是好高骛远，就是天方夜谭。如葛优主演的一部影片中说道，如果将喜马拉雅山脉炸开一个口子，印度洋的湿润空气就能够进入青藏高原，就可以在青藏高原形成另一个长江三角洲。这个目标显然在当前的技术条件下是不可能实现的，属于“乌托邦”。因此公共政策目标要“量力而行”，要具有可行性和可实现性。

---

① 需首先强调，这里的基本特征与上一节的基本属性不同。公共政策目标的属性是在宏观意义、一般意义上对政策目标本质的概括，而这里的基本特征指的是科学、合理的公共政策目标应该具备的基本特点。

（3）目标未来性。即公共政策目标要展望未来，要适应经济社会发展的未来趋势和方向；要考虑公共政策问题及其原因的未来发展走向；要符合未来发展的需要，顺应历史发展规律和潮流。比如，阿斯旺大坝的修建，在当时更多考虑的是旅游、灌溉和防洪等，而对于血吸虫病的发生、尼罗河口向内延伸、大坝阻拦养分而导致下游土地贫瘠等问题缺乏足够重视，这就是目标未来性考量不够的表现①。

（4）目标协调性。即目标不能偏向某一个体或某一群体，而要具有包容性、共识性，要充分地协调不同群体、不同诉求的价值分歧；要协调不同层次的目标，如长期目标和短期目标、整体目标与局部目标、平衡性目标与改进性目标等。

（5）目标伦理性。即公共政策目标不能违背基本的价值伦理，不能与一个国家的主导文化、根本政治制度等相违背。比如，我国的任何一种公共政策目标都不能与社会主义核心价值观、四项基本原则等相违背，否则其就不具备合理性②。另外，公共政策是“公共”的，应该从人性、公义等出发来选择行动目标，不仅要关乎技术性、工具性，也要重视道德追求（Moral Endeavor）③。

（6）目标明确性。即公共政策目标不能是含糊不清的，而应该是明确的、具体的，可以用精确的指标来标示。

（7）目标公共性。即公共政策目标不应被“异化”，比如，目标被某些强势利益群体所操控，而不能体现社会整体利益；公共目标被少数群体尤其是决策者、执行者的目标所替代。公共政策目标应该反映社会整体需求和长远发展利益，而不能体现少数派的褊狭需求。

（8）目标来源丰富性。即通过多元群体的共同学习、多种方法的混合判断、多维逻辑的系统考量，使公共政策目标符合多元理性，这需要保证公共

---

① 周树志．公共政策学：一种政策系统分析新范式［M］．西安：西北大学出版社，2000：346－354.

② 需要说明，有些公共政策目标本身就是为了改变当前的价值观念，所以，必然会出现“非伦理性”的特征。比如，一些移风易俗的政策，其目标就是要改变现有的主导性的价值观念。对于此类政策目标，不能急于求成，也不能通过行政手段强迫改变，只能通过思想手段逐步引导，以循序渐进的方式实现。

③ 张成福，党秀云．公共管理学（修订版）［M］．北京：中国人民大学出版社，2007：23.

政策目标来源的丰富性[①]。威廉·N. 邓恩就提出了8个层次的目标来源：权威、洞察力、方法、科学理论、动机、类似事件、类推和伦理体系[②]。详见表4－4。

表4－4 政策目标的多维来源一览表

来源类型	简单解释
权威（Authority）	在寻求和确定公共政策目标时，政策分析人员可以求助于专家、政府权威等
洞察力（Insight）	政策分析人员可以求助于被认为对某一问题或某一领域有特别认识的人，其直觉、判断力和专业知识有助于提出更有见地的目标
方法（Method）	可以利用多种方法来寻求合理的公共政策目标
科学理论（Scientific Theories）	自然和社会科学做出的解释也是公共政策目标重要的来源和依据
动机（Motivation）	信仰、价值观以及相关人士的需要也可以作为公共政策目标的来源，或者说，从特定群体的目标中推演出合适的公共政策目标
类似事件（Parallel Case）	其他地方的经验可以作为公共政策目标的重要参考
类推（Analogy）	不同问题中的相似之处也可以作为确定公共政策目标的重要参考
伦理体系（Ethical Systems）	由哲学家或其他社会思想家提出的未来愿景也可以成为政策目标确定的参考要素

资料来源：［美］威廉·N. 邓恩. 公共政策分析导论（第四版）［M］. 谢明等译. 北京：中国人民大学出版社，2011：96－97. 有改动。

【复习思考题】

1. 什么是公共政策目标？

2. 公共政策目标在公共政策中地位是什么？或者说，如何理解公共政策目标的作用？

3. 你如何理解公共政策目标的性质？

4. 哪些目标是所有公共政策都应该具备的？

5. 合适的公共政策目标应该具备哪些特点？对于公共政策分析而言，如何利用公共政策目标的特点来设计具体的政策目标？

---

① 张成福，党秀云. 公共管理学（修订版）［M］. 北京：中国人民大学出版社，2007：15－16.

② ［美］威廉·N. 邓恩. 公共政策分析导论（第四版）［M］. 谢明等译. 北京：中国人民大学出版社，2011：96－97.

6. 对于一个具体的公共政策目标，我们可以从哪些方面来评估？或者说，公共政策目标的评估指标体系是什么？

7. 结合公共管理的有关方法与技术，想想可以用哪些方法来设计公共政策目标？

8. 如何保证公共政策目标的合理性？或者说，需要从哪些方面着手，以确立一个合适的、有价值的公共政策目标？

9. 评估公共政策的指标体系包括哪些内容？你能举一个具体的政策目标实例，然后评估一下这一政策目标吗？

第五章　公共政策方案及其设计

【学习目标】

通过本章的学习，需要掌握政策方案设计的属性；了解政策方案设计的主要依据；掌握设计政策方案应该遵循的基本原则，可供使用的基本方法等。

【内容提要】

公共政策备选方案的设计是公共政策过程中的一个重要环节，是公共决策的依据。学界对于公共政策备选方案设计的理解并无太大差异，基本上都将之视为政策问题建构和目标确定之后的行动路线设想、谋划，和决策实施的前件。我们可以从三方面理解政策方案设计的属性：针对政策问题和目标的辨析行为；设计未来行动路线的规划行为；是发生在思维领域之内的谋划行为。公共政策备选方案设计的依据有价值与需求、现实与历史、科学与理论等。设计公共政策备选方案需要遵循针对性原则、多元性原则、信息性原则、可行性原则、参与性原则、系统性原则等。公共管理需要依托特定的方法和技术才能有效，才更具现代性。这在根本上要求公共政策方案的设计具备合理性，需要采取有效、多元的方法和技术。在一般意义上，设计政策方案的方法有系统分析法、网络计划法、头脑风暴法、德尔菲法、模拟决策法、决策树法、方案前提分析法、数学分析法、哥顿法、零起点方法、角色互换法、历史分析法、经济分析法等。在主题类型上，可以采用多种方法——由决策者设计方案，或者由政府职能部门设计方案，或者由利益集团、智库、政策相对人、专家学者等设计方案。从思维的角度看，设计政策方案主要有三种方法：“发现”老方法、创造新方法、老方法与新方法相结合。

公共政策问题明了，公共政策目标清晰确定，紧接着就要设计解决公共政策问题、实现公共政策目标的“行动路线”——政策方案。对于公共政策分析者而言，需要在充分掌握公共政策问题、目标取向等信息之后，提供相应的备选方案①。对于公共决策者而言，其在决定之前，也需要有一定的方案，这是其决策的前提。这实际上就是公共政策过程的有机环节之一：备选方案设计，也称为政策方案规划、政策规划、政策策划、政策计划、政策构思、政策谋划等②。

本章第一节属于概述性质，对公共政策备选方案设计的概念、属性等予以阐述；第二节从方法层面，对公共政策备选方案设计的原则、依据、来源、方法等进行阐述。

第一节 公共政策备选方案设计的概念与属性

公共政策备选方案设计属于公共政策制定的一个重要环节。如果缺失了公共政策备选方案设计，就意味着缺失了解决问题、实现目标的依靠，也就没有了决策的“对象”。方案设计是政策规划的中心环节，方案可行、科学与否，直接影响到政策的实施及其后果，是影响决策效果的关键环节③。

一、公共政策备选方案设计的概念

《现代汉语词典（修订本）》对“方案”一词的解释是：（1）工作的计划；（2）制定的法式。显然，“方案”就是对未来行动起约束、导向、指引作用的路线、程式、计划等。因此，政策备选方案是决策者解决政策问题的行动过程的选择，或是达成政策目标的可供利用的手段、措施或办法④。

对于公共政策备选方案设计，汪大海指出：政策方案设计是指在政策目

① 陈振明．公共政策学：政策分析的理论、方法和技术［M］．北京：中国人民大学出版社，2004：146.

② 周树志．公共政策学：一种政策系统分析新范式［M］．西安：西北大学出版社，2000：132.

③ 樊钉．公共政策［M］．北京：国家行政学院出版社，2005：99.

④ 陈振明．公共政策学：政策分析的理论、方法和技术［M］．北京：中国人民大学出版社，2004：147.

标明确的前提下，探索、拟定和构建实现政策目标的各种可能途径的过程，它是政策方案评估和优选的基础，也可称为提出备选方案①。周树志指出：政策方案设计就是有关组织和个人为解决公共政策问题而设计政策目标，拟定政策举措，起草和论证公共政策方案的运筹构思、出谋划策的活动②。樊钉指出：政策方案设计作为一种决策过程，是对各种解决问题的可能性途径和方法的选择过程。政策方案设计的目的在于提供各种可供选择以实现政策目标的可能性方案或备选方案③。托马斯·R. 戴伊指出：政策形成是指未解决提上公共议程的问题而对备选政策方案进行开发④。

可见，大家对于公共政策备选方案设计的理解并无太大差异，基本上都将之视为政策问题建构和目标确定之后的行动路线的设想、谋划，并将之视为决策实施的前件。

二、公共政策备选方案设计的属性

对于公共政策备选方案设计的属性，我们可以从三方面理解：一是针对政策问题和目标的辨析行为；二是设计未来行动路线的规划行为；三是发生在思维领域之内的谋划行为。

（一）针对政策问题和目标的辨析行为⑤

“决策方案并非任意思维的产物。”⑥ 也就是说，公共政策备选方案的设计不是毫无依据、漫无目的的“臆想”，也不是“天马行空”般的胡思乱想，而针对公共政策问题，依据公共政策目标作出行动规划的过程。比如，以治疗“病症”开药方为例，此时，“病症”就是问题，目标是将该病症祛除。如果在开取药方（制订方案）时，根本不考虑该“病症”，或者没有充分搜集和把握该“病症”的信息，那么所开取的药方就难免出现问题；如果开取药方（制订方案）的目的不是治病，而是为了开方者牟取利益（即目标设置不合理或目标发生异化），那么最终所开取的药方也难做到科学合理。再如，

① 汪大海．现代公共政策学［M］．北京：清华大学出版社，2010：129.

② 周树志．公共政策学：一种政策系统分析新范式［M］．西安：西北大学出版社，2000：132.

③ 樊钉．公共政策［M］．北京：国家行政学院出版社，2005：98－99.

④ ［美］托马斯·R. 戴伊．理解公共政策（第十二版）［M］．谢明译．北京：中国人民大学出版社，2010：36.

⑤ 周树志．公共政策学：一种政策系统分析新范式［M］．西安：西北大学出版社，2000：134.

⑥ 胡象明．公共部门决策的理论与方法（第二版）［M］．北京：高等教育出版社，2007：143.

某高校针对大学生“上网熬夜”现象设计了一个方案，让同学们早上起来跑步，且在起点和终点分别设置指纹鉴别设备，严格考勤（要求学生使用指纹签到），如果没有按要求跑步，在奖学金评定等方面将会受到惩处。该政策的思路是通过“逼迫”学生早起来达到学生早睡、“离开网络”的目的，并起到锻炼身体的效果。表面看，该思路是可行的，也是有益的。但实际上该政策方案并没有真正契合“问题”——学生爱上网、睡觉晚是因为“不需要早起”引发的吗？显然，不能直接回答“是”。此间有很多原因，有很多影响因素。该政策方案就过于简单化，没有真正全面、系统地把握“问题”。对于强制跑步的政策结果是：学生依然没有“早睡”，但因为“晚睡”且“早起”了，导致上午正常上课时间打瞌睡，进而影响了上午的教学效果和学习质量。有学者曾如此描述：

> 政策规划的基本精髓就在于重视理性。其真正的意义就在于：通过环境、目标、手段之间的有效搭配，从而产生政策规划的可行性情形，如果政策规划超越了环境的限制，便缺乏可行性。通过目标与手段之间的配合，产生政策规划的有效性情形。亦即目标与手段的配合越紧密就越有效。①

（二）设计未来行动路线的规划行为

有一点非常明显，公共政策方案设计并未真正进入公共政策问题解决的实践过程，而是在“大脑深处”利用理智的一种谋划行为。也就是说，公共政策方案设计是为未来的实践行动谋划措施和设想路线的，是一种针对未来的行为。比如，我们为退休制度改革设计方案，针对的是下一步在退休制度方面的行动路线；我们为雾霾治理设计方案，设想的是在未来（公共决策之后）如何行动，减少甚至根治“雾霾”；我们为促进科技创新设计方案，关注的则是在未来一段时期如何通过科研项目设置、科研管理体制改革、科技人才培养、科技创新奖励等促进科技创新。概言之，公共政策方案设计是面向未来的谋划活动，应该着眼未来——契合公共政策问题的发展趋势，符合人们在未来的需求，能够在未来起到“化腐朽为神奇”的功效，而不是经过一

① 张成福，党秀云．公共管理学（修订版）[M]．北京：中国人民大学出版社，2007：103.

段时间的实施“漏洞百出”、“错误百出”，更不能为未来带来危害。

（三）发生在思维领域之内的谋划行为

上述第一点讲的是公共政策方案设计是一种“拨开迷雾”“透过纷繁复杂的现象把握问题实质”的辨析行为；第二点讲的是公共政策方案设计是面向未来、着眼未来的谋划行为。而这一点讲的则是：辨析行为和谋划行为都是发生在思维领域之内的，遵循的是人们的理性逻辑。有学者指出：从认识论角度讲，政策执行是政策认识过程的第二次飞跃。政策认识活动从政策问题认识开始，经过政策方案的策划设计，到政策方案决定实施，这个过程可以说是政策认识活动的第一次飞跃，即由感性认识向理性认识的飞跃。可是，这次认识的飞跃，还不可能解决政策方案是否正确的问题①。之所以不能完全解决政策方案正确与否的问题，关键就是公共政策方案设计仍然属于“认识”阶段，而不是“实践”阶段。换言之，公共政策方案设计仍然处于思维领域，是设计者针对政策问题和政策目标，利用各种信息和自己的理智来谋划未来行动路线的行为，属于“主观”的范畴，是为“主观认识客观”的而非“主观见之于客观的东西”（毛泽东语）。对此，毛泽东讲道，由于实践中发现前所未料的情况，因而部分地改变思想、理论、计划、方案，部分地或全部地不合于实际，部分错了或全不错了的事，都是有的②。这从另一个角度说明，政策方案设计仅仅是思维活动，其正确与否以及能否解决政策问题、实现政策目标都只有经过政策执行了才知道。当然，也正因为公共政策方案谋划是发生在思维领域内的，所以可以通过模拟分析法、试验分析法等“多次”演练和分析，以实现方案的合理性。

通过对公共政策备选方案设计属性的分析，有助于我们更加明确其在公共政策过程中的地位，也有助于我们把握政策方案设计的方向——要保证政策方案的合理性及其在未来的有效性，就必须在设计政策方案时做到针对政策问题和政策目标，面向未来、着眼未来，且要遵循理性逻辑。

---

① 周树志．公共政策学：一种政策系统分析新范式［M］．西安：西北大学出版社，2000：241.

② 转引自周树志．公共政策学：一种政策系统分析新范式［M］．西安：西北大学出版社，2000：240.

第二节　公共政策备选方案的来源与设计

这一节主要是在“方法”的意义上阐述如何设计公共政策备选方案，包括三方面的内容：一是公共政策备选方案设计的依据；二是公共政策备选方案设计的原则；三是公共政策备选方案设计的方法。

一、公共政策备选方案设计的依据[①]

“没有调查就没有发言权”（毛泽东语），政策方案设计需要合适的、真实的“依据”。是否有“依据”，是否找准了“依据”，是决定政策方案合理与否的前提条件。那么，在具体设计公共政策备选方案时，我们可以参考的“依据”有哪些？这些“依据”是构成设计方案的基本信息来源和素材。

（一）价值与需求

价值与需求作为政策方案设计的依据，主要强调的是政策备选方案应具备“有用性”。简单而言，设计政策备选方案需要依据相关主体的信念、动机、需求、目标、期望、赞同、满意、支持、厌恶、反对、怨恨等与价值偏好相关的东西[②③]。否则，该政策方案可能就得不到认可，在执行时不能获得相关群体的支持，甚至会出现强烈反对的情形。比如，某地曾实施“个性化”车牌政策，一时间很多非常个性的车牌号出现了，诸如“ILV-YOU”等。该政策乍一看似乎非常符合人们对于个性化的追求，但却忽略了该政策所处的领域——车牌号在很大程度上是为了管理和规范车辆，而不是展示个性的“秀场”。简言之，该政策方案的价值取向与其本应具有的“价值目的”相悖，因此在实施后不久就被叫停。

具体而言，政策方案设计的价值和需求依据包括三方面：一是政策方案及其效果是否与政策目标相契合，如果政策方案的未来效果无益于达成政策目标，那么无论其多么“冠冕堂皇”，都毫无价值。二是政策方案及其举措蕴

---

① 周树志．公共政策学：一种政策系统分析新范式［M］．西安：西北大学出版社，2000：148－150.

② 陈振明．公共政策学：政策分析的理论、方法和技术［M］．北京：中国人民大学出版社，2004：149.

③ 周树志．公共政策学：一种政策系统分析新范式［M］．西安：西北大学出版社，2000：149.

含的价值、文化意蕴等是否与民众的价值观、文化取向相契合，如果政策方案所蕴含的价值观不被人们所认可，那么其将不具备文化可行性，缺乏合法性和可执行性。三是政策方案及其举措是否与一个国家的基本政策原则、基本法律等相一致，如果两者有冲突，那么该政策方案就缺乏合法性。总之，政策方案设计要时刻依据价值和需求，既要满足人们的利益追求和价值偏好，又要获得人们在内心深处的认可、支持与期待。

（二）现实与历史

先看一个非常有代表性的例子：国家发展改革委员会、外交部、商务部于2015年3月28日联合发布《推动共建丝绸之路经济带和21世纪海上丝绸之路的愿景与行动》。虽然该政策文件对于“丝绸之路经济带”和“21世纪海上丝绸之路”（简称“一带一路”）的设想是面向未来的，是一个具有国际战略的大规划、大布局，但其产生依据确具有显著的历史性和现实性。关于其历史性，该文件开篇指出：

> 2000多年前，亚欧大陆上勤劳勇敢的人民，探索出多条连接亚欧非几大文明的贸易和人文交流通路，后人将其统称为“丝绸之路”。千百年来，“和平合作、开放包容、互学互鉴、互利共赢”的丝绸之路精神薪火相传，推进了人类文明进步，是促进沿线各国繁荣发展的重要纽带，是东西方交流合作的象征，是世界各国共有的历史文化遗产。

对于现实性，该文件第一章指出：

> 当今世界正发生复杂深刻的变化，国际金融危机深层次影响继续显现，世界经济缓慢复苏、发展分化，国际投资贸易格局和多边投资贸易规则酝酿深刻调整，各国面临的发展问题依然严峻。共建“一带一路”顺应世界多极化、经济全球化、文化多样化、社会信息化的潮流，秉持开放的区域合作精神，致力于维护全球自由贸易体系和开放型世界经济。共建“一带一路”旨在促进经济要素有序自由流动、资源高效配置和市场深度融合，推动沿线各国实现经济政策协调，开展更大范围、更高水平、更深层次的区域合作，共同打造开放、包容、均衡、普惠的区域经济合作架构。共建“一带一路”符合国际社会的根本利益，彰显人类社

会共同理想和美好追求，是国际合作以及全球治理新模式的积极探索，将为世界和平发展增添新的正能量。

可见，“一带一路”拥有深厚的历史渊源，是“历史上发生的事”，并在历史上发挥过重要的促进作用，而且这一历史传统和历史事实有助于沿线各国互联互通伙伴关系的建立，也是设计“一带一路”战略规划的经验依据。同时，“一带一路”也拥有巨大的现实需求，通过赋予历史上“一带一路”以新的内涵、多层次的合作举措，有助于中国“深度融入世界经济体系”，更有助于“发掘区域内市场的潜力，促进投资和消费，创造需求和就业，增进沿线各国人民的人文交流与文明互鉴，让各国人民相逢相知、互信互敬，共享和谐、安宁、富裕的生活。”这是时代发展的要求①。概言之，“一带一路”战略规划既有具体的历史依据，也有准确的现实依据，这是其合理性的源泉，也是其能够在世界范围内引发切实影响的关键。

具体而言，设计政策方案的现实依据主要有：一是公共政策问题，包括问题的原因、表现、发展趋势、危害、覆盖面、边界等。二是政策相对人信息，包括政策相对人的数量、分布、特征等。三是公共政策资源，包括与政策问题相关以及执行政策方案所需要的制度资源、组织资源、物质资源、人力资源、技术资源等。四是现有政策，主要包括现有政策对未来的影响、形成的惯性等。五是外部环境，包括直接环境和间接环境、自然环境与社会环境、国内环境与国际环境等。上述五方面的现实依据既可能构成政策方案设计的导向、落脚点，又可能构成政策措施选择的前提条件，还可能构成政策边界划定的基础。总之，设计公共政策备选方案要分别考量这些事实因素，以这些事实因素为依据。

设计政策方案的历史依据包括两方面：一方面是历史经验与教训。虽然单纯的经验决策值得怀疑，但是在设计政策方案时有必要吸收历史经验和教训，以史为鉴。在政策设计过程中借鉴前人的历史经验是十分必要的，毕竟个人的认识能力是有限的，而人类的认识能力才是真正至高无上的，对人类已经获得的历史经验和政策案例一无所知或弃而不用，实属愚蠢至极②。具体

① 在这一部分，引号内未注明具体的内容，均来自于国家发展改革委员会、外交部、商务部于2015年3月28日联合发布的《推动共建丝绸之路经济带和21世纪海上丝绸之路的愿景与行动》。

② 周树志．公共政策学：一种政策系统分析新范式［M］．西安：西北大学出版社，2000：150.

而言，从同一国家的其他地区、从其他国家、从其他政策领域等借鉴分析获得相关的经验和教训，是设计政策方案的一个必要环节。可以从其他相似的政策经历①中获得“灵感”，找到需要注意的基本事项等②。另一方面是历史对当下的影响。“就是要追溯政策问题的历史根源，……现实的政策问题往往是历史长期发展的产物，是政治、经济、文化等历史传统造成的，只有对历史有深入全面的了解，才有可能对现实问题作出透彻准确的分析和预见。”③简单地说，现在是历史影响下的现在，所以当前的政策问题、政策问题的发展趋势、人们对于政策的价值偏好、政策相对人对政策措施的支持或反对程度等都可能与历史事件、历史传统有关。因此，准确把握历史传统，把握历史与政策的相互促进关系，有助于我们设计出合理的政策方案。

（三）科学与理论

科学是指“反映自然、社会、思维等的客观规律的分科的知识体系。”④理论是指“人们由实践概括出来的关于自然界和社会的知识的有系统的结论。”⑤ 可见，在某种意义上，可以认为科学与理论都是指人们对于某种事物的“认识”。这与政策方案设计的属性——思维领域内的活动——相一致。也就是说，设计政策方案是一种思维活动，而这种思维活动需要对政策问题、政策目标、政策资源等有充分地“认识”。可以说科学与理论是公共政策备选方案设计的基本依据之一。比如，设计关于“三峡大坝”的政策方案、关于“京沪高铁”的政策方案、关于“埃博拉病毒”的政策方案、关于“强制免疫”的政策方案、关于“西气东输”、“西电东输”的政策方案等，都需要特定领域的知识和理论，否则将无法着手。在某种程度上，具体的公共政策都是发生在特定的领域之内，需要运用该领域内的专业知识、专门技能才能更好地设计未来行动方案，否则，要么是“闭门造车”“纸上谈兵”，要么就是“门外汉式”的盲目行动。关于公共政策备选方案设计的理论和科学依据，学

---

① ［美］威廉·N. 邓恩．公共政策分析导论（第四版）［M］．谢明等译．北京：中国人民大学出版社，2011：96－97.

② 陈振明．公共政策学：政策分析的理论、方法和技术［M］．北京：中国人民大学出版社，2004：149.

③ 周树志．公共政策学：一种政策系统分析新范式［M］．西安：西北大学出版社，2000：150.

④ 中国社会科学院语言研究所词典编辑室编．现代汉语词典（修订本）［Z］．北京：商务印书馆，1996：711.

⑤ 中国社会科学院语言研究所词典编辑室编．现代汉语词典（修订本）［Z］．北京：商务印书馆，1996：774.

者周树志的概括比较准确和全面，详见表5－1。

表5－1　公共政策备选方案设计的理论和科学依据一览表

理论	科学依据
正确的哲学世界观、价值观、认识论和方法论	正确的哲学世界观、价值观、认识论和方法论可以告诉政策方案设计者如何从总体上、宏观上把握和分析政策问题，而且会为政策方案设计者指明真正有价值的政策是什么。对待最科学的哲学世界观和价值观就是马克思主义哲学，它的唯物论、辩证法、唯物史观等都是政策方案设计最基础的指导思想
政策科学理论与方法	政策科学是关于政策的本质、规律和方法的科学，当然是政策方案设计者必须懂得也必须遵循的基本理论和知识
相关学科理论	解决某一方面的政策问题，为了保证其专业性和科学性，就应当学习和掌握这一方面的专业基本知识和科学理论

资料来源：周树志．公共政策学：一种政策系统分析新范式［M］．西安：西北大学出版社，2000：148－149．有改动。

二、公共政策备选方案设计的原则①②③

“没有规矩，不成方圆”。公共政策备选方案设计需要遵循一定的原则、规矩，只有这样才能更“好”地完成这一政策环节。在科学、合理的意义上，设计公共政策备选方案需要遵循以下几个原则：针对性原则、多元性原则、信息性原则、可行性原则、参与性原则、系统性原则。

（一）针对性原则

公共政策是为了解决公共问题、处理公共事务、实现公共目标，因此公共政策必须要有针对性。针对政策问题和政策目标来设计政策方案，否则就是“无的放矢”。换句话说，政策问题和政策目标是政策方案设计的导向和指针。具体而言，针对性原则要求做到以下几点：

第一，紧扣问题。问题是公共政策的起点。如果问题没有辨识清楚，或者公共政策方案不能有效契合公共政策问题，那么它是难以达到解决公共问题这一公共目标的。如前文所述“课桌污渍”一例，如果仅仅将其局限在

① 周树志．公共政策学：一种政策系统分析新范式［M］．西安：西北大学出版社，2000：151－153.

② 陈振明．政策科学：公共政策分析导论（第二版）［M］．北京：中国人民大学出版社，2004：222－224.

③ 谢明．公共政策导论［M］．北京：中国人民大学出版社，2004：108－118.

“思想教育不够导致学生乱涂乱画”的话，可能很难解决这一问题，相反，该问题主要表现在“考试制度不合理”和“自习教室资源不充分”等，故应该从改革考试制度、补充自习教室资源等方面来设计政策方案，而不是将举措局限于思想教育。当然，关于紧扣公共问题，还需要强调三点：（1）不仅要考虑到当前的政策问题，还要考虑到政策问题的发展性和未来性。（2）政策方案的充分性，即政策方案作为工具和手段能否实现政策目标，必须要考虑支撑政策方案的理论依据、事实依据和价值依据是否站得住脚，是否充分。（3）当政策问题并不明确的时候，可能需要我们“摸着石头过河”。

第二，契合目标。公共问题是客观的存在，而目标是主观的理想。在设计政策方案时要明确目标是什么，要依据具体的目标来设计政策方案。比如，葛优演过的一部电影《卡拉是条狗》。影片中，养狗是很多人的一种业余爱好，也是很多人精神寄托的方式，但养狗也存在扰民、污染环境、传播疾病等风险。于是相关部门出台一项措施，要求养狗者必须为狗申报户口，并且为了限制狗的数量，规定每条狗户口的申报费用极高。结果是，有钱人不在乎户口申报费，会养狗；没钱人（葛优所扮演的角色）想养狗但又交不起钱，干脆就偷着养，不申报户口。狗的数量没有下降，狗的风险也没有减少，并且由于黑户的存在还加剧了疾病传染等风险。问题出在哪里呢？显然，该政策的目标是减少养狗的风险——扰民、污染环境、传播疾病等，而不是减少狗的数量。但该政策设计时却将提高养狗门槛、减少养狗数量为基本举措，问题自然得不到有效解决。

第三，围绕政策相对人。公共政策的有效实施需要政策相对人的配合，公共政策方案的设计必须紧紧围绕政策相对人，要把握政策相对人的个性、需求、价值观念等，否则政策难以得到有效执行。先讲一个“类比”的例子：“空城计”。空城计之所以能成功，关键是诸葛亮掌握了司马懿的多疑心态和对诸葛亮神机妙算的恐惧心态。相反，如果司马懿换成只知道打打杀杀而丝毫不懂理性思索的“李逵”，恐怕空城计会失败的。再讲一个具体案例：有些地方在实施计划生育政策时主要采取“罚款”的方式，通过提高生育成本，来减少生育。但在实施过程中对于能担负得起这些“罚款”的人来说，罚款的威慑力微乎其微，因为反正交了钱就可以生。在这种情况下，罚款本来的目的是为了减少生育，但在有些群体中却助长了生育。

第四，分析政策资源。任何公共政策的实施都需要以一定的资源为基础，包括物质资源、技术资源、人力资源、权威资源、制度资源等。因此，在设计公共政策备选方案时必须要针对政策资源的具体情况，这也是公共政策方案具有可行性的基本保证。

第五，掌握政策文化情境。设计公共政策方案必须考虑该政策实施的文化情境，包括习俗、习惯、文化传统、社会心理、宗教信仰、基本政治制度等。如果对这些文化情境视而不见，则会使该政策方案缺乏“文化可行性”，不被认可与接受。

（二）多元性原则

阿列克斯·奥斯本（Alex Osborn）曾指出，为了发现或发明，我们必须不停地调转探照灯，我们所发现的备选方案越多，就越可能发现我们所要探求的东西——而且往往是在明显的东西中发现的[①]。这说明，需要尽可能多地设计方案，在多元方案中通过比较择优、多元综合等优化方案。简言之，遵循多元性原则，可以实现多方案优化的目的。做个类比：要想在一个池塘中捞到最重的鱼，办法只有一个，尽可能地多捞一些出来，通过多次比较选择最重的那条；要想买到一件称心如意的衣服，办法也只有一个，尽可能地多去几家商店、尽可能多地试一些衣服，通过多次比较找到最合适、最物美价廉的衣服。在某种程度上可以说，备选方案的多元性可以提高成功的概率，成功概率随着方案数量的增加而增加。应该尽可能多地发现或创造出解决问题的备选方案，要引用大量被不同的发明者和问题解决者所检验过的大量的备选方案；考虑尽可能多的主意，就越可能出现好的主意[②]。

当然，面临多元的备选方案，我们可能会出现“眼花缭乱、不知所措”的情形；设计多元的备选方案所花费的成本也较大，甚至因时间不允许、资源不充足、能力受限制等原因根本无法设计多元的备选方案等。但是，这些事实不能掩盖一种多元性原则的价值——“多元”才能择优，“多元”才能通过组合实现方案的优化。这是理性使然，也是公共决策的科学化所要求的。

---

① 转引自陈振明．公共政策学：政策分析的理论、方法和技术［M］．北京：中国人民大学出版社，2004：148.

② 陈振明．公共政策学：政策分析的理论、方法和技术［M］．北京：中国人民大学出版社，2004：148.

如何实现多方案优化呢？在下文方案设计的“办法”部分将会详述，这里就不再赘述了。

（三）信息性原则

提出信息性原则的依据是：信息作为“不确定性的消除”，是政策方案设计的基本依据。如果没有及时、准确、全面的信息，将无法进行方案设计，或者只能盲目地进行设计、毫无根据地臆想。所谓不确定性，就是人们对客观事物不了解，不清楚。人们通过某种方式或手段，获取了新的情况或知识，从不清楚变为比较清楚或完全清楚，不确定性就减少或消除了。这种使人们减少或消除不确定性的东西就是信息①。正是在此意义上，有学者指出：

> 信息是政策规划的基础材料，从某种意义上讲，政策规划的过程就是信息的收集、整理、加工和处理的过程，政策规划的成效很大程度上依赖于信息的全面、具体、准确、及时。如果没有充分的信息保障，政策规划也只能是“巧妇难为无米之炊”。②

例如，某市民政局和社会组织促进会在设计促进环保型社会组织的发展政策方案之前，他们进行了充分的调研：市内现有环保型社会组织的发展情况，包括结构、运作能力、主要针对的环保领域（水、土、空气、垃圾处理、居民日常生活等）；该市污染情况，包括污染的主要来源、哪些行业涉及污染、居民对哪些污染的反映更加强烈、哪些污染还未被人们所察觉等；该市民众个体、团体、企事业单位对于成立环保型社会组织的意愿、存在的障碍因素等。正是基于调研和掌握的信息，设计了有针对性的政策措施，包括资金和场地支持，针对污染较为严重且备受关注的特定行业（造船行业、造纸行业）采取了特别的优惠措施等。经过一两年的培育，取得了较好的效果，也得到了民众的认可。这一案例成功的关键就是充分地掌握了相关信息，进而采取了有针对性的方案。

关于信息性原则，还有必要提一下“大数据”。“大数据用于形容那些数量庞大到无法用人工，甚至用简单的计算机软件进行处理的庞大海量数据”；

① 谭祥金，党跃武．信息管理导论［M］．北京：高等教育出版社，2000：6.

② 谢明．公共政策导论［M］．北京：中国人民大学出版社，2004：108.

"大数据现在也成为另一种概念，也就是用大量的数据信息进行统计，从看似没有关联的事物中获取有价值的规律。"① 从大数据中获得的信息有助于"拨开现象把握本质"，获得政策问题及其发展的核心规律、公共需求及其变迁的本质内容，这将对政策方案的设计提供有力支撑。先看一个商业性案例：

> 一个专业人士专门应聘上海均价4万元高档小区的物业管理，自己配备了扫描枪，每天盯着小区的垃圾堆，看见有条形码就扫描，晚上回家把数据整理出来，从而了解这小区的业主喝什么水、吃什么油、买什么衣服，等等。于是这个小区的消费品类偏好和品牌偏好就一清二楚，然后形成系统报告卖给大公司。②

不难发现，这个"专业人士"是专业的、精明的，他通过相关信息的搜集整理获得了非常可靠的需求信息，这对于商家制定销售方案、进货方案十分有帮助。对于公共政策也是一样。比如，关于高速公路的修建和整改方案。现在很多私家车都使用卫星导航，在导航的过程中，有关服务提供商记录了大量的"速度"信息和"搜索目的地"信息、"行动路线"信息。如果在某一路段的"速度"普遍较低，说明该路段的路况不好或者道路比较拥挤或者该路段易出现事故；"搜索目的地"信息和"行动路线"信息可以告诉决策者哪些路段比较"繁忙"、使用率较高等。这些信息都是扩建、整改高速公路方案设计的科学依据。另外，交管部门、车险公司也掌握了大量的"交通事故"信息，包括事故发生地、事故类型、事故时间等，这些也是公路修建和整改方案设计的重要依据。在某种程度上可以说，公路修建和整改方案设计依据这些"大数据"，信息更具有针对性。

（四）可行性原则

"政策总是要付诸实施的，要实施就得具备实施的现实条件，即具有可行性。"③ 在平时《公共政策概论》的授课过程中，有同学举了一个关于可行性

---

① 崔小屹，韩青．用数据说话：大数据时代的管理实践［M］．北京：北京大学出版社，2013：16.

② 崔小屹，韩青．用数据说话：大数据时代的管理实践［M］．北京：北京大学出版社，2013：17.

③ 陈振明．政策科学：公共政策分析导论（第二版）［M］．北京：中国人民大学出版社，2004：223.

原则的反例，非常恰当且有启示意义：

> 当前，资源匮乏是几乎所有国家都面临的问题，煤炭、石油、天然气、水、铁等等资源都“濒临危机”。我们也都知道，在地球之外存在着各种各样的资源。如果能够开发利用这些资源，能源危机也许就是一个伪命题。关于地球之外资源的开发利用，我们最好列入研究和“未来”议程，但如果现在就直接着手针对地球之外资源的开采的话，那将是“天方夜谭”，根本原因是“着手面对地球之外”现在还不可行。

可行性原则比较容易理解。设计的备选方案必须可以操作、执行，拥有充足的技术基础、人才资源、物质条件等，只有这样才能切实地解决问题、实现目标，否则就是空想、臆断。同时，公共政策方案还必须得到各个方面的认可，否则也不能执行，不具备可行性①。因此，可行性既包括技术层面的，也包括价值层面的。对于可行性原则的具体内容，包括政治可行性、技术可行性、经济可行性、文化可行性和行政可行性等②。对于每一种可行性的具体内容，本教材第七章将有详细介绍，这里就不再赘述了。

（五）参与性原则

在公共政策方案设计的过程中，遵循参与性原则是必要的。一方面，可以提高公共政策的民主性，提升公共政策的回应性和公共性，有助于其合法性的获得；另一方面，还可以提高公共政策的针对性和科学性，公民的参与可以反映公民的需求与偏好，使行政部门的政策与行为能与社会中的大多数公民的需求相契合，提供了政策方案设计的信息依据③。简单地说，设计政策方案时，遵循参与性原则，就是要做到“兼听”——应注意听取不同群体的意见和建议，应该吸收体制内管理者和体制外的学者共同规划④，应保证公共政策过程的开放性，使公众可以以制度化、经常化的方式表达诉求⑤。

---

① 周树志．公共政策学：一种政策系统分析新范式［M］．西安：西北大学出版社，2000：153.

② 陈振明．公共政策学：政策分析的理论、方法和技术［M］．北京：中国人民大学出版社，2004：206－214.

③ 张成福，党秀云．公共管理学（修订版）［M］．北京：中国人民大学出版社，2007：368.

④ 谢明．公共政策导论［M］．北京：中国人民大学出版社，2004：117.

⑤ 陈振明．政策科学：公共政策分析导论（第二版）［M］．北京：中国人民大学出版社，2004：223.

参与性原则有多种表现形式，可分为非正式的参与和正式的参与。非正式的参与包括：网络空间上的议题辩论、信息传递；在各种媒介上发表关于公共政策备选方案的讨论和建议；在各种公共空间的议论，等等。正式的参与则以制度化、组织化的方式存在，对于参与的范围、参与人员、参与程序等都有明确的规定。一般而言，正式的参与方式包括公开听证、民意调查、咨询委员会、利益集团等。见表5－2。

表5－2 正式的公民参与形式一览表

参与形式	主要内容
公开听证	在涉及公共利益和公民利益的政策规划过程中，通过听证会、意见征询会、恳谈会、民主协商等方式广泛听取社会公众和相关利益群体的意见，以保证政策规划更符合民意、更符合公众利益
民意调查	公众的意见十分重要。民意反映了公众对政府行动和公共政策的期待，因此进行民意调查不仅能够促进政府负责，而且能够对公共政策方案的设计、公共政策措施的选择等提供依据。民意调查的方式包括科学的问卷调查、访谈、座谈、意见征询（如网络调查）等
咨询委员会	吸收各级人士组成制度化的咨询委员会，咨询委员会成员既可以通过民意调查等获取需求信息，也可以作为专业人士理性思考，向政府提供公共政策方案。此时，咨询委员会作为政府的“外脑”“智囊”“参谋”而发挥作用
利益群体	利益集团作为非官方组织，构建了多元的政治格局，能够较好地沟通个体与政府。虽然利益集团未必能够完全代表公共利益，推动政策公平，但是利益集团可以通过参与公共政策过程，表达信息、发表意见，为公共政策方案的设计提供依据

资料来源：张成福，党秀云．公共管理学（修订版）［M］．北京：中国人民大学出版社，2007：368－369．有改动。

（六）系统性原则

对于系统性原则，我们不妨看一个北宋年间的“政策”实例：

我国北宋真宗年间，皇城失火，皇宫全部烧毁。真宗命大臣丁渭主持修复工作。当时既需要清理废墟，又需要挖土烧砖，还需要从外地运送大批建筑材料。摆在面前的难题很多，丁渭提出了这样一个方案：首先把皇宫前面的大街挖成一条大沟，利用挖出来的土就地烧砖，然后把京城附近的汴水引入大沟，通过汴水从外地运进建筑材料，等皇宫修复之后，再把碎砖烂瓦填入沟中，最后修复原来的大街。丁渭的建筑方案可谓一举三得。一举就是挖沟，省去从远方运土烧砖，是谓一得；引水入沟把陆路运输改为水路运输，省工省时，节约了运输费用，提高了运输效率，是谓二得；同时还解决了瓦砾的处理问题，是谓三得。虽然挖沟取土暂时破坏了一条完好的大街，从局部角度看，可谓巨大损失，但从工程的全局来看，是非常有利的。丁渭的修复方案包含了系统思想的重要内容。①

上述“丁渭”一例属于正面的例子，我们再看一个反面的例子②：埃及阿斯旺大坝建成后带来了巨大的利益，如农田灌溉和水力发电、旅游、渔场等。但是，经过几十年之后，阿斯旺大坝却带来很多问题：一是大坝挡住了丰富的有机物和矿物质，致使下游的土地变得贫瘠，农作物减产且农作物质量下降（如水果得不到微量元素的补充，十分酸涩）。二是由于大坝阻隔了大量的泥沙，致使尼罗河三角洲失去泥土来源，由向地中海延伸变为地中海向陆地延伸，沿岸的工厂、国防工事等有被淹没的威胁。三是农田盐碱化。大坝导致地下水上升，进而诱发农田盐碱化现象。四是破坏了沙丁鱼回游路线，致使沙丁鱼产量骤减。五是诱发水道草灾、血吸虫病传播、影响古埃及文物保护以及可能的地震等。不难发现，“阿斯旺大坝”一例就是没有系统协调多元目标、多元问题的代表。考虑到了水力发电等目标，但却没有有机协调环保、下游农业等其他问题。学者周树志对此作出如下评论：

> 埃及阿斯旺大坝的规划和决策给世人留下了深刻的教训。它说明政策预测评价一定要全面估价其利害得失，切不可只看其利，忽视其害。否则，一项战略规划实施后造成的损失将是十分巨大的，而且人们为挽回损失所付出的代价也将是无法计量的，或者这些损失将是无法挽回的。③

具体而言，系统原则的遵循需要做到以下几点：

一是考虑各种政策问题之间的关联，要系统协调、统筹兼顾多元问题。

二是系统协调不同群体之间的利益偏好和需求满足，不能只顾及一方而忽视另一方，否则容易导致社会张力的扩大，不利于消除社会分歧和矛盾冲

① 谢明．公共政策导论［M］．北京：中国人民大学出版社，2004：108.

② 周树志．公共政策学：一种政策系统分析新范式［M］．西安：西北大学出版社，2000：346－354.

③ 周树志．公共政策学：一种政策系统分析新范式［M］．西安：西北大学出版社，2000：354.

突。深层次的人际协调需要从目标、行为期待和资源分配三方面着手。

三是要系统协调不同层次的目标：要注意不同成员之间的目标协调；不同部门之间的目标协调；局部目标与整体目标的协调；短期目标、中期目标与长远目标之间的协调；不同类别目标之间的协调（如效率目标与公平目标的协调，经济目标与社会目标）等。

四是资源的系统协调。目标的达成需要以一定的资源为基础。在某种意义上可以说公共政策的运行就是对相关资源的分配处理过程，公共管理的价值就是对稀缺资源进行科学配置，以最有效的实现目标。《史记》卷六十五“孙子吴起列传第五”中记录的“田忌赛马”的故事，就充分地揭示了同样的资源，在不同的“排列组合”（即协调）下就会得到截然相反的结果，甚至可以变劣势为优势。这个故事充分地说明了资源配置与系统协调的重要性。国外有学者将资源分为六类，分别为资金（money）、人员（man）、原材料（material）、机器设备（machine）、技术方法（method）和信息（message），简称“6M”。资源系统协调主要包括：（1）掌握家底，即了解政策系统拥有的所有可用资源，并能够依据具体情境对所占有资源进行“SWOT”分析。即可用资源的优势（优长之处，strength）、劣势（不足之处，weakness）、机会（可以带来的机遇，opportunity）和威胁（存在的风险，threat）。（2）匹配分析，即依据目标和所处环境分析可用资源的适配性，判断是否资源充足，与政策目标需要的差距有多大，能否适时弥补等。（3）同步分析，即通过各种举措使“6M”有机结合起来，变劣势为优势，变威胁与机遇，最大限度地发挥资源的功能，实现政策目标。（4）发展分析，即通过预测发展以及社会变迁趋势，通过各种措施积累资源，以使方案具有未来适应性。

五是环境协调。在“开放系统理论”看来，我们需要不断通过与环境进行物质、能量和信息的交换才能生存，现代组织生存的外部环境的复杂性和多变性，使组织与环境之间相互作用不断增强，因此，公共政策管理的中心内容则是组织如何与环境进行各种信息能量和资源的交换①。沃尔特·巴克利（Walter Buckley）正是在这一意义上强调：“一个系统是开放的，并不仅仅是说它与环境之间存在交换关系，更是指这种交换关系是系统存活的关键。”②

① 于显洋．组织社会学（第二版）［M］．北京：中国人民大学出版社，2009：59.

② ［美］W. 理查德·斯科特，［美］杰拉尔德·F. 戴维斯．组织理论：理性、自然与开放系统的视角［M］．高俊山译．北京：中国人民大学出版社，2011：100.

简言之，具有自我调节能力的政策系统并不是因其内部管理具有科学性，而是指其能够适应环境的变化，通过系统的内外平衡来使公共部门有序运行并富有生命力。协调环境最起码需要考虑以下几方面的问题：（1）要清楚环境的各种信息，明晰环境及其变化对政策系统带来的影响，包括机遇和挑战等各个层面的影响，并且最好将这些影响明细化、具体化。（2）根据环境信息及其影响，审视政策系统内部的各种资源，并运用“SWOT”分析法分析。（3）在“SWOT”分析的基础上确定政策系统要进行哪些变革以适应环境，包括目标的转变、结构的重组、制度的改革、运作流程的再造、文化的重塑，等等。

三、公共政策备选方案设计的方法

在罗伯特·B·登哈特（Robert B. Denhardt）《公共组织理论》一书的“译校者前言”中，公共管理学者竺乾威指出：

> 在美国的行政思想史上，历来存在着宪政主义和管理主义两种倾向。前者关注社会公正、平等、民主、回应性等；后者则关注效率。亚历山大·汉密尔顿和托马斯·杰斐逊分别作为两种倾向的代表，开创了美国历史之先河。自汉密尔顿，中经威尔逊（其行政学研究具有里程碑式的意义）、魏洛比、古利克、西蒙至奥斯本和盖布勒（他们的《重塑政府》是新公共管理的代表性著作），形成了一种管理主义的思想传承。而从杰斐逊，中经沃尔多、戈尔姆比斯基、奥斯特罗姆至本书作者登哈特，则是一种宪政主义的思想传承。①

这段话精准地概括了公共管理的两个特性：“公共性”和“管理性”。公共性指的是公共管理以公共利益为旨归，通过处理公共事务、开展公共行动、解决公共问题来满足公共需求、实现公共秩序。因此，公共管理天然地具有“政治”属性。管理性指的是公共管理天然是一种“管理行为”，具有“技术”的属性，应该追求行动的有效性。换言之，公共管理应该具有某种“理

① ［美］罗伯特·B. 登哈特．公共组织理论（第三版）［M］．扶松茂等译．北京：中国人民大学出版社，2003：译校者前言 1.

性”，这要求其采用科学合理的方法和技术，以满足管理绩效的需要。国家治理体系和治理能力现代化也要求使用各种方法和技术，换言之，现代化的治理就是科学合理使用方法技术的公共管理。比如，党的十八届三中全会通过的《中共中央关于全面深化改革若干重大问题的决定》指出：“必须更加注重改革的系统性、整体性、协同性，……让一切创造社会财富的源泉充分涌流，让发展成果更多更公平惠及全体人民”。这一论断也明确包含两层基本意思：“让一切创造社会财富的源泉充分涌流”是效率和方法技术层面的；“让发展成果更多更公平惠及全体人民”是政治、价值和公平层面的。

综上所述，公共管理需要依托特定的方法和技术才能有效，才更具现代性。这在根本上要求公共政策方案的设计具备合理性，需要采取有效、多元的方法和技术。

（一）公共政策备选方案设计的一般方法

管理学界和实务界形成了多种具体的方案设计方法，诸如系统分析法、网络计划法、头脑风暴法、德尔菲法、模拟决策法、决策树法、方案前提分析法、数学分析法、哥顿法、零起点方法、角色互换法、历史分析法、经济分析法，等等[①][②]。鉴于这些方法在《管理学原理》《公共管理学》等课程中已有详述，这里不再赘述。

（二）基于主体类型的公共政策备选方案设计方法

对于公共政策备选方案的设计，可以由决策者（政府首脑、政治精英）实施，也可以由政府职能部门工作人员实施，还可以由利益集团、智库、政策相对人、专家学者等实施，还可以由多种主体共同实施。也就是说，如果我们要针对某一公共政策问题来设计行动方案，可以采用多种方法——由决策者设计方案，或者由政府职能部门设计方案，或者由利益集团、智库、政策相对人、专家学者等设计方案。对于基于主体类型的方案设计方法，这里强调几点：

第一，由多元主体参与的方案设计过程契合方案设计的基本原则。具体表现有：一是多元主体参与可以从不同角度提出政策方案，这有利于实现政策方案设计的多元性，实现多方案优化。二是多元主体的参与可以从不同角

---

① 魏娜．公共管理的方法与技术（第二版）［M］．北京：中国人民大学出版社，2011：166－190.

② 谢明．公共政策导论［M］．北京：中国人民大学出版社，2004：122－123.

度提供相关信息，有助于实现方案设计的信息性原则，做到信息充分、全面。三是多元主体的参与有助于提高人们对于公共政策的理解和认知，进而提高政策方案的认同度。四是多元主体参与本身就是参与性原则的体现。五是多元主体的参与有助于系统协调，让各种价值偏好“进入”政策过程，协调不同需求、减少意见分歧等。

第二，多元主体的参与有助于实现政策方案的“优化”。简言之，“人多力量大”，各种主体的参与能够实现多元理性的优势互补，实现多种知识的交融和能力的“合力”。对于此，有学者作出如下论述：

> 现代政策问题的复杂性，使得政策规划已难以由单方面的知识思考分析来决定，必须靠相关方面的机关、人员的相互协作与配合。即由大家一起来，人人参与，群策群力，相互补充，只有如此才能共同达成公共利益，才能真正为大众服务，并取得大众的支持和拥护。[①]

另外，智库的作用十分重要。作为“外脑”，智库对于公共政策的合理性有着独特的贡献。中共中央办公厅、国务院办公厅2015年1月份印发的《关于加强中国特色新型智库建设的意见》指出：

> 中国特色新型智库是党和政府科学民主依法决策的重要支撑。决策咨询制度是我国社会主义民主政治建设的重要内容。我们党历来高度重视决策咨询工作。改革开放以来，我国智库建设事业快速发展，为党和政府决策提供了有力的智力支持。当前，全面建成小康社会进入决定性阶段，破解改革发展稳定难题和应对全球性问题的复杂性艰巨性前所未有，迫切需要健全中国特色决策支撑体系，大力加强智库建设，以科学咨询支撑科学决策，以科学决策引领科学发展。

《关于加强中国特色新型智库建设的意见》还指出：构建中国特色新型智库发展新格局，需要“促进社科院和党校行政学院智库创新发展”“推动高校智库发展完善”“建设高水平科技创新智库和企业智库”“规范和引导社会智

① 张成福，党秀云．公共管理学（修订版）［M］．北京：中国人民大学出版社，2007：103.

库健康发展”“实施国家高端智库建设规划”“增强中央和国家机关所属政策研究机构决策服务能力”等。

第三，多元主体参与有助于提升公共政策方案的公共性。公共政策具有“公共性”，应该服务于公共利益的实现和公共问题的解决，应该服务于公共福利的提升和公共需求的满足。那么，如何才能实现公共政策的公共性呢？这就需要多元主体参与其中，表达自己的价值偏好和利益诉求。因为只有民众自己才真正明白公共需求是什么，只有实现了多元参与才能实现公共协调和公共理性①。有学者曾这么强调：“政策执行结构是有共识的自我选择过程”“有效的政策执行是多元行动者互动的结果，而非单一机关之行动效果”“有效的政策执行必然涉及妥协、交易或联盟的活动，故互惠性远比监督性功能更为重要。”② 公共政策执行过程中需要多元协调、需要妥协共识，因此在政策方案设计时的多元协调、妥协共识就十分必要，这需要通过多元参与才能实现。

（三）基于思维类型的公共政策备选方案设计方法

从思维的角度看，设计政策方案主要有三种方法：发现老方法、创造新方法、老方法与新方法相结合。

第一，发现老方法。由于事物的同构性、同质性、相似性等，使得我们可以通过发现、利用“老方法”来解决问题。“不同种类问题的相似性是政策备选方案的一个来源。”③ “老方法”可来源于历史、其他国家、本国内的其他地区、其他政策情境等。也就是说，可以从历史、其他国家、本国内的其他地区、其他政策情境中“移植”政策方案。这是一种简单快捷的方法，成本相对较低。同时，由于该方案在历史上、其他国家、其他地区等经过了实践和检验，因此通过“移植”不仅可行，而且有效。但应该注意，“老方法”的有效性是建立在同构性、同质性、相似性等基础之上。否则，移植老方法就是弄巧成拙，南辕北辙。比如，某老办法之所以有效是因为其与特定的文化背景相契合，在移植该政策时如果没有注意这一点，并将其移植到另一种

① 陈振明．政策科学：公共政策分析导论（第二版）［M］．北京：中国人民大学出版社，2004：53.

② 张成福，党秀云．公共管理学（修订版）［M］．北京：中国人民大学出版社，2007：108.

③ 陈振明．公共政策学：政策分析的理论、方法和技术［M］．北京：中国人民大学出版社，2004：150.

文化情境当中，那么该办法在新情境中就不会有效发挥作用。再如，老办法针对的政策问题与新情境中的政策问题是毫无关联的，那么老办法的移植就难以发挥有效作用。

第二，创造新方法。对于全新的问题，毫无经验可循的问题，就有必要创造一种新方法——“发明”一种全新的方法，通过创新来解决问题。事物是发展变化的，问题所处的情境也无时无刻不在发生变化，因此“发现老方法”就是一种“僵化”的做法。这就要求，采用创新性思维、利用新的方法来解决公共政策问题。这是一种与时俱进的做法，也利于在新形势下、新问题情境中解决问题。可以这么说，“发现老方法”遵循的是经验思维，而“创造新方法”遵循的是“创新思维”。“它基于现实而又超越现实，从揭示事物的本质出发，冲破了经验俗套的障碍，克服了思维定式的束缚，以新为本，以奇制胜，以提供新颖的具有社会价值的思维成果，”进而提供充满惊奇的行动方法①。

创新思维的具体表现，见表 5－3。

表 5－3　创新思维的具体表现

内容	表现
思考的独立性	不依赖经验、不迷信书本和权威
方法的独特性	统一的或通用的、适于解决各种问题的创造性思维是不存在的，寻求具体的、适用于特定情况的方法才是好方法
目标的前瞻性	强烈的超前意识
思维的发散性	多线特征、正向思维、反向思维
结果的聚敛性	思想火花表现出无序和混乱的特征，聚敛是一个不可缺少的过程
形式的超常性	求新求异、有所突破，不人云亦云，不墨守成规

资料来源：谢明．公共政策导论［M］．北京：中国人民大学出版社，2004：122.

第三，老方法与新方法相结合。发现老方法能够从其他的政策经验中获取有益“养分”，是政策方案设计的经验依据；创造新方法能够适应新问题、新情境，不墨守成规。两者皆有可取性，因此在设计政策方案时，不妨将两种方法有机结合起来。

在设计公共政策备选方案时，还需要注意如下几方面的问题：不要过分依赖过去的经验；不要急于批评别人的意见，不让好主意溜掉；“避免过早锁

① 谢明．公共政策导论［M］．北京：中国人民大学出版社，2004：122.

定问题的定义”避免过早形成偏好；防止未经评估而排除备选方案；注意在条件发生变化时，重新考虑以前被排除了的备选方案[①]。这几点是从反面的角度告诫我们在设计政策方案时“不要做什么”“避免发生什么事”。

【复习思考题】

1. 你如何理解公共政策备选方案设计的重要性？
2. 公共政策备选方案设计的属性是什么？
3. 设计公共政策备选方案的依据包括哪些？
4. 设计公共政策备案时需要遵循的基本原则有哪些？
5. 设计公共政策备选方案时需要遵循针对性原则，你如何理解这一原则？
6. 公共政策备选方案的来源有哪些？
7. 从“反面”的角度讲，设计公共政策备选方案需要注意哪些事项？
8. 设计公共政策备选方案的方法有哪些？
9. 结合本章内容，请系统论述如何设计公共政策备选方案？
10. 如何实现“多方案优化”呢？

① 陈振明．公共政策学：政策分析的理论、方法和技术［M］．北京：中国人民大学出版社，2004：160－161.

第六章 公共政策方案的前景预测

【学习目标】

通过本章的学习，需要了解公共政策方案前景预测的重要性及其在公共政策过程中的地位；掌握公共政策备选方案前景预测的基本方法论，了解可供预测使用的具体方法。

【内容提要】

通过预测、比较各备选方案的未来前景，才能更准确地决策。公共政策方案前景预测由六个要素组成：预测主体、预测依据、预测手段、预测对象、预测结果和预测目的。根据预测对象、预测期限、预测方法等可以将公共政策方案前景预测分为不同的类型。每一类型都有各自的适用范围，需根据具体预测情境来选择。公共政策方案前景预测的属性可从针对未来状态的、依据目标的、多维交叉的理性判断三方面来理解。公共政策方案前景预测的基本方法论包括三种：趋势外推法、理论假设法和灵通判断法。这三种基本方法论都有自己的基本原理、分析逻辑和优缺点，分别对应着不同的、具体的预测方法。

《礼记·中庸》说："凡事豫则立，不豫则废。言前定则不跲，事前定则不困，行前定则不疚，道前定则不穷。"（此处"豫"同"预"）对于公共政策过程而言，在设计出备选方案之后，如何抉择呢？恐怕也需要通过预测、比较各备选方案的未来前景。只有这样，才能更准确地决策，才能使选择之后的公共政策方案更顺利地执行，并实现预期目标。加雷斯·莫根曾强调，公共管理者必须学会面对不确定性和未来趋势，所以公共管理者不仅要发展解读和预测环境趋势的能力，而且要具备"前瞻性管理"（Proactive Management）态度和技能，尤其要具备"前瞻思考"（Proactive Mindsets）和"由内而外"（Form the Outside in）的管理能力①。因此，这一章就公共政策方案前景预测的含义、属性及其方法论等进行阐释。

第一节　公共政策方案前景预测的概念与属性

"预测"一词我们并不陌生，但是对于公共政策方案的前景预测及其属性，则有其独特性。

一、公共政策方案前景预测的概念

《现代汉语词典（修订本）》对"预"的解释是："预先，事先。"对"预测"的解释是："预先推测或测定。"② 不难理解，"预测"就是在行动之前或事情发生之前，对其未来的状态和结果进行推测，其目的在于通过对未来的推测，提前做好准备。

公共政策方案前景预测，指的是相关主体（政策分析者、公共决策者、政策制定者等）在决策之前，针对备选的政策方案，根据具体的政策问题、预设的政策目标等信息，运用一定经验、知识、理论、假定、方法和技术等，对政策方案在未来的发展趋势、具体影响、社会效果等做出推测或判断，为各备选方案的改进、比较、择优提供依据③④。

---

① 张成福，党秀云．公共管理学（修订版）[M]．北京：中国人民大学出版社，2007：42-43.

② 中国社会科学院语言研究所词典编辑室编．现代汉语词典（修订本）[Z]．北京：商务印书馆，1996：1452.

③ 魏娜．公共管理的方法与技术（第二版）[M]．北京：中国人民大学出版社，2011：24.

④ 陈振明．公共政策学：政策分析的理论、方法和技术[M]．北京：中国人民大学出版社，2004：169-198.

公共政策方案前景预测由六个要素组成①：一是预测主体，如政策分析者、公共决策者、政策制定者，他们是前景预测的主导者和实施者。二是预测依据，主要是政策目标、政策问题以及相关信息。三是预测手段，包括实施预测所运用的经验、知识、理论、假定、方法和技术等。四是预测对象，指的是被预测和分析的各个政策备选方案，预测的其他要素都是围绕着预测对象展开。五是预测结果，指的是预测之后获得的关于政策在未来的信息。六是预测目标，即通过对预测结果的审视，为各备选方案的改进、比较、择优提供依据。预测各个要素之间的关系如图 6 – 1 所示。

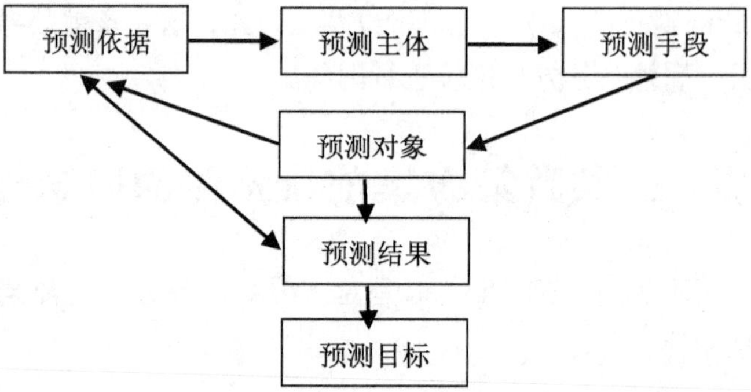

图 6 – 1　预测各要素关系示意图

资料来源：魏娜．公共管理的方法与技术（第二版）［M］．北京：中国人民大学出版社，2011：24. 有改动。

二、公共政策方案前景预测的分类②③

“决策是一种面向未来的活动，而未来会出现多种的可能性。当人们能够运用一些方法预知这些可能性时，就可以根据现有条件进行选择，并努力使这种选择成为现实。”④ 因此，对于科学决策而言，需要科学、完备的预测作支撑，公共决策对预测的依赖性逐渐增强，由此形成了多样化的预测形式。

（一）根据预测对象的分类

根据预测对象可将预测分为四种：一是现行政策结果的预测，即不采取

① 魏娜．公共管理的方法与技术（第二版）［M］．北京：中国人民大学出版社，2011：24 – 25.

② ［美］威廉·N. 邓恩．公共政策分析导论（第四版）［M］．谢明等译．北京：中国人民大学出版社，2011：97 – 98.

③ 魏娜．公共管理的方法与技术（第二版）［M］．北京：中国人民大学出版社，2011：25 – 26.

④ 谢明．公共政策导论［M］．北京：中国人民大学出版社，2004：131.

新政策，将会出现什么的结果，未来发展会呈现什么状态；二是新政策结果的预测，即新政策实施后会出现什么样的结果和状态；三是新政策内容的预测，即估计新政策内容会出现什么变化、未来趋势是什么；四是政策利益相关者行为的预测，即判断新政策可能遇到的“社会意见”，是支持、反对还是冷漠，新政策出台后相关者会表现出什么样的应对措施等。

根据预测对象可将预测分为多种类型，如社会预测、经济预测、科技预测和军事预测等。每一领域的预测并不是截然分开的，而是相互影响相互交织的，比如住房政策预测，既属于社会预测也属于经济预测。

（二）根据预测期限的分类

根据预测期限，可将预测分为短期预测、中期预测和长期预测。可以说，预测需要与目标相适应，不同目标，需要采用不同的预测方法；预测也要与决策视野相适应，根据具体决策、战略决策等采取不同的预测方法。一般而言，短期预测针对的期限是 5 年之内；中期预测针对的期限是 5 ~ 15 年；长期预测针对的期限是 15 年以上。

（三）根据预测方法的分类

不同的预测方法，会对预测的结果产生不同的影响。一般而言，根据预测方法可将预测分为定性预测、定量预测和综合预测。定性预测关注的是事物发展变化的“质”，更多依靠预测主体的洞察力，采用定性方法进行预测。定量预测关注的是事物发展变化的“量”，一般运用定量分析法、数学建模等方法来进行预测。综合预测指综合运用定性预测和定量预测，系统地对事物发展变化的各个方面进行预测，代表了预测的发展趋势。

三、公共政策方案前景预测的属性

对于公共政策方案前景预测属性的了解，有助于更进一步认识前景预测。一般而言，公共政策方案前景预测的属性可从三方面来理解：针对未来状态的、依据目标的、多维交叉的理性判断。

（一）针对未来状态的理性判断

预测是针对未来状态的一种判断，这是预测的最本质属性。公共政策方案前景预测是针对预测对象而实施的一种理性判断，而不是“脑袋一拍”“灵机一动”得出的结论。因此，预测不是简单地推测、粗糙地预卜，而是需要运用适当的逻辑和科学的方法，在充分调查研究和掌握信息的基础上，实施的理性判断。换言之，公共政策方案前景预测不是臆想，与占卜、巫术等截然不同。也正因为如此，公共政策方案前景预测不是随意而为之的行为，是需要以具有适应性的智能方法和科学技术为基础，“没有科学的预测技术和方法的辅助，我们就无法做出任何科学的预测。”①

（二）依据目标的理性判断

公共政策方案前景预测要依据既定的政策问题和政策目标，还要有科学的方法。也就是说，公共政策方案前景预测不应是“天马行空”式的想象，而应该切实地依据相关政策问题和政策目标来开展。要把握公共政策问题的发展趋势和未来走向，在此基础上结合备选方案的干预措施来判断其未来前景；要依据公共政策目标来审视政策方案的未来前景，看其是否契合既定的政策目标，如果不能充分地实现政策目标、解决政策问题，那么该政策方案的合理性就值得怀疑。概言之，公共政策方案前景预测需要“言之有物”，切实地针对政策问题和政策目标。政策问题和政策目标构成了前景预测的基本参量，“一旦决定了目的、目标和方案，就能够选择一种预测方法。”②

（三）多维交叉的理性判断③

预测的科学性和合理性，需要充分考虑多种要素，因此它具有“多维交叉”的属性。多维交叉至少要预测五方面内容：一是预测的时间维度。短期、中期和长期预测是需要考量的首要要素，不同期限的预测需要采用不同的预测方法、秉持不同的预测视野、分析不同的预测要素。二是数据和信息的散布形式。“所收集到的数据散布形式或波动形态是选择预测方法的基础和重要依据。只有准确判别数列的波动形态，进行合理分解之后，才能选出合适的预测方法。如果数据呈随机波动形态，一般采用移动平均法，呈线性长期趋势波动可采用回归分析法，呈周期循环波动和季节性波动，就需要多种方法配合使用。”④ 三是预测成本。“巧妇难为无米之炊”，预测成本包括时间成本和费用成本，是选择预测方法、决定预测的基本参数，对整个预测过程产生基础性影响。四是精确度。即对于预测结果精度的要求有多高。在仅要求

---

① 魏娜．公共管理的方法与技术（第二版）［M］．北京：中国人民大学出版社，2011：26.

② ［美］威廉·N. 邓恩．公共政策分析导论（第四版）［M］．谢明等译．北京：中国人民大学出版社，2011：97.

③ 魏娜．公共管理的方法与技术（第二版）［M］．北京：中国人民大学出版社，2011：26－27.

④ 魏娜．公共管理的方法与技术（第二版）［M］．北京：中国人民大学出版社，2011：27.

“质”的情况下，采用定性预测方法就可以了；但在要求“量”的情况下，则需要采用定量预测法和综合预测法。五是适用性。一方面，具体政策分析情境为方案前景测预留了多少时间，提出了多少要求，这是预测过程的前提依据；另一方面，对于具体的政策分析情境（问题情境、政策领域等），也需要采用不同的预测方法、遵循不同的预测逻辑。总而言之，需要综合考量多维因素，在此基础上“合适”地开展政策方案前景预测。也只有这样，才能为公共决策、备选方案比较、优化政策措施等提供准确依据。

第二节　公共政策方案前景预测的方法与逻辑[①②③]

这一节的主要着眼点是“方法”，即在实际的前景预测过程中，我们可以运用哪些手段、方法和逻辑。有学者曾做过统计，可供预测使用的方法多达200余种，包括“头脑风暴法、德尔菲法、主观概论法、关联树法、先导指导法、目标预测法、单纯外推法、趋势外推法、移动平均法、指数平滑法、累积预测法、概率预测法、回归分析法、投入产出法、交叉影响分析法等。”[④]如果一一介绍这些方法，显得有些累赘繁琐，且这些方法在网络、很多工具书上都有具体介绍，因此这里仅就预测可以利用的基本方法论进行阐述。当然，基本方法论构成了公共政策方案前景预测的基本逻辑，读者可利用这些逻辑来选择具体方法、实施预测。

学者徐水师等指出，公共政策方案前景预测的基本原理包括三个：

> （1）连续性原理：预测对象的演化发展，其变化规律具有连续性，过去、现在与未来的发展没有根本性变化。（2）类推性原理：预测对象不仅具有一定的结构，而且这种结构及其变化规律，基本符合特定预设模型，可以借助模型，从过去与现在的状态分析中预测未来。（3）相关性原理：预测对象与其他研究对象之间具有相关性，一旦对预测对象直

① ［美］威廉·N. 邓恩. 公共政策分析导论（第四版）［M］. 谢明等译. 北京：中国人民大学出版社，2011：98－139.

② 陈振明. 公共政策学：政策分析的理论、方法和技术［M］. 北京：中国人民大学出版社，2004：174－198.

③ 魏娜. 公共管理的方法与技术（第二版）［M］. 北京：中国人民大学出版社，2011：27－55.

④ 魏娜. 公共管理的方法与技术（第二版）［M］. 北京：中国人民大学出版社，2011：26.

接预测发生困难，可以用相关对象及其关系进行预测。①

按照威廉·N. 邓恩的归纳，公共政策方案前景预测的基本方法论包括三种：趋势外推法、理论假设法和灵通判断法。每一种方法论都对应不同的具体方法，见表6－1。

表6－1　三种基本方法论对应的具体方法

方法论	对应的具体方法	预测结果形式
趋势外推法	传统的时间序列分析、线性趋势估计、幂的加权、数据转换、剧变法	预言
理论假设法	理论图形化、因果模型、回归分析、点和区间估计、相关分析	推断
灵通判断法	常规德尔菲法与政策德尔菲法、交叉影响分析、可行性评价	猜想

资料来源：［美］威廉·N. 邓恩．公共政策分析导论（第四版）［M］．谢明等译．北京：中国人民大学出版社，2011：100. 略有改动。

一、趋势外推法

趋势外推法的英译为“Trend Extrapolation”，指的是根据过去的经验和以往观察到的现象来推测未来的方法。

（一）趋势外推法的原理

趋势外推法的基本原理是：只要没有新的公共政策出现或其他事件的重要影响、其他因素的干预而改变了“预测事件”的进程，那么在过去发生的事情、产生的结果在未来也会出现。或者说，趋势外推法是根据历史数据来推断未来的。这一原理与上述“连续性原理”基本一致。外推预测通常以时间序列分析为基础，时间序列分析就是对在不同时点上收集并按顺序排列的数值所进行的分析。时间序列就过去和未来若干年变化的数量和频率提供总计量（平均值）②。

比如，通过长期观察发现，一旦利息上调，人们的消费量就会下降，企业的投资行为取向也会减弱，银行存款额就会上升（注：这只是观察的结果，而不涉及人们理性取向）；相反，一旦利息理性下调，人们的消费量就会增长，企业的投资行为取向就会增强，银行的存款额就会减少。因此，假如政

① 转引自汪大海．现代公共政策学［M］．北京：清华大学出版社，2010：136.

② ［美］威廉·N. 邓恩．公共政策分析导论（第四版）［M］．谢明等译．北京：中国人民大学出版社，2011：100.

策目标是扩大内需、激活经济动力，且该政策包含利息上调的举措，那么我们就可以依据趋势外推法认为该政策的前景是符合政策目标的。

（二）趋势外推法的逻辑

不难发现，趋势外推法依据的是“归纳推理”，即从具体的、特殊的观察陈述上升到一般结论（普遍性的结论）的推理过程，或者是基于对经验过的事物的认识过渡到（实际上是推断）尚未经验过的事物的认识。比如，迄今为止观察了N个天鹅，发现它们都是白色的，因此推断下一次见到的天鹅也是白色的。先前观察到的天鹅可被称为历史事件，它们是具体的、特殊的。但经过一定量的积累之后，我们可以归纳出“一般结论”——所有的天鹅都是白色的，我们就可以预测——下一次遇到的天鹅将是白色的。

类似于“天鹅”的推理与预测，公共政策未来前景的预测亦可以使用“归纳逻辑”。比如，关于人口增长与衰落的预测、人口结构及其变化的预测、能源消耗量和消耗结构变化的预测、经济发展速度的预测、公租房需求量的预测，等等。

趋势外推法所依据的归纳推理之所以可取，主要依赖于三个基本假设：

1. 持续性（persistence）。过去观察到的模式会在将来持续出现。如果能耗在过去是持续增长的，将来也会如此。

2. 规律性（regularity）。过去的趋势变动会在将来定期出现。如果过去每隔20年或30年就要发生战争，那么，这个战争也会在将来周期性地重复。

3. 数据的可靠性和有效性（reliability and validity of date）。对趋势的衡量是可靠的（即相对准确或内部一致）和有效的（即衡量了所要衡量的）。例如，对犯罪的统计相对而言就不一定是实际刑事犯罪的精确衡量。

如果这三个假设条件都满足，那么外推预测就可以帮助洞察动态的变化，使我们更好地理解未来社会的可能状态。而如果违背其中任何一个假设，那么利用外推预测就可能得出不准确的结果，甚至会产生误导。①

① ［美］威廉·N. 邓恩. 公共政策分析导论（第四版）［M］. 谢明等译. 北京：中国人民大学出版社，2011：100－101.

概言之，趋势外推法以及归纳逻辑的可取性取决于通过历史事件和历史数据的分析，得出事物发展的内在规律，并以内在规律为预测逻辑。如果对历史事件把握不准确或历史数据不全面，进而使得事物发展变化的内在规律归纳错误，就会得出不准确的预测结果。做个类比，如果以往观测到的“白色天鹅”都是在冬天的阳坡上发现的，而得出的内在规律是所有天鹅都是白色的，这个结论就可能不准确，预测也会得出误导——夏天的阴坡上可能会有其他颜色的天鹅出现①。再拿上面的“利息”一例来说：以往考虑利息和消费、投资、存款的时候，并没有关注互联网金融这一因素。而现今互联网金融（如余额宝）发展迅速，且其利息高于一般的存款利息，所以无论存款利息如何调整，可能无法影响消费、投资和存款。因为此时影响消费等的是互联网金融的利息和发展程度，而不再是一般的存款利息了。

（三）趋势外推法的讨论

趋势外推法以历史事件和数据为依据，并在此基础上剖析事物发展的内在规律，这使得其预测结果源于确证（历史事件和数据）和事物本质（内在规律），有助于提升预测的准确性。故而在经济政策、人口政策等方面经常使用这一预测方法。尤其是概率科学的发展，使得建立在概率基础上的归纳逻辑得到了某种程度的证明，为趋势外推法提供了辩护。德国哲学家、逻辑实证主义的支持者汉斯·赖欣巴哈（Hans Reichenbach）就曾指出：“证明归纳法为正当的理由是很简单的；……知识的概率理论允许我们建立一个证明归纳法为正当的理由；它提供了一个证据，证明归纳法是找到那类唯一可获致的知识的最佳方法。一切知识都是概率性知识，只能以假定的意义被确认；归纳法就是找到最佳假定的工具。”②

趋势外推法也存在一些缺陷。第一，依据的历史事件和数据是过去的经验，过去的经验能否自然而然地推测出未来状态值得怀疑。因为新的事件和要素常常“不经意间”地发生，对事物的发展和演变产生影响，进而使趋势外推预测出现偏差。

第二，依据的历史事件和数据属于“具体的”“个别的”范畴，这些具体、个别能否推导、演化和归纳出“一般的”结论值得怀疑。因为我们依据

① 仅仅是类比，不涉及真正的生物学知识，特此说明。
② ［德］汉斯·赖欣巴哈．科技哲学的兴起［M］．北京：商务印书馆，1983：190.

的是已有的个别信息，而这些信息极可能就是个案，与一般性规律没有关系，所以据此得出的推测结论是不可靠的。比如，也许我们见到的天鹅仅仅是“冰山一角”，在某一个地方还存在着数量众多的“黑色”天鹅、“彩色”天鹅，那么，依据现有的观测来归纳结论就显得有失偏颇。对此，英国经验论哲学家大卫·休谟（David Hume）就对这种从“个别”到“一般”的归纳和过渡持有怀疑态度①。

第三，依据的历史事件和数据推导出来的“本质规律”未必合理。在很多情况下事物现象是一致的，但其本质和发展规律并不一定一致。因此，依据归纳推理得出的“本质规律”就值得商榷。比如，银行存款减少，这一现象在以往可能是由利息下降引起的，而在互联网金融发展的今天，银行存款减少极可能是其他要素（从未发生过的全新事件）引起的，而不是原来曾经出现或发生的事件。

二、理论假设法

理论假设法的英译为“Theoretical Assumptions”，是在获得事物发展本质规律和因果假设的基础上推测未来的方法。

（一）理论假设法的原理

这一原理与上述“类推性原理”基本一致。威廉·N. 邓恩对理论假设概括说道：理论假设是被系统的构造并在经验上可以测试的一套规律或建议，以一个事件为基础来预测另一个事件的发生。理论假设在形式上是因果关系，它们的具体作用是解释和预测②。由此看来，理论假设法有两个要件：

第一个要件是“因果关系”（或因果规律），这是预测的最直接依据。可表述为：只要A事件（或原理）和B事件具有因果性，那么只要A事件（或原理）出现，B事件必然出现。在公共政策方案前景预测过程中，我们以B事件为目标和导向，看是否会出现A事件；或者讨论A事件出现后引发的B事件是否与我们的政策目标相近。

第二个要件是经验确证，即因果关系不是凭空捏造的，而是经过系统构建和科学论证的，且在经验事实上验证过该因果关系，证明该因果关系的确

① ［英］大卫·休谟．人类理解研究［M］．北京：商务印书馆，1981：6－38.

② ［美］威廉·N. 邓恩．公共政策分析导论（第四版）［M］．谢明等译．北京：中国人民大学出版社，2011：98.

会发生。换言之，A 事件引发 B 事件，不仅是一种理论判断，而且有大量的事实证明了该因果关系的真实性。

例如，在理论上一般认为（这也是凯恩斯主义的基本观点）：经济危机、经济滞胀、经济放缓等需要通过扩大消费、拉动内需等方式解决；而消费和内需又都与人们的消费信心有关。换言之，信心增长与消费扩大有因果关系；信心增长与内需增加有因果关系；而消费和内需与经济复苏有因果关系。因此，解决危机的办法有两个：一是扩大消费、拉动内需；二是提高信心。如果政策方案符合上述理论，那么可以预见该方案的未来前景较好。

（二）理论假设法的逻辑

“外推预测法在逻辑上基本上是归纳性的，而理论性预测法基本上是演绎性的。”① 即理论假设法的逻辑依据是演绎推理。演绎推理的最简单表述就是：从一般到特殊。即从一般的陈述、命题、公理、规律、法则或定理来推断具体信息、结论的过程，而且这些一般的陈述、命题、公理、规律、法则或定理都是经过事实验证了的，被视为是“准确”的②。

理论假设法的成立遵循两个基本假设：

一是通过理论研究、科学试验等获得了一个表示“因果关系”或“因果规律”的理论。即对事物的发生、发展和演化规律得出一个一般性的结论，该结论具有普遍性，对各要素之间的逻辑关系进行判断。比如，通过基因技术，我们发现并确认了天鹅的基因序列，具有这一基因序列的生物都是白色的。如果我们发现某一待测对象的基因序列与白天鹅的基因序列一致，那么该对象就是白天鹅。显然，通过“一般”得出“具体”，在逻辑上更加站得住脚。

二是“因果关系”或“因果规律”得到了验证。换言之，在得出“因果关系”或“因果规律”的过程中，相关主体就对其进行“证实”和“证伪”，以保证其准确性——“因”和“果”之间的关系是“真”的，而不是“伪”的。也正是这一条件，使得理论假设法的合理性大大提升。

① ［美］威廉·N. 邓恩．公共政策分析导论（第四版）［M］．谢明等译．北京：中国人民大学出版社，2011：115.

② ［美］威廉·N. 邓恩．公共政策分析导论（第四版）［M］．谢明等译．北京：中国人民大学出版社，2011：115.

（三）理论假设法的讨论

与趋势外推法相比，理论假设法遵循的是从“一般”到“特殊”的推论逻辑，在逻辑上更严密、合理。只要“一般”没有错误，符合事物发展的本质规律，那么，根据“一般”结论推论得出“特殊”结论就是可信的。换言之，只要预设的“因果关系”“因果规律”与现实相契合，其推论就可信。这是理论假设法的优长之处。

当然，理论假设法并非十全十美，其要求条件较高。一方面，必须保证“一般”结论的准确性——具有真理的性质。这要求研究者、政策分析者具有较高的理论能力和概括能力。另一方面，“一般”结论都是在特定条件下才能成立，其具有特定的适用范围。因此，在使用“一般”结论开展预测时，必须论证一般“结论”的适用情境与预测情境相一致，否则，推论和预测的结果就非常值得怀疑。

另外需要说明，趋势外推法与理论假设法并非截然分开、毫无关联的，它们之间也有相互强化的关系。威廉·N. 邓恩就曾指出：

> 如果理论上推断的预测能通过经验研究多次被证实，那么演绎推理的说服力就会大大增加。同理，如果一个孤立的经验性结论（“敌人受到威胁会选择撤退”）可以作为一个或多个理论假设所支撑的话，其说服力会增加不少（“备用方案的成本越高，其被采用的可能性就越小”）。①

三、灵通判断法

灵通判断法英译为“Informed Judgments”，又译为“合理的判断”，是指以经验和洞察力为基础、而非以演绎或归纳推理为基础的知识②。

（一）灵通判断法的原理

在进行公共政策方案前景预测的时候，表面上是从现在预测未来（图6－2虚线箭头所示），但实际上，关于未来状态的预测是否准确（预测点B是否准确），是需要以中间节点“未来A”为基础的（图6－2实线箭头所示）。换

① ［美］威廉·N. 邓恩. 公共政策分析导论（第四版）［M］. 谢明等译. 北京：中国人民大学出版社，2011：115.

② ［美］威廉·N. 邓恩. 公共政策分析导论（第四版）［M］. 谢明等译. 北京：中国人民大学出版社，2011：99.

言之，预测点 B 会不会发生，不仅受到现在状态的影响，更重要的是“未来状态 A”会不会出现，如果“未来状态 A”出现了，那么就可以预见“状态 B”会发生。此间，“未来状态 A”虽不是我们预测所关注的，但是其对于预测结果具有直接影响。因此，此类预测的关键是“未来状态 A”会不会出现。这就是灵通判断法基本原理的通俗解释。

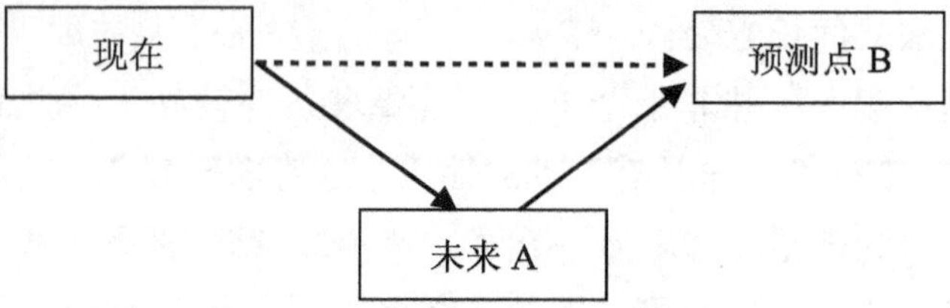

图 6－2　灵通判断法基本原理示意图

具体说来，灵通判断法的基本原理是：相关专家或有识之士依据自身所具有的经验、见识、洞察、灵感、直觉、研究结果等知识，对“未来”（即未来状态 A）的“未来”（预测点，即未来状态 B）进行判断和估计，以此来对公共政策备选方案的未来前景进行预测。不难发现，与外推和理论性预测技术中经验数据和理论其关键作用不同，判断性预测试图就各种判断进行推导和合成，并且常常以来自洞察的论证为预测基础①。在灵通判断法中，其关键作用的是专家或有识之士的洞察——对“未来状态 A”的判断。即认为“未来状态 A”会发生或者不发生，进而预测在预测点上“未来状态 B”会发生或者不会发生。这一原理与上述“相关性原理”相似。

比如，现在要修订关于金融方面的政策，这就需要判断未来金融的走向是什么。灵通判断法肯定会增加一条建议——未来互联网的运用将会更加频繁，并且随着“数字鸿沟”的减少其覆盖面将会越来越广，互联网金融将会成为金融业的重要构成部分，所以修订金融政策必须设计包括针对互联网金融方面的规范举措。

（二）灵通判断法的逻辑

灵通判断法的逻辑依据是回溯推理（或曰逆向推断）。回到图 6－2，灵通判断是通过“未来状态 A”的判断来预测“未来状态 B”，并由此告诫和提

① ［美］威廉·N. 邓恩．公共政策分析导论（第四版）［M］．谢明等译．北京：中国人民大学出版社，2011：128.

醒决策者注意“现在”要注意什么、准备些什么、在公共政策方案中添加什么样的设置和措施等。“分析人员从设想的情况出发（如世界和平这一规范性的未来），然后再往回寻求支持这一设想的数据和假设。”①

由此看来，灵通判断并不是完全抛弃归纳推理和演绎推理，并不是完全不需要数据和理论。只不过，其更多依靠洞察力，用洞察力来判断“未来状态A”，进而预测“未来状态B”，并在此基础上为“现在”的行为和政策提供依据。

（三）灵通判断法的讨论

对于公共政策方案前景预测而言，灵通判断法具有相当的适用性。一方面是因为预测本来就是面向未来的，而未来是缺乏不确定性的，因此首先来确定一个支点“未来状态A”，再由此进行下一步推测，有助于减少不确定性，提高预测的准确性。另一方面是因为在预测时并不总是具有充分的历史数据和理论支撑，在这种基础匮乏的情况下，灵通判断法具有无可比拟的优势。可以说，在理论或经验数据缺乏或不充分的情况下，最好请灵通判断法“出场”。

灵通判断法也有不足之处。一方面，灵通判断法关涉两个未来状态，“未来状态A”能否被准确地判断和预测出来十分重要。如果“未来状态A”的预测不真实，就会推导出“假”的结果。这说明，灵通判断法的风险是存在的。另一方面，灵通判断法对专家和有识之士的依赖程度较高，而专家和有识之士的个性特征（豪放、谨慎等）、价值取向、利益偏好等比较易变，具有不确定性，这会影响灵通判断法的有效性。

【复习思考题】

1. 你是如何了解公共政策方案前景预测在公共政策过程中的地位的？

2. 请论述公共政策方案前景预测的三种基本方法论。

3. 趋势外推作为公共政策方案前景预测的方法论之一，它的基本原理、逻辑依据是什么？你对趋势外推法有何评价？

4. 理论假设作为公共政策方案前景预测的方法论之一，它的基本原理、

① ［美］威廉·N. 邓恩. 公共政策分析导论（第四版）［M］. 谢明等译. 北京：中国人民大学出版社，2011：128.

逻辑依据是什么？你对理论假设法有何评价？

5. 灵通判断作为公共政策方案前景预测的方法论之一，它的基本原理、逻辑依据是什么？你对灵通判断法有何评价？

6. 你能分别就趋势外推法、理论假设法、灵通判断法举一个例子吗？

7. 阅读相关资料，查阅分别适应趋势外推法、理论假设法和灵通判断法的具体方法。

第七章　公共政策方案的比较与决策

【学习目标】

通过本章的学习，需要掌握公共政策方案比较的基本内容；掌握公共决策的体制模式、思维模式和方法模式，理解各种决策模式的优缺点；掌握公共决策应该注意的基本事项；了解公共政策合法化的含义、地位和基本程序等。

【内容提要】

比较才能择优。对于已经设计好的公共政策备选方案，不仅需要预测方案的未来前景，而且要对方案的政治可行性、技术可行性、经济可行性、文化可行性和行政可行性等进行比较。在公共政策方案比较时需要：注意五方面可行性的综合分析；注意多元理性的综合分析；注意选择取向的客观性。公共决策具有重要的地位，是政策形成的最高阶段，是后续环节的中枢，具有“中介”作用，贯穿公共政策过程之始终。公共决策有体制模式、思维模式和方法模式之分。在具体决策时需要注意五方面的事项：注意回应需求，针对问题；注意决策时效，当断则断；注意决策科学，理性分析；注意多方平衡，民主参与；注意多中选优，优化组合。公共政策合法化是公共政策过程的重要环节之一。一方面，公共政策合法化环节使政策方案具备了合法性；另一方面，公共政策合法化是公共政策“法治化”的体现，是依法治国的需要。不同的政治体制以及不同的合法化主体会有不同的合法过程，可分为独裁决策的政策合法化程序、行政机关的政策合法化程序、立法机关或权力机关的政策合法化程序三大类。

“决策过程实质上就是选择的过程，选择性是决策过程最重要的特性”①。那么，如何才能保证决策的合理性呢？答案是：比较才能择优。对于已经设计好的公共政策备选方案，不仅需要预测方案的未来前景，而且要对方案的政治可行性、技术可行性、经济可行性、文化可行性和行政可行性等进行比较。前景预测关注的是政策方案在未来的状态，是从政策结果、政策绩效的角度来评判公共政策备选方案，而比较则更多是从政策备选方案的可行性、适用性等角度评判其优劣，给出修改完善建议，并在此基础上作出决策。因此，公共政策备选方案的比较也可以理解为政策方案的可行性论证和完善行为。

在比较结束之后，需要对公共政策方案进行择优，即进行公共决策，并使公共政策方案合法化，成为法律意义上的正式决定。本章第一节讨论公共政策方案比较的内容及其注意事项，第二节讨论公共决策以及政策合法化的有关问题。

第一节　公共政策方案比较的内容与注意事项

就动词意义的“比较”来说，指的是“就两种或两种以上同类的事物辨别异同或高下。”② 因此，公共政策方案比较就可被理解为一种针对两个或两个以上的备选方案进行辨别，分析其异同、优劣，考量其可行性以及能否充分地解决公共政策问题、实现公共政策目标，进而为方案修改完善和公共决策提供依据。“良法美策贵在能行”，如果不可行，其优良、高美的特性就无法体现出来③。由此可见，公共政策方案比较是方案设计和前景预测之后的一个必备环节，它对于公共决策的合理性具有基础性作用，也是公共政策顺利实施的前提。

一、公共政策方案比较的内容④

对于公共政策备选方案而言，可供比较的内容很多，可谓是包罗万象。

---

① 谢明．公共政策导论［M］．北京：中国人民大学出版社，2004：131.

② 中国社会科学院语言研究所词典编辑室编．现代汉语词典（修订本）［Z］．北京：商务印书馆，1996：65.

③ 张成福，党秀云．公共管理学（修订版）［M］．北京：中国人民大学出版社，2007：116.

④ 陈振明．公共政策学：政策分析的理论、方法和技术［M］．北京：中国人民大学出版社，2004：206－213.

但就公共决策及其实施而言，重点应该围绕其政治可行性、技术可行性、经济可行性、文化可行性和行政可行性等内容进行比较①。

（一）政治可行性比较

公共政策是与其各种环境交互影响的，其中一个重要环境要素就是“政治”。也就是说，公共政策不是发生发展于“真空”之中，而是受到特定的政治立场（Force Field）的约束，“当今的公共管理者不能忽视他们机构所处的政治环境。”② 公共政策的“公共性”，很大程度上决定了其应该具有“政治性”——政治塑造了公共政策的基本性格。“政治学的基本箴言，如民主价值、多元主体、公民参与、社会正义、法治、正当程序等一直支配着公共行政学者的心灵。”③ “政治性”在公共政策学者和公共政策实践中居于重要地位，因此公共政策备选方案的政治可行性就成了比较的第一维度。

对于政治可行性比较，我们不妨先看几个例子：

党的“十八大”以来，党和国家形成了“四个全面”（全面建成小康社会、全面深化改革、全面依法治国、全面从严治党）的发展战略，这既是深刻的战略思想，也是具体系统的战略布局，“兼顾中国特色和世界潮流，体现中国与世界的深刻互动，深化了对共产党执政规律、社会主义建设规律、人类社会发展规律的认识，是中国和中国人民阔步走向未来的关键抉择”，是当前中国最大的“政治”④。显然，各种公共政策都应该围绕着“四个全面”战略展开，如果与“四个全面”战略相违背甚至阻碍“四个全面”战略的实施，那就不具备政治可行性。

我国的根本大法《宪法》规定：

> （1）“中华人民共和国是工人阶级领导的、以工农联盟为基础的人民民主专政的社会主义国家。社会主义制度是中华人民共和国的根本制度。禁止任何组织或者个人破坏社会主义制度。”（2）“中华人民共和国的一

---

① 需要指出，很多学者还强调要比较公共政策备选方案的“不可行性”，这是有道理的。但是这里并未单列“不可行性比较”。因为在比较可行性的过程当中，必不可少地会涉及相关内容的反面——“不可行”。

② ［美］格罗弗·斯塔林．公共部门管理（第八版）［M］．常健等译．北京：中国人民大学出版社，2011：45.

③ 张成福，党秀云．公共管理学（修订版）［M］．北京：中国人民大学出版社，2007：6.

④ http：//news.163.com/15/0224/22/AJ8LR5I90001124J.html. 最后访问时间：2015.03.27.

切权力属于人民。人民行使国家权力的机关是全国人民代表大会和地方各级人民代表大会。人民依照法律规定，通过各种途径和形式，管理国家事务，管理经济和文化事业，管理社会事务。”（3）“中华人民共和国实行依法治国，建设社会主义法治国家。国家维护社会主义法制的统一和尊严。一切法律、行政法规和地方性法规都不得同宪法相抵触。一切国家机关和武装力量、各政党和各社会团体、各企业事业组织都必须遵守宪法和法律。一切违反宪法和法律的行为，必须予以追究。任何组织或者个人都不得有超越宪法和法律的特权。”（4）“矿藏、水流、森林、山岭、草原、荒地、滩涂等自然资源，都属于国家所有，即全民所有；由法律规定属于集体所有的森林和山岭、草原、荒地、滩涂除外。国家保障自然资源的合理利用，保护珍贵的动物和植物。禁止任何组织或者个人用任何手段侵占或者破坏自然资源。”（5）“城市的土地属于国家所有。农村和城市郊区的土地，除由法律规定属于国家所有的以外，属于集体所有；宅基地和自留地、自留山，也属于集体所有。国家为了公共利益的需要，可以依照法律规定对土地实行征收或者征用并给予补偿。任何组织或者个人不得侵占、买卖或者以其他形式非法转让土地。土地的使用权可以依照法律的规定转让。一切使用土地的组织和个人必须合理地利用土地。”

这些规定体现了我国的最高政治原则，如果某一公共政策与这些原则相悖离，那将是不具备政治可行性的。

我国实施基层群众自治制度，在农村，“村民委员会是村民自我管理、自我教育、自我服务的基层群众性自治组织，实行民主选举、民主决策、民主管理、民主监督。”（《中华人民共和国村民委员会组织法》第二条）编者在河北太行山区农村调研时，某镇政府在下辖村庄集体林权处置方面横加干涉，在村委会向该县县政府反映后，县政府依法撤销了镇政府的决定。说明“村民自治”“基层群众自治”是当前农村基本的政治原则，受宪法法律保护。如果具体的公共政策与这一政治原则不符，就失去了合法性，在政治上不可行。

具体而言，政治可行性可从以下几个方面来考量：

第一，是否符合一个国家的基本政治原则。一个国家的基本政治原则规定了这个国家的国体、政体，对整个国家的政治生活预设了基本前提。因此，任何具体的公共政策方案都必须与这些基本政治原则相一致。否则就不具备政治可行性。在我国，四项基本原则、“一个中国”政策等都是基本的政治原则。香港、澳门“一国两制”的实施及其取得的硕果，都得益于对“一个中国”等基本原则的遵守①。

第二，是否符合一个国家的宪法法律。“在近代民主宪政发展过程中，政府施政应受法的约束，确立了法律优位和法律保留的原则。”② 也就是说，从政治学和公共管理学的角度看，公共政策作为公共权力的运行表现，应该遵循“法不允许即为禁止”“法未许可即为非法”“法不授权即不可为”的原则。从公共政策的角度看，宪法法律往往以“元政策”“基本政策”的面目呈现，具有优先地位，对一般的具体政策有约束作用。如果具体政策与宪法法律相冲突，就意味着具体政策不具备可行性。比如，环境保护（制定有专门的《环境保护法》）是我国的一项基本国策，如果任何一项地方规章、工程项目、政策决定等若违反了《环境保护法》，不符合《环境保护法》的相关规定，那就是“违法”的，在政治上就不可行。

第三，是否具有回应性。“回应性（responsiveness）一词是指一个组织对民众改变政策的要求迅速予以遵从。回应性还可以意味着政府不只是对民众的要求做出反应，在某些情况下，它可以意味着政府主动提出解决问题的方案，甚至主动地确定问题。”③ 也就是说，回应性在本质上并不是指民众直接向政府提出政策诉求，政府才被动地提上议事日程，而是说，公共部门以民众的需求（无论民众提出与否）、公共问题（无论民众意识到与否）为依据，及时设置政策议程，尽可能早地提出政策措施。这是公共部门积极作为的一种表现，也是政策公共性的集中体现，更是公共政策过程中的最大的政治之一。“‘公共’已经成为‘政治’和‘政府’的同义语。”④ 如果公共政策不能很好地回应需求和公共问题，我们就可以说政府实施的是“懒政”，是不负责任的；如果公共政策仅仅体现少数人的利益，以少数人的诉求为依据，我

① 周树志．公共政策学：一种政策系统分析新范式［M］．西安：西北大学出版社，2000：389－393.

② 张成福，党秀云．公共管理学（修订版）［M］．北京：中国人民大学出版社，2007：14.

③ ［美］格罗弗·斯塔林．公共部门管理（第八版）［M］．常健等译．北京：中国人民大学出版社，2011：136.

④ ［美］H. 乔治·弗雷德里克森．公共行政的精神（中文修订版）［M］．张成福等译．北京：中国人民大学出版社，2012：15.

们就可以说这是“异化了”的公共政策，是“腐败”“寻租”行为。有学者从“委托—代理”关系论证了公共政策回应性的必要性：

> 公民与政府之间的关系，可以视为一种委托—代理人之间的关系，其中公民同意某些人作为其代表行使统治权和管理权，但前提是公民的利益得到满足。政府与公民之间的委托—代理人关系，实际上是一种责任系统，其中政府组织行使其职权，而公民则允许政府组织如此作为，但条件是不得滥用职权以及行为者能够承担责任。①

综上所述，公共政策所应具有的回应性就是公共部门应该担负的政治责任，如果缺乏回应性，就意味着公共部门“失职”。当然，只有具备回应性的公共政策才能得到民众的支持和认同，才能在根本意义上具备合法性，具备政治正当性。

第四，是否具有合法性。上述“第二条”讲的是公共政策方案及其举措要符合相关法律法规，这是狭义上的合法性，可被视为“合乎法律”。这一条讲的合法性指的是政策方案及其举措被人们“认可”，是人们感觉到“应该”且真心拥护的。《布莱克维尔政治学百科全书》指出：“任何一种人类社会的复杂形态都面临一个合法性的问题，即该秩序是否和为什么应该获得其成员的忠诚的问题。”② 法国学者马克·夸克（Marc Coicaud）说道：合法性这一观念首先并且特别地涉及统治权力。合法性即是对统治权力的承认③。加布里埃尔·A. 阿尔蒙德等的概括将公共政策与合法性紧密地结合了起来：

> 如果某一社会中的公民都遵守当权者制定和实施的法规，而且还不仅仅是因为若不遵守就会受到惩处，而是因为它们确信遵守是应该的，那么这个政治权威就是合法的。④

陈振明指出合法性具有七方面的含义：

---

① 张成福，党秀云．公共管理学（修订版）［M］．北京：中国人民大学出版社，2007：353.

② ［英］戴维·米勒等．布莱克维尔政治学百科全书［Z］．邓正来等译．北京：中国政法大学出版社，1992：408.

③ ［法］马克·夸克．合法性与政治［M］．佟心平等译．北京：中央编译出版社，2002：12.

④ ［美］加布里埃尔·A. 阿尔蒙德等．比较政治学：体系、过程和政策［M］．曹沛霖等译．上海：上海译文出版社，1987：35－36.

> （1）根据法律的、符合法律的；（2）合法婚姻所生的；（3）以继承权的原则为依据的；（4）与既定的规章、原则、标准相一致的；（5）符合推理规则的、有逻辑的，并因而有效力的；（6）正当的（justified）；（7）正常的或通常类型的。概括地说，‘合法性’表明某一事物具有被承认、被认可、被接受的基础，至于具体的基础是什么（如某种习惯、某条法律、某种主张、某一权威），则要看实际情境而定。①

总之，如果某一公共政策方案不被民众所认可，得不到民众的自愿认同，那么它就是缺乏“合法性”的，自然也不会得到来自既定社会的支持，因此不具备可行性②。以我国的“家庭联产承包责任制”为例，在其开始之初受到来自各方的阻力（安徽省凤阳县小岗村村民为实施家庭承包还“冒着政治风险”签下了“生死”协议），但是这一制度符合广大人民的根本利益，最终成为一项基本政策③。这一实例充分表明，只有获得了合法性，被人民所认同，才具有政治可行性。人民的认可和需要、整体公共利益的未来愿景是公共政策方案设计、修改和决策的终极依据。

第五，是否与主导的政治文化相适应。政治文化是政治关系的心理的和精神的反映，它是人们在社会政治生活中形成的对于政治的感受、认识和道德习俗规范的复杂综合④。政治文化维系着人们对于政治过程和公共生活的认同，如果某一特定公共政策与主导的政治文化不符，则需要人们内心深处做出较大的调适量。如果调适量带来的张力能够被有效协调，则能够保持基本的社会秩序和政治秩序；如果调适量过大，使得社会张力无法有效舒缓，则会诱发各种社会问题甚至造成社会失序。简言之，公共政策方案所内蕴的价值取向和文化意蕴要与主导的政治文化相契合，这是政治可行性的基本条件之一。以我国的“收容遣送”政策为例：1982 年国务院发布《城市流浪乞讨人员收容遣送办法》，目的是为了救济、教育和安置城市中的流浪者，带有社会福利性质。进入上世纪 90 年代，随着人口流动（农村向城市流动）的加

---

① 陈振明．政策科学：公共政策分析导论（第二版）[M]．北京：中国人民大学出版社，2004：225.

② 张凤阳．政治哲学关键词 [M]．南京：江苏人民出版社，2006：333 –334.

③ 周树志．公共政策学：一种政策系统分析新范式 [M]．西安：西北大学出版社，2000：166 –170.

④ 王浦劬等．政治学基础（第二版）[M]．北京：北京大学出版社，2006：241.

速，国务院出台了《关于收容遣送工作改革问题的意见》，收容对象被扩大到"三无人员"（无合法证件、无固定住所、无稳定收入）——无身份证、暂住证和务工证的流动人员。换言之，如果非本地户口且居住3天以上者尚未办理暂住证，即可被视为"非法居留"，就符合收容遣送条件了。这样，本来具有社会救助、社会福利性质的政策变成了"限制外来人口流动"的治安性政策了。有些地方甚至以此为名强制收取各种费用。2003年3月因收容遣送政策而发生"孙志刚案"，引起"全国性讨论"，学界、新闻界等对于这一限制性举措的"合法性"提出了诸多质疑，2003年6月20日，时任国务院总理温家宝签署国务院令，公布《城市生活无着的流浪乞讨人员救助管理办法》，标志着原有的具有人身强制的收容遣送政策被废止。显而易见，强制收容遣送政策能够出现并得以实施与我国的权利观念和身份观念有着一定的关系，而这一政策的终结也是我们对于权利认识的深化和人权保护加强的结果，是我国政治文化发展的结果。

（二）技术可行性比较

如果说政治可行性更多关注公共政策方案内蕴的政治价值和伦理规范的话，那么可以说技术可行性更多关注公共政策方案中涉及的工具和手段。美国公共政策学者卡尔·V. 帕顿（Carl V. Patton）和大卫·沙维奇（David S. Sawicki）指出：技术可行性标准将衡量政策或规划的产出是否达到了他们的预期目的。这些标准从技术的角度直接针对方案是否会正常运行这一基本问题[①]。从卡尔·V. 帕顿他们的观点中，我们可以看到公共政策方案的技术可行性比较可从两方面进行：

一方面，公共政策方案与公共政策目标相关性强弱的考量。"它明确了对政策方案和有价值的结果之间关系强弱的期望。"[②] 在这里，公共政策方案实际上被视为是一种"技术手段"，我们需要比较分析各个公共政策方案对既定政策目标的影响程度。具体而言，各个公共政策方案可以在多大程度上实现既定的政策目标。如果特定公共政策方案无法有效实现既定政策目标，说明该方案不具备技术可行性。比如，某街道办事处为解决宠物狗扰民、随地便

① ［美］卡尔·帕顿等．政策分析和规划的初步方法（第二版）［M］．孙兰芝等译．北京：华夏出版社，2000：205.

② ［美］威廉·N. 邓恩．公共政策分析导论（第四版）［M］．谢明等译．北京：中国人民大学出版社，2011：153.

溺等问题，要求为宠物狗“上户口”，且规定了严格的程序，包括邻居同意签字、物业管理部门同意签字、业主委员会同意签字、社区居委会同意签字、宠物狗检验检疫合格证明等，企图通过严格的多元（繁琐）的程序来减少宠物狗数量，并使利益相关者成为“监督”宠物狗的力量。这个政策在表面上看是合理的，也符合人的心理逻辑。但是，存在很多技术上“不可行”：一是程序繁琐，并不一定能减少宠物狗数量。很多养宠物狗者对该政策不管不问，采取不申报“户口”来应对，通过绕过程序来规避；二是邻居等相关利益主体有无义务签字？签字有无法律效力？这两个问题导致程序虚设，并不能很好地协调多元利益关系；三是宠物狗扰民、随地便溺等问题的防治，带有“执法”性质，但在政策方案中并没有涉及任何执法主体，这也导致该政策并不能实现预期目的。简言之，这一层面的“技术可行性”考量的是公共政策方案本身的合理性问题。

另一方面，公共政策方案与其技术基础相关性强弱的考量。这一点相对容易理解——公共政策方案要想顺利、有效地执行，需要一定的执行力和执行手段。应对急性传染疾病，需要相关的医学手段；建设高铁，需要相关的建筑技术；修建水利设施，需要相关的水利科学和建筑技术……。具体而言，在比较公共政策备选方案时，需要对其各自要求的技术能力、技术水平等进行考察分析。如果这些技术基础不具备，特定的公共政策方案就是“无源之水、无根之木”，具有完美的理想，而缺乏实践之基。我国的葛洲坝工程就曾面临“技术不可行”的困境。在 1970 年底，当时中国第一大江上的第一大坝——葛洲坝工程在“三边”（边施工、边勘测、边设计）的方针下开工建设了，而此时并没有完整的设计，很多关键的技术问题也都没有解决，更重要的是当时的建设队伍主要由没有搞过水利的“外行”领导（军区领导），施工队也主要以新兵为主。概言之，缺乏相关的技术人员，也没有就相关技术难题进行攻关解决，因此带来了质量差、进度慢、浪费大的后果。关键时刻，周恩来等领导人及时干预，决定停工，重新设计。1974 年葛洲坝工程在充分准备的基础上得以复工①。这一案例表明，公共政策需要一定的技术支撑，缺乏技术基础的公共政策方案，无异于“空中楼阁”“海市蜃楼”。

---

① 周树志．公共政策学：一种政策系统分析新范式［M］．西安：西北大学出版社，2000：275－278.

（三）经济可行性比较

虽然H. 乔治·弗雷德里克森（H. George Frederickson）指出：政府的企业化运作的改革让我们付出了相当大的道德代价。此外，我们还没有直接的证据表明，所谓的企业化运作或者雇佣有强烈的私益倾向的人从事政府服务会更有效率和更经济[①]。但是，我们仍然希望在公共政策过程中，有成本—收益比较的思维，有能不能做好、做得是否更有效率方面的思考。这就涉及了公共政策方案的经济可行性方面的内容。一般而言，经济可行比较需要从下面五方面着手：

第一，资源基础的可行性。各类资源是公共政策方案执行和效果实现的重要影响因素。从自然的角度看，地理区位、土地、水、动植物、矿产、森林、空气、气候、自然景观等会对公共政策构成影响；从社会性的角度看，人力与人才资源、资金、房屋、设备、交通条件、通讯条件、电力保障条件、人文景观等也会对公共政策构成影响。比如，某地要建设“旅游城市”，这一政策方案就受到其自然景观、人文景观、空气、气候、交通条件等方面的影响。概言之，在比较公共政策备选方案时，要分析辨识各方案所需要的资源基础及其满足情况，并以此作为判断其经济可行性的依据。

第二，成本最低，在特定情况下，更加节省资源。“成本”是公共政策行动的约束条件之一，在都能满足需求、解决问题的基础上，成本最低的公共政策方案是最可取的。或者说，在考虑公共政策备选方案的经济可行性时，需要比较各个备选方案的所费、所用，应在“节约”成本的原则下做出选择。公共政策过程利用的是公共资源，不需要公共决策者、政策执行者自己“掏腰包”，这就容易出现“好大喜功”“不计成本”的情况。虽然在很多政治问题上我们不能过于计较成本，但在一般情况下，需要在成本上“斤斤计较”，尤其是基础设施建设、公共工程选择等政策领域更要注意遵循这一原则。

第三，成本与收益比较，成本小而收益大。我们总是期望公共政策能够带来最理想、最完美的结果。这意味着，公共政策备选方案比较不仅要考虑“成本”，而且要测度其“收益”——带来什么样的社会正效应[②]。因此，我

---

① ［美］H. 乔治·弗雷德里克森．公共行政的精神（中文修订版）［M］．张成福等译．北京：中国人民大学出版社，2012：121.

② ［美］卡尔·帕顿等．政策分析和规划的初步方法（第二版）［M］．孙兰芝等译．北京：华夏出版社，2000：208－209.

们要采取科学方法，以统一的标准来衡量政策方案的成本和收益（比如，以货币为衡量标准）。在最理想意义上，成本最小、收益最大的公共政策方案是最可取的。但在实际情况中，可能出现受益最大而成本也最大的现象。这就需要根据具体情况，要么以收益最大为选择依据，要么以成本最小为选择依据，要么以收益、成本之差最大为选择依据。

第四，效率最高，即收益与成本的比值最大。成本、收益比较是用两者之“差”的方式进行选择的，而效率则关注收益与成本的比值。简言之，单位成本的收益最大（投入最小产出最大），是最理想的公共政策方案。当然，这里也要对特定公共政策方案的成本和收益进行统一衡量。否则，就缺乏可比性。

第五，收益最大，即政策方案达到的效果最好。在资源基础充足的情况下，公共管理应该追求最优的效果。也就是说，在公共政策方案选择时，可以不计成本（或忽略成本的约束），以效果最好、最能解决问题、最能实现预期目标的公共政策备选方案为标的。这一思维着重考察的是公共政策备选方案的正效应。当然，在很多时候，一个政策备选方案不仅有正效应，而且也会产生“副作用”，这就要求公共政策分析者综合辨识方案的正负效应，并通过备选方法的优化组合和修订完善，尽量发挥其正效应而规避其负效应。

（四）文化可行性比较

曾有部反映乡村社会生活的电影“红极一时”：《秋菊打官司》。该电影讲述的是，女主角秋菊的丈夫被村长踢伤，她“为了讨说法”，挺着怀孕的大肚子开始状告村长。村里许多人对秋菊的举动十分不解，认为“乡里乡亲”的没必要为这么个事闹得太难堪。但是，倔强的秋菊一直坚持告状。尽管如此，当秋菊难产时，村长仍然带人将她抬到医院。最终村长因秋菊的状告而被带走，此时的秋菊却“纳闷”了——我仅仅想要个说法，干吗把人带走？这一故事有很多可思考的地方，但这里仅想强调，文化传统、思维惯习等与法律、政策会有不符的地方，这会给当事人带来诸多不解。对于公共政策方案而言，如果与特定情境中的文化相冲突，那么它将不具备可行性。换言之，公共政策方案所涉及的实践、价值等如果与相关的文化形态、伦理道德、思想观念、理想信念等相契合，其就容易得到人们的认可，获得合法性。反之亦反。

比如，某地曾以“与其让其存在，不如向其收税”为由，向“三陪小姐”收税，最后引起轩然大波，不得不取消这一政策。又如，某地级市曾因为有丰富的温泉资源且靠近某大城市（可作为该大城市的后花园，吸引该大城市顾客）而提出建设“浴城”的政策目标。但因为“洗浴业”常常涉黄，“名声不好”，引起了当地人的反感，最后这一政策设想不得不低调处理。再如，某山区的一条交通干道在某地绕了一个大弯，但绕弯的原因不是地形导致的，而是如果不绕弯的话，该路将会穿过当地最大墓地的“龙脉”，为照顾到人们的丧葬习俗，修路时做了一点修改。这三个例子都说明：公共政策可行与否与人们的价值观念密切相关。因此，公共政策行动及其内蕴的价值应该与相关文化形态相契合，或者最起码不得相违背、相冲突。公共政策领域中的重大问题不仅与公共管理者的信念、价值观和习惯有关，而且与民众的信念、价值观和习惯相联①。概言之，公众的价值观念及其对特定公共政策方案的可接受性等问题是公共政策分析和方案比较所不能忽略的②。

一般而言，文化可行性论证包括两方面内容：一是人民在心理上能否接受公共政策行动及其蕴含的价值。二是公共政策方案是否引起民众心理的巨大震荡，要求民众在心理上做出“调适”，以及“调适”量是否会引起民众的恐惧、反感、不满、憎恶、怨恨等。

当然，有些公共政策本身就是以改变人们的价值观念、塑造新型价值、现代价值为目的的。比如那些挑战陋风陋习、移风易俗的政策。对于此类公共政策方案，需要注意如下几点：一是在政策方案中要设置思想教育方面的举措，切忌用行政手段直接干预；二是要注意循序渐进，在观念上和文化上逐步推进改革，而不能指望一蹴而就、立竿见影；三是要注意心理变化、观念变迁、文化转型的自身规律，通过典型示范和“利益诱导”，使新型价值观在相关群体内心深处“生根发芽”，由外部强制学习到内部主动学习。总之，对于直接以观念、文化为标的的公共政策方案，需要谨慎、系统全面地进行文化可行性论证。

（五）行政可行性比较

行政可行性将视角专注于政策执行者那里，考量公共政策方案是否被执

① ［美］H. 乔治·弗雷德里克森．公共行政的精神（中文修订版）［M］．张成福等译．北京：中国人民大学出版社，2012：1.

② ［美］戴维·L. 韦默，［加］艾丹·R. 瓦伊宁．公共政策分析理论与实践（第四版）［M］．刘伟译．北京：中国人民大学出版社，2013：107.

行者所认可，能否被执行者所执行。前者是“态度”方面的，后者是“能力”方面的。现实中的政策变形走样，一定程度上是由于政策执行者的素质不高和思想观念上的错误所导致的①。公共政策执行是政策方案比较分析的关键，也是实现政策目标的基本途径，“公共政策方案的制订属于思想领域的活动，政策方案设计得再好，决策再英明，也只是在思想领域进行的，它们不可能突破和超出思想领域限制的界限，不可能变为客观现实，不可能对客观现实起任何作用。同时，正确的好的政策方案如果不把自己变为客观现实，政策目标也就实现不了，制定政策方案也就失去了任何价值。”② 所以，在公共政策方案比较的时候，我们就得注意政策执行者愿不愿意、能不能执行该方案，考量政策方案的行政可行性。如果制订了一个具有“神性”的政策方案，而该方案却不具备行政可行性的话，那么，政策问题的建构、政策目标的确定、政策方案的设计等等都“功亏一篑”，政策方案前景预测也失去了现实基础。

一般而言，公共政策方案行政可行性的考量主要包括两方面：

一方面，政策执行者的态度。任何一项政策最终都要靠执行者来实施。执行者对政策的认同、对政策执行行为的投入、创新精神、对工作的负责、较高的政策水平和管理水平是政策得以有效执行的重要条件所在③。从态度上考察行政可行性包括三个层面：一是最基础的层面，考察政策执行者是否认同该政策，是否觉得该政策是值得的；二是最理想层面的，考察政策执行者能否以积极的态度推动该政策的执行，会不会有积极地投入、负责任的推进；三是“反向”层面的，考察政策执行者会不会因为本位主义、功利主义等搞“上有政策、下有对策”，会不会钻政策的“空子”，会不会出现“有令不行、有禁不止”，会不会执行政策时“只求形似、不求神似”，会不会阳奉阴违阻碍政策的执行，等等④⑤。

---

① 陈振明．政策科学：公共政策分析导论（第二版）[M]．北京：中国人民大学出版社，2004：293.

② 周树志．公共政策学：一种政策系统分析新范式 [M]．西安：西北大学出版社，2000：238.

③ 陈振明．政策科学：公共政策分析导论（第二版）[M]．北京：中国人民大学出版社，2004：292－293.

④ 谢明．公共政策导论 [M]．北京：中国人民大学出版社，2004：176.

⑤ 陈振明．政策科学：公共政策分析导论（第二版）[M]．北京：中国人民大学出版社，2004：293.

另一方面，政策执行者的能力。学者陈振明对于政策执行者的能力，做出如下评论：

> 政策执行者的政策水平和管理水平直接影响到政策任务的完成。如果执行者尤其是领导者没有对政策实质的把握能力，很难争取到政策执行所需的种种资源，不能做好政策实施的宣传指导工作和制定正确的实施方案，不能沟通和协调各种关系，从而难以有效地执行政策。可见，提高政策执行者的素质是至关重要的。①

这充分说明了政策执行者的素质和能力对于公共政策执行的重要作用。因此，对于公共政策备选方案比较而言，需要就方案对政策执行者的素质类型和能力水平等方面的需求进行分析，然后考察政策执行者是否与这些素质类型和能力水平相匹配。如果不匹配，能否在合适的时间内通过培训、教育而具备。否则，该政策方案就不具备行政可行性。具体而言，需要考察的内容有以下几方面：一是政策执行者能否将政策方案具体化、操作化，变成实际的政策行动；二是政策执行者在责权利方面能否保证该政策方案顺利实施，如有没有执行权力、执行职责、执行手段、执行资格等；三是政策执行者有没有相关的协调能力，来协调多元执行主体和相关利益主体；四是在专业技术、专业能力（如医疗卫生技术、安全生产技术）等方面支持政策方案的实施；五是政策执行者能不能整合相关资源以支撑政策方案的实施。

二、公共政策方案比较的注意事项

公共政策方案比较涉及多方面因素，是一个综合考量的过程。需要注意以下事项：

第一，注意上述五方面可行性的综合分析。政治可行性、技术可行性等五方面的可行性分析各有侧重，都对公共政策的有效执行产生影响。所以，在进行公共政策方案比较时，要统筹兼顾、综合分析，不可偏废。

第二，要注意多元理性的综合分析。公共政策方案比较本身就是一种理

① 陈振明．政策科学：公共政策分析导论（第二版）［M］．北京：中国人民大学出版社，2004：293.

性过程，是公共政策合理化的保证条件。因此，在比较分析时要具备多种理性基础，包括技术理性、经济理性、法律理性、社会理性和实质理性等①。具体内容见表7－1。

表7－1　公共政策方案比较分析多元理性一览表

理性类型	具体介绍
技术理性	选择是以解决公共问题的有效性为依据来对方案进行比较
经济理性	选择是以解决公共问题的效率高低为依据来对方案进行比较
法律理性	选择是以方案是否与现存法规或先例一致为标准来对方案进行比较
社会理性	选择是根据各种方案维护或促进公认的社会制度，或者说促进制度化的能力来对方案进行比较
实质理性	选择包括多种理性形式的比较——技术的、经济的、法律的和社会的，目的是在特定情况下做出最合适的选择

资料来源：[美] 威廉·N. 邓恩. 公共政策分析导论（第四版）[M]. 谢明等译. 北京：中国人民大学出版社，2011：152. 有改动。

多元理性要求我们在比较政策方案时，不能有“先入为主”的偏见，不能在比较之前就确认了自己特别喜欢的类型。这是保证“价值中立”的要求，也是理性逻辑的基本要求。

第三，要注意选择取向的客观性。也就是说，不能指望通过政策方案比较直接找到一个完美无缺的行动路线，而是要找到最适合的政策方案，包括目标适合、成本适合、技术要求适合、文化情境适合等。同时，也要注意寻求不同方案的优势互补和优化组合。不能仅仅寻找各个备选方案的优点（可行性），也不能仅仅盯着备选方案的缺憾（不可行性），而是要经过备选方案的比较，来全面认识各备选方案的优缺点，并以此为依据完善政策方案——吸收各备选方案的优点、规避各方案的缺憾。

第二节　公共决策与政策合法化

公共政策方案比较并不是抉择和决策，而是为方案的抉择和决策做准备。在某种程度上可以认为，公共政策方案比较属于决策咨询部门的工作，为决策者提供决策建议和决策依据。公共决策也并不是政策制定的最后一个环节，

① [美] 威廉·N. 邓恩. 公共政策分析导论（第四版）[M]. 谢明等译. 北京：中国人民大学出版社，2011：151－152.

还需要经过政策合法化环节，才能正式实施决策，进入公共政策执行阶段。

一、公共决策

简单而言，公共决策指的是有决策权的主体依据法定权限，根据政策方案前景预测和比较等结果，选择、确定某一政策方案作为正式执行的方案。在某种意义上可以说，公共决策结束了关于行动路线的争论，确定了一条支配公共政策后续环节的行动方案①。

（一）公共决策的地位

对于公共决策的地位，学者周树志明确指出：公共政策决策是政策制定过程的关键环节和最高阶段，是全部侦测系统的神经中枢，决策正确与否从根本上决定政策的成功或失败②。

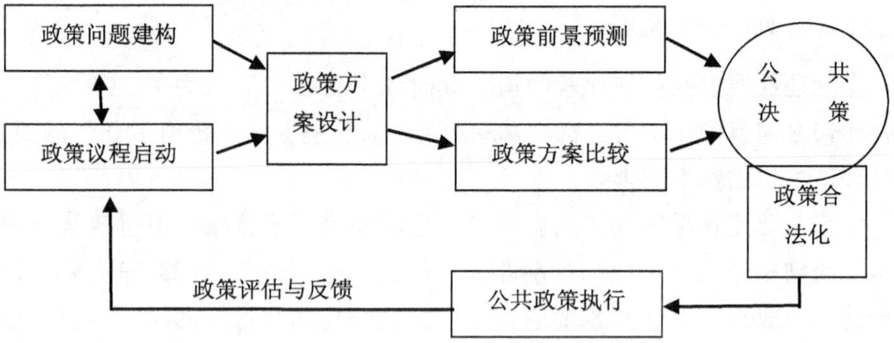

图 7－1　公共决策地位示意图

第一，公共决策是政策形成的最高阶段。政策问题建构、政策议程启动、政策方案设计、政策前景预测和政策方案比较都是对未来行动路线的思考和判断，而公共决策则是在前述几个环节的基础上做出的选择，具有“确定”“拍板”“一锤定音”的属性。

第二，公共决策是后续环节的中枢。政策合法化、政策执行、政策评估等环节都得以决策为依据。或者说，后续环节都是在决策的指引下进行的。在政策问题建构、政策议程启动、政策方案设计、政策前景预测和政策方案比较等阶段，未来行动路线是可变的，可讨论的，但决策之后，其就具备了

① 周树志．公共政策学：一种政策系统分析新范式［M］．西安：西北大学出版社，2000：172.
② 周树志．公共政策学：一种政策系统分析新范式［M］．西安：西北大学出版社，2000：171.

制度性和确定性，非经法定程序不得随意更改。

第三，公共决策具有“中介”作用，贯穿公共政策过程的始终。公共决策的前述几个环节是围绕着公共决策展开的，它们构成了公共决策的依据；公共决策的后几个环节也是围绕着公共决策展开的，它们是公共决策的实践化、操作化和具体化。“政策行为作为一个运动系统是由诸多环节和方面构成的，然而，每个环节和每个方面都与政策决策发生着直接或间接的关系。”①

（二）公共决策的模式与方法

对于公共决策，可以分为多种模式和方法。这里从不同的角度进行分类说明。

1. 公共决策体制模式②③

在不同的政治体制和历史时期，存在着不同的决策体制和类型。见表7－2。

表7－2　历史上出现的公共决策的体制类型及其对公共决策的影响

<table>
<tr><th colspan="2">类　型</th><th>最高决策权归属</th><th>最高决策者（集体/个人）</th><th>主要存在时期</th><th>主要存在地点</th><th>主要决策方式</th></tr>
<tr><td colspan="2">原始民主制</td><td>氏族等原始组织全体成员</td><td>全体会议（集体）</td><td>原始社会时期</td><td>各原始氏族部落，古埃及等</td><td>合议</td></tr>
<tr><td colspan="2">神权制</td><td>神</td><td>僧侣、宗教领袖（个人）</td><td>古代、现代</td><td>现代海湾伊斯兰教国家（如伊朗）</td><td>独裁</td></tr>
<tr><td colspan="2">君权制</td><td>神或专制君主</td><td>由宗教或传统产生的皇帝（个人）</td><td>古代、近现代</td><td>中国封建王权国家，现代君主国家（如沙特）</td><td>独裁</td></tr>
<tr><td rowspan="3">议会制</td><td>总统—议会制</td><td rowspan="3">名义上是“人民”，实际上是资产阶级统治</td><td>议会（集体）
总统（个人）</td><td rowspan="3">近代、现代</td><td>美国等</td><td rowspan="3">合议，三权分立制</td></tr>
<tr><td>内阁—议会制</td><td>议会（集体）</td><td>英国等</td></tr>
<tr><td>委员会—议会制</td><td>议会（集体）</td><td>瑞士等</td></tr>
</table>

① 周树志．公共政策学：一种政策系统分析新范式［M］．西安：西北大学出版社，2000：176.

② 陈振明．政策科学：公共政策分析导论（第二版）［M］．北京：中国人民大学出版社，2004：140－142.

③ 周树志．公共政策学：一种政策系统分析新范式［M］．西安：西北大学出版社，2000：176－190.

续表

类　型	最高决策权归属	最高决策者（集体/个人）	主要存在时期	主要存在地点	主要决策方式
人民代表大会制	人民	全国人民代表大会（集体）	现代	中国	合议，民主集中制
法西斯制	法西斯国家	政党领袖、国家元首（个人）	20世纪20—40年代	意大利法西斯国家、德国法西斯国家	独裁
军人独裁制	表面上是神或君主或人民，实际上是独裁者个人	军队首领（集体或个人）	自古至今	各军人专政国家	独裁

资料来源：陈振明．政策科学：公共政策分析导论（第二版）[M]．北京：中国人民大学出版社，2004：140－142；伍启元．公共政策（上册）[M]．香港：香港商务印书馆，1989：217.

根据决策权的最高归属，可将公共决策体制分为首长制和委员会制。“首长制又称一长制或独任制，是指最高决策权归某个人单独掌握的一种决策体制；”“委员会制（又称合议制）是指最高决策权由委员会集体行使、集体负责的一种决策体制。”① 首长制存续时间较长，神权制、君权制都可被视为“首长制”，当前的总统制决策也是首长制。首长制决策成本低、速度快，简单便捷。但首长制的绩效取决于个人的智慧、理性，极可能出现巨大失误；而且首长制也不符合民主精神，容易导致专断、独裁。委员会制便于发挥集体的力量，实现决策参与者智能的优势互补，通过集思广益、相互启发、沟通学习的方式实现周全地考虑、全面地分析。当然，委员会制也有一些问题：决策讨论时间、成本相对较大；集体负责也会产生集体不负责的心态，“滥竽充数”者、不负责任者可能会横行其中。我国实施的“民主集中制”原则有助于同时实现首长制和委员会制的优点，而规避两者的缺陷②③。我国宪法第三条明确规定“中华人民共和国的国家机构实行民主集中制原则”。这里以中国共产党的决策体制为例，来阐述民主集中制原则的主要

① 陈振明．政策科学：公共政策分析导论（第二版）[M]．北京：中国人民大学出版社，2004：141.

② 陈尧．当代中国政府体制 [M]．上海：上海交通大学出版社，2005：37－38.

③ 陈振明．公共政策学：政策分析的理论、方法和技术 [M]．北京：中国人民大学出版社，2004：236.

内容，见表7-3。

表7-3　民主集中制原则的基本内容

原则	基本内容
组织统一领导原则	党员个人服从党的组织，少数服从多数，下级组织服从上级组织，全党各个组织和全体党员服从党的全国代表大会和中央委员会。有关党的重大决策问题，只有中共中央有权做出决定，其他任何机构和个人均无权参与做出决定和发表主张。对于上级党组织的决定，下级组织和个人必须坚决执行
民主选举原则	党的各级领导机关，除它们派出的代表机关和非党组织中的党组外，都由选举产生
合议制原则	党的最高领导机关是党的全国代表大会和它所产生的中央委员会。党的地方各级领导机关，是党的地方各级代表大会和他们所产生的委员会。党的各级委员会向同级的代表大会负责并报告工作。党的中央委员会和各级党委会在活动时，实行党委制或合议制，对重要的问题实行表决制，按照多数原则作出决定。对于集体的决定，任何个人均无权改变。在集体表决时，党委书记与其他委员地位平等
集体领导与个人分工原则	党的各级委员会实行集体领导和个人分工负责相结合的制度。凡属重大问题都要由党的委员会集体讨论，作出决定；委员要根据集体的决定和分工，切实履行自己的职责
民主参与和监督原则	党的上级组织要经常听取下级组织和党员群众的意见，及时解决他们提出的问题。党的下级组织既要向上级组织请示和报告工作，又要独立负责地解决自己职责范围内的问题。上下级组织之间要互通信息、互相支持和互相监督。党的各级组织要使党员对党内事务有更多的了解和参与

资料来源：陈尧．当代中国政府体制［M］．上海：上海交通大学出版社，2005：37-38.

实际上，上述讨论关注的焦点在于决策权的归属是集中的还是分散的(允许多元参与)。因此，可以将公共决策分为集权制和分权制。“集权制是指决策权集中于上级机关，下级机关没有或很少有自主权，只能根据上级指令行事的决策体制”；“分权制是指下级机关在其管辖范围内有自主权，上级机关无权加以干涉的一种决策体制”，同时，分权制允许、鼓励下级机关、社会公众、社会组织等参与决策，表达诉求①。集权制便捷迅速、成本低廉，但不能激发下级机关的积极性、主动性，容易导致专断、“一刀切”，与民主原则不符。分权制能够激发下级机关的积极性和主动性，也便于听取多方意见，协调多方利益，符合民主精神，但需要时间成本、沟通成本，在需要立即行动、迅速决断的领域并不适合。

① 陈振明．政策科学：公共政策分析导论（第二版）［M］．北京：中国人民大学出版社，2004：141.

2. 公共决策思维模式[1][2]

公共决策的体制模式更多关注“谁有权决策”“谁参与决策”，更多是在民主的意义上谈论公共决策的模式。公共决策的思维模式则关注“以什么样的思维”来实施决策，是在科学与否的意义上谈论公共决策的模式。从发展趋势的角度看，主要体现在四个方面的变化，即从经验决策到科学决策、从非理性决策到理性决策、从职权化决策到专业化决策、从“拍脑袋”决策到“科学过程”决策。

第一，从经验决策到科学决策。“失败乃成功之母”“吃一堑长一智”“以史为鉴”说的就是经验决策。《资治通鉴》在很大程度上也是经验决策的产物——为决策提供经验依据，梳理和归纳经验材料。具体而言，经验决策强调两个经验的重要性：一是决策者自己的经验，即决策者并不太重视理论和专业依据，而是从自己的经验和判断出发来决策；二是其他决策经验，比如历史上的经验，其他地方的经验等。总之，经验决策强调“过去事件”“先前实践”的借鉴作用，决策者从中汲取可用信息，并将过去与当前决策的同质性进行比较分析，最后做出判断。经验决策有一定的可取性，一方面是因为经验决策有“过去”的成功实践为依据，算作是一种确证；另一方面是因为经验对人的思维有着不可磨灭的影响，决策者会自觉不自觉地依据经验来决策，所以经验决策的成本相对较小。科学决策与经验决策不同，它虽然不否认经验的重要性，但反对将经验作为唯一决策依据，而是将经验、理论、专业等作为决策依据，并且注重通过科学的方法、严格的过程和理性的分析来实施决策。在某种程度上可以说，科学决策的结果具有较强的合理性，但其时间成本等相对较大。

第二，从非理性决策到理性决策。“理性”要求对政策方案进行成本、收益分析，遵循“两害相权取其轻、两利相权取其重”的逻辑。在此意义上，“非理性”决策就可以被理解为两种，一是“无理性”，即对于决策丝毫不动用“理智”，不以“正确地做正确的事”为选择依据[3]。也就是说，毫无理

---

① 周树志．公共政策学：一种政策系统分析新范式［M］．西安：西北大学出版社，2000：191－207.

② 胡象明．公共部门决策的理论与方法（第二版）［M］．北京：高等教育出版社，2007：24－36.

③ 周三多．管理学（第二版）［M］．北京：高等教育出版社，2005：第二版前言第1页。

性，完全是在盲目的状态下进行决策，不进行任何逻辑推理、思考判断等。二是“超理性”，即“指人脑不通过逻辑思维的作用就能直接产生决策行为的各种因素。”包括“智慧、直觉、创造力、灵感、潜意识、信仰、情感、魅力、洞察力、意志力、应变力、忠诚、预感、超感交流等”①。换言之，“超理性”关注的是决策者个人的一种具有“神秘”色彩的特质，是一种无法名状的决策方式。有学者对“超理性”的具体要素进行了概括，如表7－4所示。

表7－4　超理性各要素一览表

要素	定义
判断	从经验中获得的决策智慧
直觉	不依靠逻辑推理而在头脑中领悟到的知识
创造力	产生形式、构造和关系的脑力过程
灵感	通过非理性方式而得到的偶然发现
隐含的知识	通过生活体验（而非书本学习）获得的知识
信仰	未经理性检验而接受为真理
爱情、欢乐、歉意、憎恨、恐惧	从感情而产生的意识中的情绪状态
领袖魅力	激发忠诚和称颂的能力
忠诚	对人或组织的忠顺和自觉承担义务
洞察力	理解能力
意志	达到目的的决心
政治	决定什么人在什么时候怎样得到什么的过程
超感交流	超出感觉正常范围的交流
预见能力	预见未来事件的能力

资料来源：[美] R. M. 克朗．系统分析和政策科学 [M]．陈东威译．北京：商务印书馆，1986：38－39；周树志．公共政策学：一种政策系统分析新范式 [M]．西安：西北大学出版社，2000：198.

不难发现，“超理性”的确定程度要高于“无理性”。但是“非理性决策论和超理性决策论过分夸大人类意识中的非理性因素和超理性因素，宣扬神秘主义和不可知论。”② 也就是说，非理性决策的“风险”和“不确定性”较大，容易导致决策失败。如果一味强调非理性决策，会将公共决策引向歧途。而理性决策则恰恰相反，它追求严密的“逻辑推理”，运用理性来搜集分析实

① 周树志．公共政策学：一种政策系统分析新范式 [M]．西安：西北大学出版社，2000：197.
② 周树志．公共政策学：一种政策系统分析新范式 [M]．西安：西北大学出版社，2000：199.

际信息、预测未来前景、比较各个方案，并在此基础上作出决断。虽然不能否认理性决策也可能出现失误，但理性决策与非理性决策相比，其确定性程度要高很多，更值得推崇。公共政策本身是人的理性使然，是人超越于其他动物的特别之处，也是人超越于其他动物的主要原因之一。所以，现在我们应该尽可能地采用理性决策模式（哪怕是有限理性），追求决策的“合逻辑性”，决不能片面强调非理性决策。

第三，从职权化决策到专业化决策。“不在其位不谋其政”，可以理解为只有拥有决策权的人才能参与决策、实施决策，政策方案的谋划、设计、论证、前景预测和比较等都是由“有决策权”的人实施。只有居于某种地位、握有某种职权的人才能在政策制定和公共决策中发挥实质性作用，而其他主体则没有权力、也没有机会参与。也可以说，在职权化决策模式中，决策行为的实施取决于是否拥有相应的职位，而与决策所在领域的专业知识、政策技能等无关。显然，职权化决策模式仅仅考虑到了决策的制度和权利，而没有顾及决策的专业性和技术性。专业化决策模式与职权化决策不同，具有以下几个特点：一是开放性。不再将决策局限于职权范围之内，而是强调决策过程的开放性、透明化，允许并且鼓励其他主体（尤其是专家）参与决策。二是专业性。认为政策制定与公共决策不仅仅是公共管理行为，而是发生在不同领域的专业行为——医疗卫生、化学材料、生物、核能、水利设施建设、交通通讯、污染物处理、社会心理、信息科学、网路技术、农业林业牧业等。不能否认，公共管理人员是“专业”的公务人员，但其未必是每一个政策领域内的专业人员，所以专业领域的公共政策设计、公共决策应该吸收专业人员进来，利用专业人员的知识、技术等更好地服务于公共决策，使公共决策更加符合专业发展规律，更具科学合理性。三是民主性。职权化决策将其他主体排除在政策规划过程之外，没有为其他主体的参与设置制度化的空间，缺乏民主性。而专业化决策在本质上是允许、鼓励参与的，且设置有制度化的、经常性的参与渠道。显然，专业化决策并不否认决策权力的归属，并更加强调决策过程的开放性，吸纳专业人员进入决策过程，有利于提高公共决策的专业性程度，使公共政策更加科学、合理。

第四，从“拍脑袋”决策到“科学过程”决策。有学者出版过一本书，叫《决策就是拍脑袋》。该书对企业运作、日常生活等一些管理现象进行了解释，语言明快、实例有趣、深入浅出，用幽默、具体的事例揭示了许多发生在我们身边的管理行为、管理智慧和理性判断等①。但这里所说的“拍脑袋”决策指的是不经过任何科学论证过程的简单化决策。具体说来，“拍脑袋”决策就是单纯依靠自己的经验、灵感、感觉等直接、简单地实施决策。显然，“拍脑袋”决策速度较快，且可能会因为灵感、顿悟等做出出人意料且效果极佳的决策，在紧急情境中这种决策模式十分有效（如“空城计”）。但是，这种“一拍脑袋”决策即成的方式实际上是一种非理性的表现，并没有依据科学逻辑来决策，因此具有较大的不确定性。在一般情况下，应该遵循“科学过程”决策逻辑，即在时间、精力、成本等允许的情况下，采用科学的过程、使用科学的依据、运用科学的逻辑来实施决策。一是决策依据科学化，依据科学的原理（理论）、专业知识、历史经验、社会事实等来决策，而不单纯是顿悟、灵感、直觉、第六感和想象等。二是决策过程系统化，经过科学地建构政策问题、确定政策目标、设计政策方案、预测政策方案未来前景、比较政策方案等程序，实现公共决策过程的合理化、合逻辑化，而不是简单的“一拍脑袋”决策即成、“灵机一动”决策即成。三是决策方法多元化，利用多元化的决策方法，促进决策的合理性。“它强调尽可能使用科学的方法及理性分析，为科学的客观性、真理性、可检验性而努力。”② 简言之，“科学过程”决策逻辑使用科学方法、运用科学知识、遵循科学过程来决策。对于此，托马斯·R. 戴伊说道：

> 公共政策分析既是一门艺术，也是一种技术。说它是一门艺术，是因为在社会问题确认、社会问题描述、政策方案设计和政策效果评估时，需要有洞察力、创造力和想象力。说它是一种技术，是因为在完成上述这些任务时需要掌握经济学、政治学、公共行政学、社会学、法学和统计学等学科的知识，政策分析实际上就是运用所有这些传统学科的知识。③

① 马浩．决策就是拍脑袋［M］．北京：中信出版社，2005.

② 陈振明．政策科学：公共政策分析导论（第二版）［M］．北京：中国人民大学出版社，2004：601.

③ ［美］托马斯·R. 戴伊．理解公共政策（第十二版）［M］．谢明译．北京：中国人民大学出版社，2010：7.

3. 公共决策方法模式[①]

公共决策在很大程度上可被视为公共选择的过程。在此意义上，可以将公共决策分为全体一致决策法、简单多数决策法、绝对多数决策法等。

第一，全体一致决策法。指所有的参与者都不否定某一方案（可以赞成也可以弃权），即方案获得一致通过。全体一致决策法也可被视为“一票否决法”，即只要参与者有一人不赞成备选方案，该方案就不能被通过。在这一意义上看，全体一致决策法似乎能够达到“帕累托最优”，因为没有人反对，即意味着没有人因决策而受到损害[②]。全体一致决策法能够保证决策的公平性，有助于促进“帕累托最优”、防止“多数人暴政”[③]，但是其决策成本相对较高，决策过程中的协调难度较大，在紧急情境中并不适用。

第二，简单多数决策法。指参与决策的投票者中只要有相对多数人赞成某一政策方案，该方案即可被通过。或者说，得到认可最多的政策方案即是被选定的方案。比如，A 方案得票多于 B 方案，哪怕 A 方案的得票总数在所有投票者中占比不大，但只要相对多，即可“当选”。显然，简单多数决策法更容易形成决策，但是其代表性可能并不高，也容易出现“多数人暴政”的现象，无法实现“帕累托最优”。

第三，绝对多数决策法。指需要有二分之一以上的投票者认可，才能最终形成决策；有时甚至需要三分之二以上的投票者认可，才能形成决策。这一决策法兼具全体一致决策法和简单多数决策的优点，既能快速形成决策，又能相对提高决策的合法性、代表性。

（三）公共决策需要注意的事项

公共决策事关政策执行有效与否，是先期环节的最终“决定”和后期环节实施“依据”。因此，人们对于公共决策有着较高的期待。在具体决策时需要注意下面五方面的事项。

第一，注意回应需求，针对问题。《吕氏春秋·顺民》指出：“凡举事，必先审民心，然后可举。”指的是政府的公共行动的公共性基础是回应社会公

---

① 陈振明．政策科学：公共政策分析导论（第二版）[M]．北京：中国人民大学出版社，2004：152－163.

② [美] 丹尼斯·缪勒．公共选择 [M]．王诚译．北京：商务印书馆，1992：25.

③ 政治学者托克维尔在《论美国的民主》一书中对多数暴政及其防治问题进行了经典论述。有兴趣的读者可以读读该著作。

共需求，解决社会公共问题。具体而言，公共决策虽然直接针对的是公共政策备选方案，从不同的备选方案中选择一个予以执行。但其根本依据应该是社会公共需求和社会公共问题，应将公共政策奉为“人民之事业”①，而不是追求部门利益甚至是个人利益之行动。公共决策不仅是“决策”——在工具理性意义上选择一个科学的行动方案，更重要的是“公共”的——回应公共需求、解决公共问题，以社会公共服务数量增加、社会福利的水平提升、社会公共之善的实现为依据②。

第二，注意决策时效，当断则断。《黄帝四经·兵容》指出：“因天时，与之皆断；当断不断，反受其乱。”公共政策问题具有变动性特征，如果将其处理于萌芽阶段，不仅处理方法简单、应对成本较小、产生危害较小，而且能达到“防微杜渐”的效果。相反，如果没能及时采取措施，或者面对问题优柔寡断或者争论不休无法决断，都将会导致问题“愈演愈烈”，不仅会导致严重的后果，而且会丧失解决问题的良好时机。概言之，公共政策问题是“变动”的，且常常朝向“严重”方向变动，所以需要注意决策时效、当断则断。首先，这要求决策者拥有决断的权威和魄力。决断权威指的是能够力排众议，当机立断；决策魄力指的是从容果断，相信自己的判断，抓住时机，迅速决断。其次，决策并非“一劳永逸”，而是在决策之后，随时接收反馈信息、监控政策效果、检视政策问题走向，并及时调整政策。最后，“当机立断”不等于“拍脑袋”和“长官意志”，“从容果断”也不等于“刚愎自用”和“固执武断”，而是强调决策要及时，有时效观念。

第三，注意决策科学，理性分析。《道德经·第六十三章》指出：“图难于其易，为大于其细。天下难事必作于易，天下大事必作于细。”公共政策是一个理性的过程，在公共决策阶段应该注意理性“谋划”，遵循理性逻辑，追求理性分析。比如，从经验决策到科学决策、从非理性决策到理性决策、从职权化决策到专业化决策、从“拍脑袋”决策到“科学过程”决策，通过这四种“跨越”实现决策的科学化，使公共决策及其执行能够有效地解决公共问题、达成公共目标，而且符合成本—收益比较的合理性，成本更低、效率更高。

---

① ［古罗马］西塞罗．论共和国 论法律［M］．王焕生译．北京：中国政法大学出版社，1997：39.

② ［美］詹姆斯·W．费斯勒等．公共行政学新论：行政过程的政治（第二版）［M］．陈振明等译．北京：中国人民大学出版社，2013：7.

第四，注意多方平衡，民主参与。《论语·季氏》指出：“不患寡而患不均。”指的是在公共决策时能够兼顾各方利益，不至于出现“多数人暴政”“偏向某一群体而不公正地对待另一群体”等现象。这也是达成共识、减少分歧、消弭冲突的基本要求。实现多方平衡的决策目标，不仅要求在“决策心态”上秉持公正公平原则，而且要求多方参与，使各种意见都能得到充分表达，通过协商、妥协、包容等方式实施决策。也可以说，注意多方平衡、促成民主参与是一种网络化决策，“在政策网络中，各种治理主体通过对话协商，在各种集体选择的场域交流信息、谈判目标、共享资源、减少分歧、增进合意，这就是公共行动者集体学习产出政策的过程。这种共同学习的过程在培育社会资本、防止社会制度和价值碎片化中是至关重要的。”①

第五，注意多中选优，优化组合。《西岩赘语》指出：“好说己长便是短，自知己短便是长。”这句话虽然更多强调个体的谦虚和学习态度。但对于公共决策而言有着重要的启示意义。一方面，在决策时，不能秉持“非此即彼”的思维，而应该审视各个备选方案的优势、劣势以及各自的适用范围。在此基础上，或者对多个备选方案进行合并、组合；或者以某一个备选方案为主，吸收其他备选方案的视角、举措等；或者依据某一备选方案的不足和劣势，来审视和判断其他备选方案是否也有此种风险。另一方面，要利用理性分析和科学辨识的方式，在多个备选方案中选择一个最合乎目的理性的，通过比较来选优。不比较、不选择往往是没有办法找到合适的行动方案的。对于此，学者谢明做出如下评述：

> 比较和选择是政策规划最突出的特征，追求优化是政策规划当然的目标。在决策科学中，人们习惯把只有一个备选方案、没有其他选择余地的决策条件称为“霍布森选择”。1631 年，剑桥商人霍布森贩马时附上一个条件：只准挑选离栏门最近的马。这实际上就是不让挑选，“霍布森选择”由此得名。值得注意的是，在情况非常严峻，无他路可走时，“霍布森选择”也有可能带来好的结果，如韩信的“背水之战”。但一般说来，在绝大多数的情况下都不会有好的结果，如马谡失街亭。管理上有一条重要的“格言”：“当看上去只有一条路可走时，这条路往往是错

① 张凤阳．政治哲学关键词［M］．南京：江苏人民出版社，2006：322.

误的。”这句格言主要还是想鼓励人们探求更多的出路，摆脱惟一选择的困境，力争多种方案中的择优。[①]

二、公共政策合法化

对于公共政策合法化的定义，陈振明指出：所谓的政策合法化是指法定主体为使政策方案获得合法地位而依据法定权限和程序所实施的一系列审查、通过、批准、签署和颁布政策的[②]。汪大海指出：政策合法化过程是指一种由法律程序、历史习惯或权威领导批示而形成的，使政策具有约束性或合法性，并得到社会公众接受和遵行的过程。政策合法化不仅是政策获得合法批准而实施的过程，而且还包括政策上升为法律的过程[③]。樊钉指出：对于公共政策合法化的概念，应该从广义和狭义两个角度进行理解。从广义角度而言，一般认为，能够被公众认可、接受、遵从和推行的政策就是具有合法性的政策，而使政策能够被公众认可、接受、遵从和推行的过程就是政策合法化过程。任何一项政策都需要经过合法化的过程，否则它就不可能具备合法性特征，也成为不了具有真正意义的政策。狭义上的政策合法化，主要偏重于从法律角度去解释合法性这一概念。政策合法性包括这样一些内容：法定主体、法定的程序要求、符合国家宪法和相关法律的政策内容以及政策的法律化[④]。

显然，从广义上看，合法化类似于合法性，主要是指公共政策被接受的状态。在狭义上，合法化指的是公共政策经由合法程序，从而具备法律效应的状态。这里主要在狭义的层面上使用合法化概念。简单地说就是具有法定职权的主体，依据法定程序将决定的政策方案确认为正式的政策。这属于公共决策之后的一个环节，也可以说是最直接、最终极的决策过程[⑤]。公共决策与政策合法化可能是合二为一的，即决策过程就意味着合法化过程，比如党委会讨论决定政策方案，既是决策又意味着决策合法化；也可能是分开的，决策仅仅是选择出一个政策方案，而合法化是经由其他主体签署、发布的过

---

① 谢明．公共政策导论［M］．北京：中国人民大学出版社，2004：112.

② 陈振明．政策科学：公共政策分析导论（第二版）［M］．北京：中国人民大学出版社，2004：228.

③ 汪大海．现代公共政策学［M］．北京：清华大学出版社，2010：148.

④ 樊钉．公共政策［M］．北京：国家行政学院出版社，2005：104.

⑤ ［美］托马斯·R. 戴伊．理解公共政策（第十二版）［M］．谢明译．北京：中国人民大学出版社，2010：41.

程。如国务院常务会讨论决定了某事项，然后由国务院总理签署公布，签署公布即是合法化的过程。

（一）公共政策合法化的地位[①]

公共政策合法化虽然并未涉及“政策分析”方面的内容，或者说，并不直接影响公共政策的合理性，但它仍然是公共政策过程的重要环节之一。

一方面，公共政策合法化环节使政策方案具备了合法性。公共决策更多在于“选择”了一个行动方案，但是该行动方案更多在合理性的角度具备了“合法性”——被大家所认可。但是在法律程序上，该方案并不具备合法性。只有经过了公共政策合法性这一环节，政策方案才在法律意义上具备了合法性。没有经过合法化过程的政策，不具有合法性，就不能被付诸执行。因此，政策合法化是政策得以顺利执行的前提[②]。简言之，公共政策合法化才是政策执行的真正“授权”环节，是政策可以“被执行”的前提。

另一方面，公共政策合法化是公共政策“法治化”的体现，是依法治国的需要。公共决策及其先期程序属于促进公共政策合理化的手段，而公共政策合法化则是一种“价值”确认的过程，是公共政策依法被确认的过程。公共政策问题建构、目标确认、方案设计、前景预测、比较择优等遵循的都是“合理性”逻辑，而公共政策合法化遵循的则是法律程序，是“法”的逻辑，是由法定主体行使的。

（二）公共政策合法化的基本过程[③④]

不同的政治体制以及不同的合法化主体会有不同的合法化过程。

第一，独裁决策的政策合法化程序。对于独裁决策而言，合法化程序一般随着决策的实施而完成。比如，古代皇帝的“圣旨”，皇帝意志或言语的发出即意味着完成了合法化程序，而不再经过其他程序。

第二，行政机关的政策合法化程序。在我国，行政政策的合法化程序一般有四个步骤：一是具体职能部门起草政策方案，如民政部门起草关于民政

---

① 陈振明．政策科学：公共政策分析导论（第二版）［M］．北京：中国人民大学出版社，2004：229－230.

② 陈振明．政策科学：公共政策分析导论（第二版）［M］．北京：中国人民大学出版社，2004：229.

③ 樊钉．公共政策［M］．北京：国家行政学院出版社，2005：106－108.

④ 陈振明．政策科学：公共政策分析导论（第二版）［M］．北京：中国人民大学出版社，2004：233－239.

方面的政策方案，卫生部门起草关于公共卫生、医疗等方面的方案。二是法制工作机构审查。如县级以上的政府部门都设置的专门法制工作机构——法制办。它们对具体职能部门起草的政策方案进行审查，然后向领导提出审查建议，有时法制工作机构也承担政策方案的起草工作。三是领导决策会议讨论决定。按法律规定，对于重大问题需要经由政府常委会或全体会议讨论决定，这属于集体决策。四是行政首长签署、发布政策。对于需要向上级政府报批的政策方案，在上级机关重复上述四个步骤。如果不需要报批，行政首长签署、发布该政策方案，即意味着合法化程序完成。

第三，立法机关或权力机关的政策合法化程序。一般有四个步骤：一是提出议案，即提出相关政策草案。二是审议议案，即由有审议权的机关对政策草案进行审议，讨论其是否进入政策议程，需要做哪些修改等。三是表决、通过议案，即根据决策规则，对经过审议的政策议案进行表决，若获通过，则进行下一程序；若未获通过，则意味着暂时中止该草案。四是签署、公布政策。政策议案经由表决、通过之后，由相关法定主体签署、公布。

【复习思考题】

1. 请论述公共政策备选方案比较的基本内容。
2. 政治可行性比较包括哪些层面？
3. 你如何理解经济可行性比较？
4. 你如何理解行政可行性比较？
5. 你如何理解技术可行性比较？
6. 能否举一个文化可行性的反例？
7. 在公共政策方案比较的过程中需要注意哪些事项？
8. 你如何理解公共决策的地位？
9. 公共决策的体制模式有哪些？
10. 公共决策的思维模式有哪些？
11. 公共决策的方法模式有哪些？
12. 在公共决策的过程中需要注意哪些事项？
13. 你是如何理解公共政策合法化的？
14. 公共政策合法化的地位是什么？
15. 公共政策合法化的程序有哪些？

第八章　公共政策执行

【学习目标】

通过本章的学习，需要掌握公共政策执行的基本含义、重要意义和基本属性；掌握公共政策执行的基本构成；掌握学界关于政策执行研究的基本理论派别和理论模型；掌握影响公共政策执行的基本要素，以及提高政策执行效果需要考察的基本内容。

【内容提要】

政策问题的建构与界定、政策目标与政策方案的设计、政策方案前景的预测和公共决策都属于“纸上谈兵”的范畴，而公共政策执行才是切实针对政策问题情境的“改造世界”的行为。公共政策执行包括公共政策执行主体、客体和介体三种要素。我们可以从实践属性、功能属性、方向属性等方面来理解公共政策执行的属性。伴随着20世纪70年代兴起的“执行运动”，形成了多种有关政策执行的理论模型，每一模型都对政策执行过程中的主要观测点和影响因素进行了概括。执行主体对政策执行构成影响表现在三方面：一是能否形成沟通顺畅、关系协调、目标一致的政策执行网络。二是执行主体的执行能力是否适应公共政策的执行要求？三是政策执行主体的态度如何？对于政策执行客体，应注意六个层面：公共政策问题；公共政策目标；公共政策本身；公共政策相对人（政策目标群体）；政策执行资源；公共政策环境。对于政策执行介体，在理想情况下，需要遵循合理的政策执行过程，依据合理的政策执行原则，选择合理的政策执行工具，进行合理的政策执行监控，以及制定合理的政策执行方案。

在20世纪五六十年代政策科学产生之后很长一段时间，学术界更多关注的是政策制定问题，将政策制定、规划作为政策科学的基本研究对象，政策执行则不被关注。这种情况一直持续到七八十年代。1973年，学者普雷斯曼（T. L. Pressman）和韦达夫斯基（A. Wildavsky）出版了《执行》（Implementation）一书，标志着政策执行研究的兴起，随之形成了影响深远的“执行运动”（Implementation Movement）①。政策执行起初之所以不被重视，是因为当时的学者们假定执行是自然而然的事——只要决策合理且有权威性，执行就可以顺利地推进②。而后来政策执行之所以被强调，是因为人们发现执行是政策过程中的一个独立环节，是解决政策问题、实现政策目标的关键，也是将观念中的政策方案变为现实、实现政策目标的途径。概言之，政策执行是政策过程的中介环节，是将政策目标（理想）转化为政策现实的唯一途径。政策执行的有效与否事关政策的成败，是整个政策过程的又一个重要阶段③。

第一节 公共政策执行的概念与属性

这一节属于概述性质，主要讨论公共政策执行的概念和基本属性。目的是让读者更好地认识公共政策执行这一有机构成环节。

一、公共政策执行的概念

“执行”指的是“实施、实行（政策、法律、计划、命令、判决中规定的事项）。”④ 不难理解，执行就是将预先的决定、设想、计划等“观念”上的东西变为实践行为的过程，是真正的“主观见之于客观”的实践过程。简言之，政策问题的建构与界定、政策目标与政策方案的设计、政策方案前景的预测和公共决策等环节都属于“纸上谈兵”的范畴，而公共政策执行才是

① 陈振明．政策科学：公共政策分析导论（第二版）［M］．北京：中国人民大学出版社，2004：255.

② D. S. Van Meter and C. E. Van Horn. The Policy Implementation Process：A Conceptual Framework［J］. Administration and Society. Vol. 4，February，1975. pp. 450 – 451.

③ 陈振明．政策科学：公共政策分析导论（第二版）［M］．北京：中国人民大学出版社，2004：254.

④ 中国社会科学院语言研究所词典编辑室编．现代汉语词典（修订本）［Z］．北京：商务印书馆，1996：1614.

“真刀真枪”的实践，是切实针对政策问题情境的“改造世界”的行为。

对于公共政策执行概念的具体表述，有很多种。本教材认为学者陈振明的表述较为全面合理：

> 我们可以把政策执行界定为一个动态的过程，它是政策执行者通过建立组织机构，运用各种政策资源，采取解释、宣传、实验、实施、协调与监控等各种行动，将政策观念形态的内容转为实际效果，从而实现既定政策目标的活动过程。①

公共政策执行包括执行主体、执行客体、执行介体三方面要素：

第一，公共政策执行主体。主体在“哲学上指有认识和实践能力的人”；“法律上指依法享有权利和承担义务的自然人、法人或国家。”② 公共政策执行主体是依法承担政策落实责任的个体、法人或政府部门。他们或者负有宣传、解释政策的职责，或者负有实验、实施政策方案的职责，或者负有协调各种主体、监督控制政策相对人遵守政策规定的职责。公共政策执行主体的态度（积极与否、主动与否）、能力（执行资源充足与否、执行技术完备与否）及其执行工具的选择直接影响政策执行效果。

第二，公共政策执行客体。客体在“哲学上指主体以外的客观事物，是主体认识和实践的对象”；“法律上指主体的权利和义务所指向的对象，包括物品、行为等”③。一般而言，公共政策执行客体包括五方面：一是公共政策问题和目标，政策问题是政策执行要解决的对象，政策目标是政策执行要实现的对象；二是公共政策本身，公共政策执行的直接对象就是决策所确定的政策方案；三是公共政策相对人（政策目标群体），指需要遵守政策要求的主体，包括顺从性目标群体、支持性目标群体和抵制性目标群体，针对不同的目标群体需要采取不同的策略④；四是政策执行资源（如物质资源、人力资

---

① 陈振明．政策科学：公共政策分析导论（第二版）［M］．北京：中国人民大学出版社，2004：260.

② 中国社会科学院语言研究所词典编辑室编．现代汉语词典（修订本）［Z］．北京：商务印书馆，1996：1643.

③ 中国社会科学院语言研究所词典编辑室编．现代汉语词典（修订本）［Z］．北京：商务印书馆，1996：717.

④ 谢明．公共政策导论［M］．北京：中国人民大学出版社，2004：176.

源、信息资源、制度资源、权威资源等)，运用、配置政策执行资源是执行公共政策的基本方式，因此政策执行资源也是政策执行的客体要素之一；[①] 五是公共政策环境，公共政策执行会对环境造成各种各样的影响，也可以说公共政策执行本身就是“改造”环境的实践行为。

第三，公共政策执行介体。介体是连接主体与客体的执行的过程、制度、措施、工具和技术。政策执行过程主要包括政策宣传→政策分解→物质准备→组织准备→政策实验→全面实施→协调与监控等环节；政策执行手段包括思想手段、行政手段、法律手段、经济手段等[②]。能否遵循合适的政策执行过程、选择合适的政策执行工具，事关公共政策执行的成败。“政策执行是一个复杂的过程，它包含了一些基本环节或一系列的功能活动，完成这些活动必须依靠一些必要的执行手段。”[③]

二、公共政策执行的属性

对于公共政策执行的属性，我们可以从不同角度来理解，如实践属性、功能属性和方向属性等[④][⑤][⑥]。

第一，公共政策执行的实践属性。公共政策执行具有实践属性，它既是将理性思维后的政策方案变成政策现实和具体实践的过程；又是在实践中进一步认识政策问题、理解政策目标并依据具体情境进一步修正政策方案的过程，通过政策执行，不仅可以检验政策，还可以不断充实和完善政策，若在执行中发现问题和不足，则需予以修正和弥补，促进政策质量的提高，以期政策问题的最终解决[⑦]。学者周树志对于公共政策执行实践属性的论述十分经典：

---

① 谢明．公共政策导论［M］．北京：中国人民大学出版社，2004：173 - 174.

② 陈振明．政策科学：公共政策分析导论（第二版）［M］．北京：中国人民大学出版社，2004：261 - 269.

③ 陈振明．政策科学：公共政策分析导论（第二版）［M］．北京：中国人民大学出版社，2004：261.

④ 周树志．公共政策学：一种政策系统分析新范式［M］．西安：西北大学出版社，2000：238 - 241.

⑤ 陈振明．政策科学：公共政策分析导论（第二版）［M］．北京：中国人民大学出版社，2004：255 - 261.

⑥ 谢明．公共政策导论［M］．北京：中国人民大学出版社，2004：170 - 173.

⑦ 陈振明．政策科学：公共政策分析导论（第二版）［M］．北京：中国人民大学出版社，2004：261.

> 公共政策方案的制定属于思想领域的活动，政策方案设计得再好，决策再英明，也只是在思想领域进行的，它们不可能突破和超出思想领域限制的界限，不可能从思想领域出去把自己变为客观现实的存在，不可能对客观现实起任何作用。同时，正确的好的政策方案如果不把自己变为客观现实，政策目标也就实现不了，制定政策方案也就失去了任何价值。①

第二，公共政策执行的功能属性。公共政策执行的功能属性表现在三方面：一是公共政策执行是解决政策问题、实现政策目标的唯一途径。如果政策问题可以自行“痊愈”、政策目标可以自然而然地实现，那么就不需要大费周折地去设计政策方案。设计政策方案的目的就在于解决问题实现目标，达到这一目的的关键就是超越“纸上谈兵”，跨越思维领域，进入实践，通过实践真正地呈现政策效应，将政策内容转化为政策现实②。二是公共政策执行是检验政策方案正确与否的唯一途径。政策方案设计得是否合理、公共决策进行得是否科学，都需要通过政策执行来检验。在此意义上可以说，政策方案设计和决策是对公共政策问题给予认识的第一次飞跃（由感性认识上升为理性认识），而政策执行则是第二次飞跃（经由理性认识上升为实践行动）③。三是公共政策执行也是新的政策周期的基础，可为后续政策提供依据。通过政策执行和实践无疑会加深对政策问题的认知程度，可以获得更详细、全面和准确的信息，可以感知到政策方案存在的具体不足和问题，可以获取政策执行（环节设计、工具选择等）方面的经验和教训，这些都是改进政策、制定新政策的依据④。林德布罗姆的渐进调适模型在很大程度上就是在既有政策执行基础上的渐进和调适。

第三，公共政策执行的方向属性。在命令方向、执行主体关系、信息流向等方面，政策执行具有不同的属性。可从四方面来理解⑤：一是公共政策执行具有“自上而下”的（top-bottom 或 top-down）属性，也被视为是“以政策

① 周树志．公共政策学：一种政策系统分析新范式［M］．西安：西北大学出版社，2000：238.

② 陈振明．政策科学：公共政策分析导论（第二版）［M］．北京：中国人民大学出版社，2004：260.

③ 周树志．公共政策学：一种政策系统分析新范式［M］．西安：西北大学出版社，2000：241.

④ 谢明．公共政策导论［M］．北京：中国人民大学出版社，2004：172.

⑤ 陈振明．政策科学：公共政策分析导论（第二版）［M］．北京：中国人民大学出版社，2004：256－258. 这一段中的引用皆来自该教材的第256－258页，不再一一注明。

为中心”或“政策制定者为中心”。这是一种“精英主义”的思路，强调公共政策的自上而下属性，认为政策是高层规划并层层指挥、逐级向下安排的。“这种途径关注的焦点是政策制定者，考察他们做什么以及如何将政策付之于实践而生效。”二是公共政策执行具有“自下而上”的（bottom-top 或 bottom-up）属性，强调政策执行是不同层级、不同主体的交互行为，“政策链条中的较低及最低层次被当作政策执行的基础；它强调政策或项目的成功与否依赖于参与执行项目的行动者的承诺与技巧。”也就是说，不能仅将政策执行视为自上而下地安排，较低层次或政策参与者、政策相对人（目标群体）对政策的认可、配合等也是政策执行有效性的关键。三是公共政策执行具有“政策/行动连续系统”（policy/action continum）属性，强调公共政策执行是自上而下与自下而上相结合的，前者使公共政策执行具有权威性和强制性，是一种强力推动，后者使公共政策执行具有合法性和主动性，是一种自愿的认同与配合，二者缺一不可。四是公共政策执行具有“工具”（instrument-choice）属性，认为公共政策执行更多是采取什么途径、运用什么工具的问题。即高质量、高效率的公共政策执行取决于执行者能否选取合适的政策工具，“政策执行在很大程度上包含了将一个或更多的政府的基本工具应用到政策问题上，这些基本工具被称为政策工具（policy instruments 或 policy tools）。”

第二节 公共政策执行的理论模式与影响要素

这一节主要在“方法”层面讨论公共政策执行问题，一是学界对公共政策执行的剖析及对影响政策执行因素的讨论；二是影响政策执行的具体因素有哪些，或者说在执行公共政策时，我们必须考量哪些因素。

一、公共政策执行的理论模式

伴随着 20 世纪 70 年代兴起的“执行运动”，形成了多种有关政策执行的理论模型，每一模型都对政策执行过程中的主要观测点进行了概括。这里主要介绍其中的八种（国外六种、国内两种）[①][②]：

① 陈振明．公共政策学：政策分析的理论、方法和技术［M］．北京：中国人民大学出版社，2004：249－254.

② 周树志．公共政策学：一种政策系统分析新范式［M］．西安：西北大学出版社，2000：253－259.

（一）过程理论模型

公共政策执行的过程理论模型由史密斯（T. B. Smith）在1973年《政策执行过程》一文中提出。认为公共政策执行是一个由多元要素影响的过程，这些要素主要有四类：理想化的政策、政策执行主体或执行机构、政策相对人（目标群体）、政策系统的环境要素。这四个要素存在互动的情形，先是环境与政策系统之间发生“紧张”状态，然后政策系统处理有关信息、制定理想化的政策，政策主体与政策相对人对政策执行产生反应并作为“反馈”信息进入下一个政策过程（如图8－1所示）。过程理论模型正确地指出了影响政策执行的重要因素，只是没有系统、详细地讨论各要素之间的互动关系。

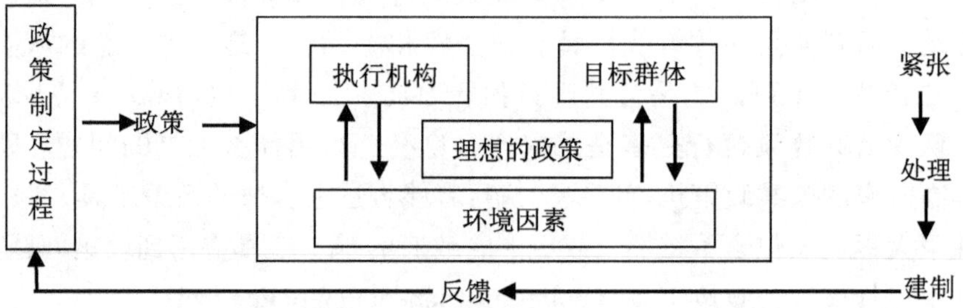

图8－1　政策执行过程模型图示

资料来源：T. B. Smith. The Policy Implementation Process [J]. Policy Sciences, Vol. 4, No. 2. 1973. 陈振明. 公共政策学：政策分析的理论、方法和技术［M］. 北京：中国人民大学出版社，2004：250.

（二）互动调适理论模型

公共政策执行的互动调适理论模型由麦克拉夫林（M. Mclaughlin）提出。认为政策执行过程实际上就是政策执行主体和政策相对人（目标群体）之间就政策本身的要求、目标、措施等而做出的互动与调适过程，主要包括四点：一是政策执行者与政策相对人是平等交互的关系，并非一方强制一方服从；二是在双方利益偏好、价值取向、行为观念不一致时的协调、妥协；三是在环境、政策问题等发生变化时，双方的互动方式、对待政策的执行程度也会发生调整；四是政策相对人的利益偏好、需求等会作为“反馈”信息进入政策系统，成为政策执行、政策调整的依据（如图8－2所示）。这一模型正确地指出了公共政策执行过程中的“互动”因素，也强调了政策执行者与政策相对人之间的主体间性和平等属性，但是对于政策执行的工具选择、政策执行者的态度和能力等未给予充分重视[①]。

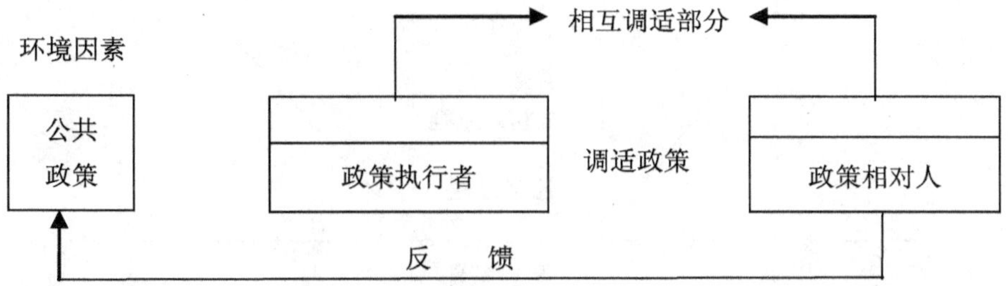

图 8－2　互动调适理论模型图示

资料来源：周树志．公共政策学：一种政策系统分析新范式［M］．西安：西北大学出版社，2000：255；陈振明．公共政策学：政策分析的理论、方法和技术［M］．北京：中国人民大学出版社，2004：250.

（三）循环理论模型

公共政策执行的循环理论模型的提出者是美国公共政策学者马丁·雷恩（M. Rein）和弗朗希·F·拉宾挪维茨（F. F. Rabinovitz）。在他们看来，公共政策执行是动态的，具有周期性和循环性。首先，公共政策执行分为纲领发展阶段、资源分配阶段和监督阶段，三个阶段并非孤立存在，而是相辅相成、周而复始、循环往复的。其次，公共政策执行过程应该遵循合法原则、合理原则和共识原则，它们是保证公共政策有效、高质量执行的基础条件。最后，公共政策执行受到环境的影响，包括目标显著性、程序复杂性和可利用资源的性质与层次等（如图 8－3 所示）。循环理论模型的优点是明显的：一是对执行的内在过程和原则进行了说明和强调；二是对影响政策执行的环境要素进行了分析和关注；三是对政策执行的过程性、周期性进行了剖析和梳理。当然，它也存在三个重要缺陷[②]：一是对政策执行者的态度、能力、工具选择等有所忽视；二是对政策相对人的态度等有所忽视；三是忽视了政策本身的正确性等对政策执行的影响。

① 周树志．公共政策学：一种政策系统分析新范式［M］．西安：西北大学出版社，2000：255.
② 周树志．公共政策学：一种政策系统分析新范式［M］．西安：西北大学出版社，2000：257.

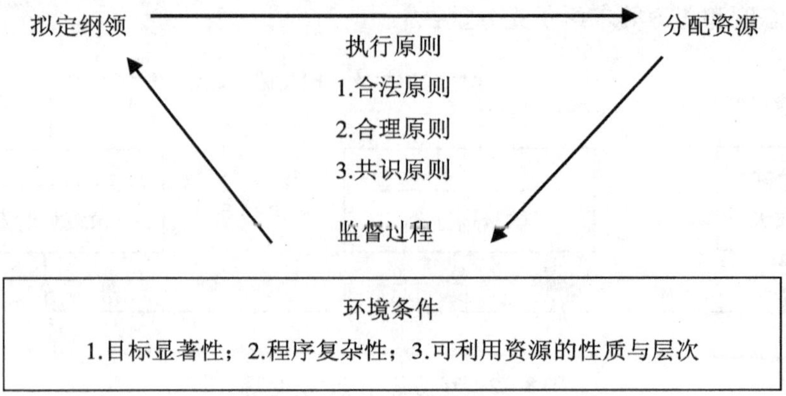

图 8－3　循环理论模型图示

资料来源：陈振明．公共政策学：政策分析的理论、方法和技术［M］．北京：中国人民大学出版社，2004：252.

（四）博弈理论模型

公共政策执行的博弈理论模型的代表人物是美国政策学者尤金·巴达克（E. Bardach）。这一理论模型借用博弈论的分析范式，将麦克拉夫林的互动理论模型具体化、详细化，强调公共政策执行的效果与政策的相关人员之间的博弈行为有关，这些相关人员大致可分为两类：政策执行者和政策利益相关者，它们的策略选择与行动路线直接影响了政策执行效果。或者说，政策执行者与利益相关者的选择策略是影响公共政策执行效果的基本因素。影响博弈结果和策略选择的主要有：利害关系、资源条件、信息沟通情况、互动博弈规则、风险条件（结果的不确定程度）、具体的谈判、评价与妥协过程等因素。如图 8－4 所示，公共政策博弈理论模型的关键要素是三个：一是相关主体要素，如政策执行者和利害关系人；二是主体要素的行为输出，即策略与技术；三是影响主体间博弈及其行为输出的要素，如利害关系、资源条件等。博弈理论模型无疑非常深刻、详实地揭示了政策执行过程中的博弈者、博弈条件以及博弈结果，对具体的政策执行过程有相当的解释力和启示意义。但是，博奕理论模型由于过于注重微观博弈过程，而对公共政策执行的宏观条件（如环境要素等）关注不够①。

① 周树志．公共政策学：一种政策系统分析新范式［M］．西安：西北大学出版社，2000：258.

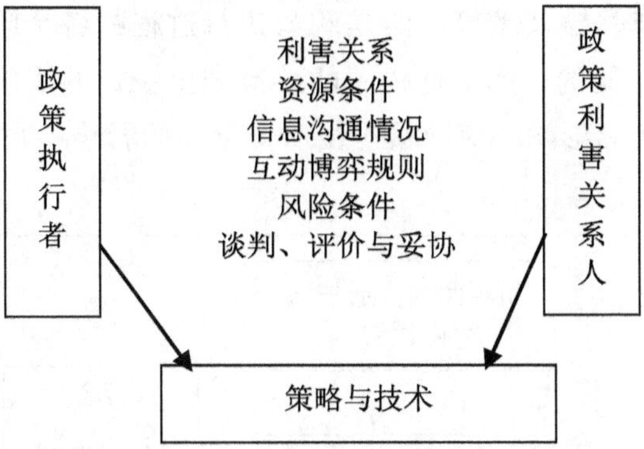

图 8－4　博弈理论模型图示

（五）系统理论模型

公共政策执行的系统理论模型的提出者是米特（D. S. Van Meter）和霍恩（C. E. Van Horn）。他们的分析较为实用且具体，系统地指出了影响公共政策执行的各种要素。政策标准与政策目标，它们是政策执行的导向和依据；政策资源条件（可提供的基础以及受到的资源约束），这实际上也是政策执行的环境要素；各种执行组织间的沟通，相互之间在政策执行方面的合作行动，良好的沟通与合作是政策执行效果的强化因素；执行主体的特性，如权威性、合法性等；执行者的态度、意向与能力；与政策有关的经济与政策环境。当然，这一理论模型有两点不足：一是忽视政策相对人的影响；二是对执行的监督、评估等关注不够①。参见图 8－5。

（六）综合理论模型

公共政策执行的综合理论模型由萨巴蒂尔（P. Sabatier）和马泽曼尼安（D. Mazmania）提出。他们从四个方面来探讨公共政策执行：一是公共政策问题的可办性，如现行具有有效的理论与技术、标的团体行为的多样性、标的团体的人数、标的团体行为需要调适的幅度。二是政策本身的规则能力，如政策本身含有充足的因果论、明确的政策指令、充分的财政资源、执行机构间与机构内部的层级整合、建构执行机关的决定规则、征募执行的人员、安排外界人士参与的机会。三是政策本身以外的变项，如经济环境与技术、媒介对问题注意的持续、大众的支持、赞助团体的态度与资源、监督机关的支

① 周树志．公共政策学：一种政策系统分析新范式［M］．西安：西北大学出版社，2000：258.

持、员工的热忱与领导技术等。四是政策执行过程的各个阶段，每一阶段面临的“变数”是不同的，如执行机关的政策产出→标的团体对政策产出的顺服→政策产出的实际影响→对政策产出所知觉到的影响→政策的主要修正等。见图 8－6。

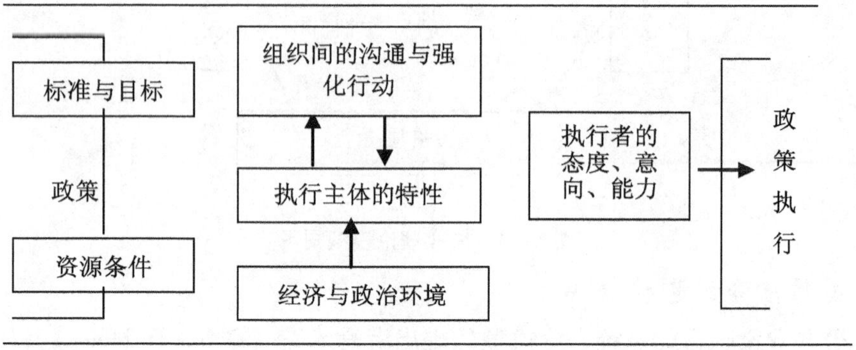

图 8－5　系统理论模型图示

资料来源：陈振明．公共政策学：政策分析的理论、方法和技术［M］．北京：中国人民大学出版社，2004：252.

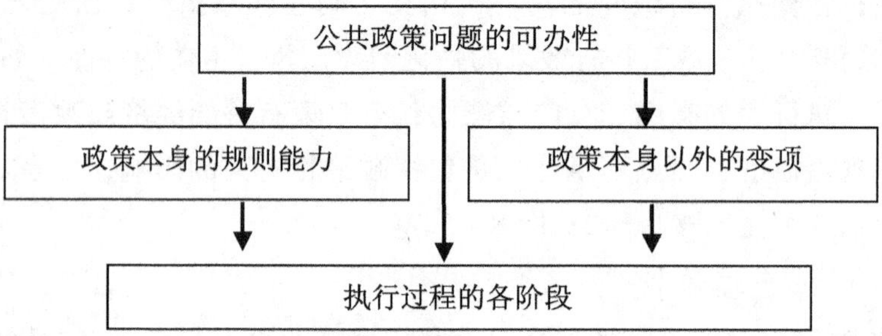

图 8－6　综合理论模型图示

资料来源：陈振明．公共政策学：政策分析的理论、方法和技术［M］．北京：中国人民大学出版社，2004：253.

不难发现，公共政策执行的综合理论模型相对全面且具体地指出了影响公共政策执行的主要因素。但是，不能否认它也有缺憾：对公共政策执行主体的重要性及其态度、能力等关注不够①。

① 周树志．公共政策学：一种政策系统分析新范式［M］．西安：西北大学出版社，2000：259.

（七）多因素模型

学者陈振明结合我国的实际情况，将影响政策有效执行的因素归纳为政策问题的特性、政策本身的因素以及政策以外的因素[①②]。政策问题的特性，包括政策问题的性质、目标团体行为的多样性、目标团体人数、目标团体行为需要调适量等。政策本身的因素，包括政策的正确性、政策的具体明确性、政策资源的充足性、政策执行机关与人员等。政策以外的因素，包括目标团体的服从、执行人员的素质与工作态度、执行机关的特性、机关组织间的沟通与协调、政策监督、政策环境等。关于公共政策执行的“多因素模型”，参见图8－7。

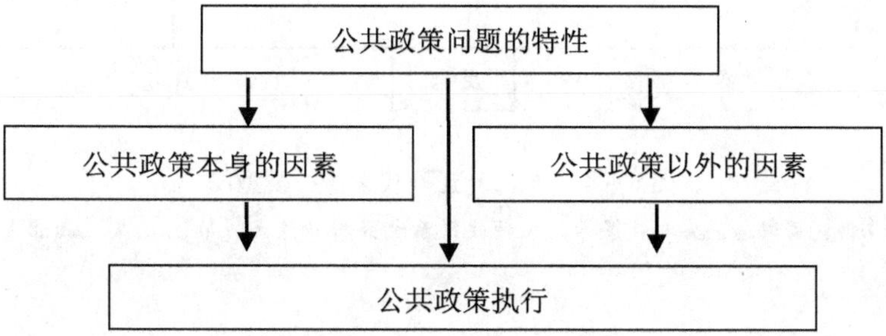

图8－7　多因素理论模型图示

资料来源：陈振明．公共政策学：政策分析的理论、方法和技术［M］．北京：中国人民大学出版社，2004：254.

比较图8－7与图8－6，可以发现两者思路基本一致。不同的是，图8－7所展示的多因素理论模型内容丰富，更为具体翔实、精细化。但该理论模型对于政策过程中的互动过程关注不够；且对“政策以外的因素”的概括有些粗略，因为“以外”的外延很大，在分类学上看来就不太“精细”了[③]。

（八）“三·五”模型

公共政策执行的“三·五”模型由周树志提出。“三”强调的是公共政策执行的三个阶段——执行前、执行中和执行后；“五”强调的是公共政策执行的五大核心部分——政策执行者、政策方案、政策执行手段、政策目标群

① 陈振明．政策科学：公共政策分析导论（第二版）［M］．北京：中国人民大学出版社，2003：289－293.

② 陈振明．公共政策学：政策分析的理论、方法和技术［M］．北京：中国人民大学出版社，2004：254－258.

③ 周树志．公共政策学：一种政策系统分析新范式［M］．西安：西北大学出版社，2000：259.

体和政策环境（如图8－8所示）。这一理论模型是动态的，考虑到了执行前、执行中和执行后三个阶段，强调了三者之间的循环往复，符合公共政策执行实践的实际情境；强调了影响公共政策执行的各种要素。当然，这一理论模型也有一定的缺憾，即给人感觉比较凌乱。

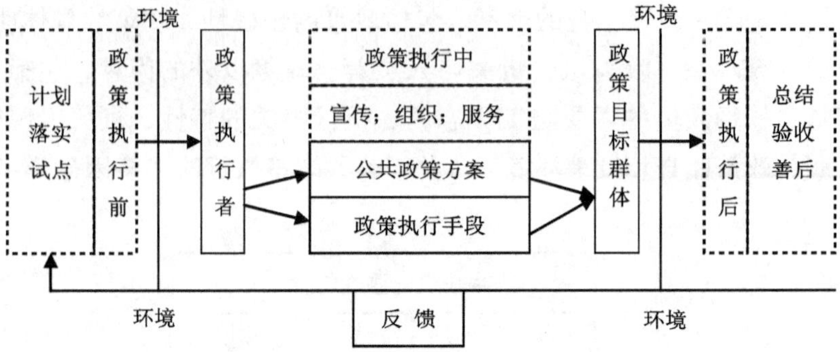

图8－8 “三·五”政策执行模型图

资料来源：周树志．公共政策学：一种政策系统分析新范式［M］．西安：西北大学出版社，2000：259.

二、公共政策执行的影响要素

通过上述八个理论模型的综述与分析，相信读者对于影响公共政策执行的因素已有大致了解。这里从三个方面来具体阐释：公共政策执行的主体要素、客体要素和介体要素。见图8－9。

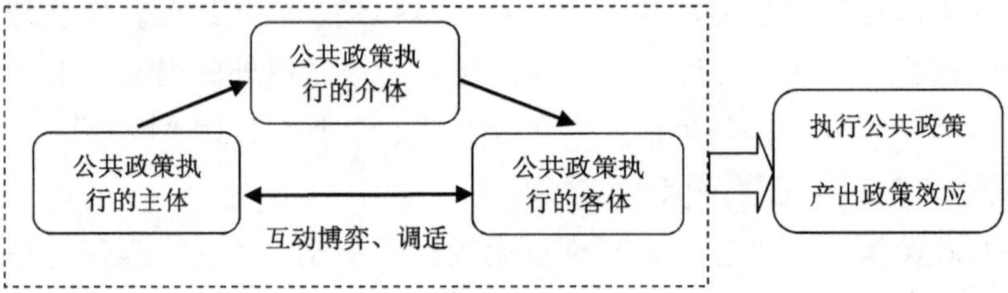

图8－9 主体、客体、介体——政策执行影响要素示意图

（一）公共政策执行的主体要素

先看一个例子：笔者在一次关于基层文化建设的调研过程中发现，A社区和B社区都拿到一笔关于文化建设的政府拨款，这也是政府文化建设政策的举措。但是，A社区和B社区的工作人员采取了不同的“文化建设”行为——A社区在辖区内投资新建了2个棋牌室、1个儿童文化活动室、1个老

年人文化活动室。B 社区则进行了先期调研，认为棋牌等文化活动在很多居民家里都有，也有一定的营利空间，所以很多“民间力量”会投资，无需利用政府公共财政去投建这些硬件设施，社区更多缺乏的是读书的氛围和可读的图书，因此通过针对不同年龄人群的读书需求调研结果，购买了适合不同人群、不同年龄层次的图书，并定期召开读书宣传活动或读书报告活动，既营造读书氛围又提供平台督促读书行为。不难发现，两个社区执行同一政策时所持有的态度不一样，采取的具体举措也不一样。简言之，“任何一项政策最终都要靠执行者来实施。执行者对政策的认同、对政策执行行为的投入、创新精神、对工作的负责、较高的政策水平和管理水平是政策得以有效执行的重要条件所在。”①

执行主体对政策执行构成影响主要表现在三方面：一是能否形成沟通顺畅、关系协调、目标一致的政策执行网络。比如，党的十八届二中全会通过《国务院机构改革和职能转变方案》之后，国务院办公厅出台了《关于实施〈国务院机构改革和职能转变方案〉任务分工的通知》，在该通知中指出：“减少和下放一批投资审批事项。列明取消审批的投资项目（含按照行政审批制度改革原则取消的国家规划内需要审批的项目）、下放地方审批的投资项目（含下放地方的国家规划内需要审批的项目），列明国务院投资主管部门保留审批的涉及其他地区、需要全国统筹安排或需要总量控制的项目以及需要实行国家安全审查的外资项目。加强对投资活动的土地使用、能源消耗、污染排放等管理，发挥法律法规和发展规划、产业政策的约束和引导作用。对确需审批、核准、备案的项目，要简化程序、限时办结。”同时明确对于这一事项，由“发展改革委会同工业和信息化部、交通运输部、水利部、农业部、商务部以及国土资源部、环境保护部等有关部门负责”。总之，有效的、高质量的政策执行要形成有机的政策执行网络，且该政策执行网络可以在分工合作、协同一致的体制机制内去执行政策②。另外，政策执行网络在资源、能力、知识、信息等方面应该能够形成优势互补③。

二是执行主体的执行能力是否适应公共政策的执行要求。比如，对公共

① 陈振明．公共政策学：政策分析的理论、方法和技术［M］．北京：中国人民大学出版社，2004：257.

② 周树志．公共政策学：一种政策系统分析新范式［M］．西安：西北大学出版社，2000：267.

③ 谢明．公共政策导论［M］．北京：中国人民大学出版社，2004：180.

政策方案的理解能力、把握能力；与公共政策有关的素质与能力，包括政治素质、品德素质、知识背景、技术基础、心理素质和身体素质等；[①] 促成公共政策目标群体遵照公共政策要求的协调能力、执法能力；合理配置公共政策资源的能力，包括物质资源、人力资源、信息资源、制度资源、权威资源等多种资源；对政策目标群体违法违规行为的预见能力；对政策执行过程中出现的新问题、新情况、新风险的感知能力；公共政策执行过程中的自我纠偏、自我监控能力、随机应变能力；调动各种主体支持政策执行的整合能力、动员能力、社会活动能力等。公共政策执行主体的能力、素养等都是公共政策高质量执行的基础条件，否则，“就很难争取到政策执行所需要的种种资源，不能做好政策实施的宣传指导工作和制定政策的实施方案，不能沟通和协调各种关系，从而难以有效地执行政策。”[②] 简言之，执行主体的“执行力”及其提升是影响公共政策执行的基本要素[③]。对于执行力的评估指标，可从多个角度理解，见表 8－1。

表 8－1　公共政策执行力评估指标一览表

评估指标	具体内容
政策执行切入点	指的是政策执行时选择的突破口和关键点。在执行过程中，政策主体会根据自身对政策的理解，选择不同的执行切入点来进行政策执行。如果切入点错误，常常意味着执行方向发生错误
政策执行尺度	指的是政策主体对政策的把握尺度。在执行过程中，尺度把握是一个关键问题，一方面要严格政策标准，坚持政策的基本宗旨；另一方面又要适当地灵活处理，不能使政策统得过宽，管得过严，并在执行过程中对政策的不合理之处进行适当修正
政策执行力度	指的是政策执行的贯彻程度，是政策执行过程中容易出现问题的领域。执行力度不足就会引起“贯彻危机”，令不行禁不止，不能深入执行政策
政策执行速度	指的是政策执行时效性。一项政策的出台与制定都有其针对的社会公共问题，而这些社会公共问题又是随着时间不断变化演进的。如果延误了时机，将容易导致问题愈加严重。执行速度是执行力的关键要素
政策执行效度	指的是政策的执行效果，政策对现实的实际影响。政策执行的目的最终在于政策问题的解决、公共事务的处理。一项政策的制订和执行如果不能有效地解决公共政策问题、顺利地处理公共事务，该政策就是失败的。政策执行的效度也是考察政策执行力的重要指标

资料来源：汪大海．现代公共政策学［M］．北京：清华大学出版社，2010：182－183.

① 谢明．公共政策导论［M］．北京：中国人民大学出版社，2004：179－180.

② 陈振明．公共政策学：政策分析的理论、方法和技术［M］．北京：中国人民大学出版社，2004：257.

③ 汪大海．现代公共政策学［M］．北京：清华大学出版社，2010：180.

三是政策执行主体的态度如何。“态度”具有很强的促进作用，如果持有端正的执行态度，以公共利益和问题解决为旨归，在精力、时间等方面积极投入政策执行过程，并积极地创新执行方式、改进政策网络，则会有效促进政策执行①。相反，如果持有负面的执行态度，比如推诿责任、投机取巧、规避巧用、“挑肥拣瘦”等，则会严重阻碍公共政策执行。“钓鱼式执法”就是态度不端正的结果。因此，对于公共政策执行力的提升，不仅要恰当地确定执行网络并进行相关能力培训，更要加强执行主体责任意识和道德意识方面的培养②。对于态度不端正的问题，有学者明确指出：

> 政策执行者拜金主义、功利主义、本位主义思想严重，对国家政策的执行常打折扣，甚至搞出各种各样的“对策”，阻碍政策的顺利实施。当政策执行者兼政策对象和执行者的双重角色时，为了局部或个人利益，钻政策空子，搞“上有政策，下有对策”，对上面政策或是硬顶，或是软施，或执行起来马马虎虎。③

（二）公共政策执行的客体要素

公共政策执行客体虽然并非执行过程的主导因素，但却是不容忽视的影响要素。可以说，在执行公共政策时，要想做到“有的放矢”，就必须切实地考察执行客体的情况，依据客体的真实信息设计执行方案、选择执行方法。比如，上述B社区在执行“文化建设政策”的过程中，就较好地把握了“客体”的实际情况，得到了较好的效果；而A社区单纯地从硬件建设着手，不仅导致重复建设和资源浪费，更重要的是其执行行为无法产生良好效果，满足居民的文化需求。对于政策执行客体，应注意以下几点：

第一，公共政策问题。“政策问题的性质、政策对象行为的多样性、政策对象人数及其行为需要调适量，都直接影响到政策的有效执行。”④我们可以

① 陈振明．公共政策学：政策分析的理论、方法和技术［M］．北京：中国人民大学出版社，2004：257.

② 汪大海．现代公共政策学［M］．北京：清华大学出版社，2010：183.

③ 陈振明．公共政策学：政策分析的理论、方法和技术［M］．北京：中国人民大学出版社，2004：257.

④ 陈振明．公共政策学：政策分析的理论、方法和技术［M］．北京：中国人民大学出版社，2004：254.

从三方面来理解这一点：首先，政策问题是公共政策的起点，问题的产生原因、基本性质、影响程度、覆盖面等都对公共政策执行产生影响。即需要针对政策问题的各个因素来执行公共政策。在很多时候，执行政策往往以政策措施和文本为指针，似乎忽略了政策措施和文本的起点——政策问题，这是不恰当的。其次，政策问题是发展变化的，因而需要在政策执行过程中注意问题的变化，采取不同的举措。“社会是一个不断发展的系统。人类社会处在持续的发展过程之中，不断从一种状态过渡到另一种状态，从一种生产方式过渡到另一种生产方式，从一种社会形态过渡到另一种社会形态，从一种政治生活过渡到另一种生活方式。从这样的观点看待社会，便是历史唯物主义的发展的观点。”① 这即意味要用动态的思维、变化的眼光看待政策问题，并以此为基础执行公共政策。这也是历史唯物主义的政策执行逻辑。最后，很多时候，在执行政策之初，政策问题可能并不十分明朗，因此应该在探索中前进，在政策执行过程中逐步明晰问题、改进政策措施。对此，有学者明确指出：

> “走一步说一步”“摸着石头过河”，这些看似平庸的经验对情况复杂、风险较大、无先例可循的执行工作来说却是非常适用的。在面对这种情况的时候，人们只能根据笼统的甚至是模糊的政策目标，在执行中逐步摸索实现目标的有效途径，并运用管理学的反馈控制原理，不断地对目标进行修正，使实施方案逐渐完善。②

第二，公共政策目标。政策目标是导向，公共政策执行就是要实现该政策目标的。“执行是一种目的性很强的行为抉择，明确既定的目标，做到有的放矢，这是对政策执行的最基本要求。”③ 一方面，如果政策目标好高骛远、不切实际，现有的人力资源、技术资源、物质基础等都无法为其充分实现提供保障，那么该政策就难以执行。另一方面，政策目标应该是政策执行的前提约束，即政策执行必须以政策目标为依据，否则，政策执行就是无效的，甚至是缺乏合法性的。举个模型化的例子做类比：在马路两旁栽树——“工

① 王沪宁．政治的逻辑：马克思主义政治学原理［M］．上海：上海人民出版社，2004：47.
② 谢明．公共政策导论［M］．北京：中国人民大学出版社，2004：187.
③ 谢明．公共政策导论［M］．北京：中国人民大学出版社，2004：186.

作人员A在前面挖坑，而C在后面填土，除了把马路挖坏之外并无特别益处，因此有人上前制止，并质问他们。A和C一脸无奈地说，我们只是按照严格的组织分工办事，A负责挖坑，B负责栽树，C负责填土。不巧的是，B生病了，所以出现前面挖后面填的现象。”[①②] 在很大程度上可以说，A和C两个工作工作人员都没有错，也都在尽职尽责地做自己分内的事，都按照既定分工来执行“政策”，但两者的错误又都是明显的，他们忽略了该“政策”的目标是“栽树”。因为他们的严格分工和“尽职尽责”是一种机械化的执行思维。比如，这样的情形——我们到某个办公室去办理一个事项，工作人员这样答复：这个事情不在我的职责范围之内，负责这一事项的某某某不在，请下一次来吧。这样回答的工作人员其实都忽略了他们“办公室”的基本目标是服务于这一事项的，只是他们办公室在执行该政策、实现该目标时所进行的内部分工割裂了这一目标的整体性，同时也将其本质目标“异化”了。简言之，政策执行不能忽视“目标”的约束作用，要始终服务于政策目标。

第三，公共政策本身。政策执行的最直接的对象是政策本身（即政策方案），因此政策本身对执行的影响巨大。这可以从三方面理解：首先，政策执行需要以公共政策方案为依据，不能无视政策方案，更不能违背政策方案的有关规定，否则就是不当的政策执行。其次，政策执行也不能过于僵化、过于教条，要注意“灵活性”。即在政策方案的基本原则、基本精神和基本目标的约束下，可以根据具体情境来执行政策。如果在执行过程中断章取义，就无益于政策目的的实现，相反，如果在执行政策过程中僵化教条、不懂得灵活应变，也是无益于政策目的实现的[③]。最后，还得注意在执行过程中适时修正、改进公共政策。在很多情况下，公共政策执行的困境直接源于政策方案存在缺陷。比如，政策方案含混不清、模棱两可，使执行者缺乏明确依据，无法有效推进政策执行；政策方案是错误的，缺乏政治可行性、文化可行性、技术可行性、经济可行性和行政可行性，不符合客观的社会发展规律，就无法被有效执行；政策方案缺乏合法性，不被政策相对人认可和拥护，甚至受

① 何晔．公共管理目标异化的理论分析及其规避［J］．四川理工学院学报（社会科学版），2012（1）：67－71.

② 亦可参见：黄德发．政府治理范式的制度选择［M］．广州：广东人民出版社，2005：8.

③ 周树志．公共政策学：一种政策系统分析新范式［M］．西安：西北大学出版社，2000：240.

到极大的抵制乃至反抗，这也会导致执行困境发生[①]。即公共政策方案本身是否具备合理性、可行性和合法性，决定了公共政策执行能否顺利推进[②]。

第四，公共政策相对人（政策目标群体）[③]。几乎所有的公共政策都有特定的相对人——政策目标群体，或者需要政策相对人在心理上作出调适，或者要求政策相对人在行为上作出改变，或者要求政策相对人必须做什么或不做什么，或者要求政策相对人承担某些责任等。换言之，公共政策会直接作用于某些客观对象，需要作为客观对象的政策相对人接受政策原则、遵循政策要求、执行政策措施[④]。可以说，“政策能否成功，并不是政策制定者和执行者一厢情愿的事情，它与目标群体有着直接的关系。目标群体是否能够认可和接受政策，是决定政策成败与否的关键因素。”[⑤] 对于政策相对人，需要注意几个问题：一是要注意区分不同的政策相对人，诸如支持性的政策相对人、顺从性的政策相对人、冷漠性的政策相对人、抵制性的政策相对人。这四类政策相对人对政策执行的促进推动程度递减。对不同种类的政策相对人，需要采取不同的政策措施：要稳定支持性政策相对人的支持热情，要争取顺从性政策相对人和冷漠性政策相对人的支持，要改变抵制性政策相对人的态度，使之向其他三类人群“转化”。二是要通过制度化的渠道促使政策相对人参与政策执行和执行监控，形成多元化的政策执行网络，保证信息传递顺畅。通过积极沟通，真诚交换有关政策执行的意见和看法，进而实现意见分歧的弥合，对抗关系的消解，促进政策顺利实施[⑥]。三是要注意政策相对人的种类、政策相对人的行为种类、政策相对人的行为调适量、政策相对人的数量等因素。一般而言，政策相对人的种类较多、政策相对人的行为种类较多（可选行为类型多样、应对行为类型多样），政策的执行难度就相对较大；政策相对人的行为调适量较大，政策执行的难度就相对较大；政策相对人的数量较多，政策执行的难度就相对较大。反之亦然。总之，在执行公共政策的

---

① 陈振明．公共政策学：政策分析的理论、方法和技术［M］．北京：中国人民大学出版社，2004：255－256.

② 周树志．公共政策学：一种政策系统分析新范式［M］．西安：西北大学出版社，2000：248－250.

③ 这一点主要参见：谢明．公共政策导论［M］．北京：中国人民大学出版社，2004：173－176.

④ 周树志．公共政策学：一种政策系统分析新范式［M］．西安：西北大学出版社，2000：250.

⑤ 谢明．公共政策导论［M］．北京：中国人民大学出版社，2004：174.

⑥ 陈振明．公共政策学：政策分析的理论、方法和技术［M］．北京：中国人民大学出版社，2004：258.

过程中，要注意分析政策相对人的有关情况，根据具体情况采取有针对性的措施。因为政策相对人并不总是积极配合的，并不总是认可并接受政策原则和精神的，所以需要通过政策宣传、积极沟通、利益激励等提高政策相对人的配合程度①。

第五，政策执行资源。政策执行资源是政策执行的基础条件和基本保证，“如果负责执行政策的机构和人员缺乏足够的用于政策执行的资源，执行的结果就不可能得到政策规定的要求，就不可能实现政策的既定目标。”② 在政策执行阶段，“可行性”与“不可行性”都与政策执行的资源有关，如物质资源、人力资源、信息资源、制度资源和权威资源等③。比如，某地决定要建设“旅游城市”，但是该地区可资利用的自然条件、人文条件等都远不能形成旅游产业链，也没有具有吸引力的旅游资源。在这种情况下，建设“旅游城市”无异于“无米之炊”。公共政策执行资源的充足性是保证政策执行的关键要素，因此在制定公共政策方案时需要考虑这一要素，在执行政策时也需要考虑这一要素，既要充分挖掘各类必需的政策资源，又要有机协调这些资源，使其发挥最大的效应。

第六，公共政策环境。首先，人类实践行为具有改造世界的属性，政策执行行为作为人类实践，自然也是一种改造世界的行为——会对外部世界产生这样那样的影响。这在一定程度上可以认为，政策执行就是对其政治、经济、文化、社会、国际、自然等各种环境产生影响、发挥作用的过程，而环境会对政策执行实践产生“反作用”。因而政策执行必须时刻收集相关环境信息，作为评估政策、改进政策的依据。其次，外部环境的变化会对政策执行产生诸多影响，需予以积极调整执行方案。最后，上述政策执行资源、政策问题等在很大程度上都是环境的构成要素，各种环境要素构成了政策执行的制约条件，“适宜的环境当然有助于政策的有效进行，不适宜的环境比较妨碍政策的顺利实施。”④

---

① 陈振明．公共政策学：政策分析的理论、方法和技术［M］．北京：中国人民大学出版社，2004：255.

② 谢明．公共政策导论［M］．北京：中国人民大学出版社，2004：173.

③ 陈振明．公共政策学：政策分析的理论、方法和技术［M］．北京：中国人民大学出版社，2004：256.

④ 陈振明．公共政策学：政策分析的理论、方法和技术［M］．北京：中国人民大学出版社，2004：258.

（三）公共政策执行的介体要素

在政策执行主体与客体之间起中介和衔接作用的是“介体”，包括政策执行过程、执行原则、执行工具、执行监控和执行方案等。在理想的情况下，需要遵循合理的政策执行过程，依据合理的政策执行原则，选择合理的政策执行工具，进行合理的政策执行监控以及制定合理的政策执行方案等。

第一，遵循合理的政策执行过程。公共政策执行的“章法”体现在合理的执行过程中。可以说，如果未能遵循合理的政策执行过程，极容易出现无序、杂乱的政策执行，这也是政策执行者“不得要领”的表现。在一般意义上，政策执行过程应该包括七个环节：一是政策执行谋划。对政策执行的主体、客体及其相互关系等进行分析，设计政策执行计划和方案；二是具体落实政策执行主体，包括选定责任主体、执行机构、协调执行主体之间的关系等；三是整合政策执行资源，包括物质资源、技术资源等，并分析资源基础的适应性程度；四是进行政策试点，取得试点经验，为政策全面铺开奠定基础；五是宣传政策精神，在政策执行主体和客体那里取得共识，有效协调不同群体；六是具体推动政策执行，产生政策效果；七是适时监控政策执行，及时予以纠偏，保证政策执行的有效性、有序性和合法性。这里需要说明三点：第一，个别政策执行环节可能不是必备环节，如政策试点。但需要注意政策实施的有序性，最好能够取得政策实施经验。第二，有些环节是同时进行的，比如推动政策执行和监控政策执行、政策试点和政策宣传等。第三，在具体的政策执行过程中，并不是必须采用上述七个环节，而是要注意执行过程的合理性，体现政策执行过程的有章有法、有规有矩，“分析和明确公共政策执行过程的内在机制和运作程序，有利于提高公共政策执行的效率和效果。”①

第二，依据合理的政策执行原则。对合理的基本原则的遵守，是政策执行有序、有效推进的重要一环。对于政策执行原则，学界提出了很多种执行原则。这里主要强调以下七种：一是忠实执行原则。在很大程度上可以认为，政策执行必须以既定的政策方案为行动依据，这是政策执行的第一原则。替换性执行（“你有政策我有对策”）、选择性执行（“曲解政策为我所用”）、象

---

① 周树志．公共政策学：一种政策系统分析新范式［M］．西安：西北大学出版社，2000：253.

征性执行（“软拖硬抗拒不执行”“只求形似不求神似”）、附加性执行（“搞土政策”“搞地方保护主义”）等都是不忠实执行政策的基本表现，它们是阻碍政策有效、有序执行的重要表现①。二是灵活执行原则，该原则也被视为政策变通原则、自由裁量原则，“是一切以时间、地点、条件为转移的辩证方法在执行过程中的具体运用。”② 当然，灵活执行原则并不是违背忠实执行原则，而是在忠实执行原则的基础上根据具体情况，不照搬教条、不以本本主义为行动准则，“求神似而去形似”。可见，灵活执行原则以具体实践情况为依据，为防止教条和僵化而创造性执行政策的行为，也是激发政策执行者积极性、主动性的基本方式。三是创新性原则。创新性原则要求政策执行者在遵守政策基本精神、基本要求、基本原则的基础上，因时、因事、因地、因势、因情制定执行方案，选择执行工具，既灵活巧妙又积极创新地执行政策。“一国两制”政策构想及其执行就是创新性原则的典型范例③。创新性原则要求我们不机械照搬、照抄、照转政策方案，而是以积极的心态、追求创意的思维来执行政策④。四是工具的优化组合原则。不同的政策执行工具适用于不同的执行情境，也各有优缺点，需要根据具体情况，以优化组合的原则选择执行工具。五是适时监控、及时纠偏原则。在公共政策执行过程中，可能出现“上有政策下有对策”的行为，也可能出现“不求甚解简单执行”的现象，还可能出现偏离政策目标的情况，这都需要遵循适时监控、及时纠偏原则。甚至可以说，政策执行与政策监控应该是同时进行、齐头并进的。这一点在下述“第四”点中也有论述。六是过程合理化原则。遵循科学合理的执行过程，有助于防止政策执行的混乱无序，在政策执行过程中必须遵循合理化原则。七是系统性原则。系统性原则也被视为全面性原则、整体性原则，其要求政策执行者全盘考虑影响公共政策执行的各种因素，有效协调参与公共政策的各种主体要素，以系统整体的思维推进执行结构的优化。

第三，选择合理的政策执行工具。政策执行工具是顺利推进公共政策执

① 陈振明．政策科学：公共政策分析导论（第二版）[M]．北京：中国人民大学出版社，2004：275－277.

② 陈振明．政策科学：公共政策分析导论（第二版）[M]．北京：中国人民大学出版社，2004：272.

③ 谢明．公共政策导论 [M]．北京：中国人民大学出版社，2004：176.

④ 陈振明．政策科学：公共政策分析导论（第二版）[M]．北京：中国人民大学出版社，2004：273.

行的方法系统。一般而言，公共政策执行工具可以分为四类①②：一是行政手段，其基本特点是“以令服人”，指采用行政命令、直接指示、制度规章等方式自上而下地安排政策执行。行政手段的优点是上下一体、层层安排，有助于保证公共政策执行的时效性。行政手段适用于具体事件的安排，也适用于执行系统合理、链条齐备的情境，还适用于那些紧迫性、突发性的问题情境。当然，行政手段容易诱发官僚主义，会扼杀下级执行机关的积极性和创造性，如果上级执行机关执行态度出现偏差、执行能力不济，会导致连锁反应，使政策执行的问题层层传递。二是思想手段，其基本特点是“以理服人”，指的是通过舆论、教育、协商、恳谈、谈判、对话等方式使政策相对人、下级机关等理解、支持公共政策，进而推进公共政策的有效执行。思想手段的优点是通过思想诱导，使有关主体从内心深处认同、支持公共政策，形成公共政策执行的内在推动力，有助于塑造推动政策执行的良好氛围。与行政手段相比，思想手段更加“温和”，且以政策相对人为主体，可以激励他们的积极性和主动性。但思想手段所需时间相对较长，且具有诸多的不确定性，因此其适用于那些态势不紧急、需要心理调适的领域。三是经济手段，其基本特点是“以利服人”，指的是依据经济规律和市场规则，运用财政补贴、政府购买、税收优惠、经济激励、利息调控等方式来推动公共政策执行。经济手段的优点是通过利益刺激可以在相关主体那里产生“内在驱动”，进而遵守政策规定、推动政策执行，利于激发相关群体的积极性和主动性。其“经济性”“利益驱动性”等特征使其更多适用于与经济有关的领域，可以与行政手段、思想手段等有机结合使用；但在那些政治性较强的领域则不适用，因为政治原则在很多情况下是不能用经济利益交换达成的。四是法律手段，其基本特点是“以律服人”，指的是通过法律法规、司法仲裁、法令等来执行公共政策。法律手段与行政手段一样都具有权威性、强制性。不同的是，法律手段更具“制度化”特征，可以通过明确的法律法规来保证政策执行的规范性，适用于势态不紧急的领域，可以对那些涉及范围广、关涉人群多的政策执行提供支撑。当然，法律手段需要与行政手段相互补充使用，因为行政手段比

① 陈振明．政策科学：公共政策分析导论（第二版）［M］．北京：中国人民大学出版社，2004：266－269.

② 周树志．公共政策学：一种政策系统分析新范式［M］．西安：西北大学出版社，2000：246－248.

较具体，能够促进“法律手段”实施。对于政策执行工具，需要注意两方面：一方面，要注意政策执行工具的各自特点，要在审视政策执行工具与政策执行情境契合与否的情况下选择政策工具，并将不同的政策工具优化组合；另一方面，政策性情境包括政策问题、政策目标、以前的工具选择和意识形态等内容，它们是选择政策工具及其优化组合的主要依据。

第四，进行合理的政策执行监控。威廉·N. 邓恩强调：“政策结果永远无法完全得知。因此，在政策执行之后对政策进行监测至关重要。”“监测（monitoring）是用来提供政策原因和结果信息的政策分析程序。由于监测有助于描述政策实施情况与结果之间的关系，它就成了获取政策执行情况信息的首要来源。”① 陈振明指出：“在政策执行过程中，由于信息不充分、有限理性、既得利益偏好、意外事件等因素，使得政策方案被误解、曲解、滥用政策或执行不力，直接影响到了政策执行结果。因此，必须对政策执行过程加以监测，以保证正确的政策能得到贯彻实施，并及时发现和纠正偏差。”② 简单说来，公共政策执行监控就是“监”和“控”——前者旨在搜集政策执行信息，后者旨在纠正政策执行偏差。威廉·N. 邓恩将政策执行监控的作用归结为监察、审计、核算和解释四方面，见表 8-2。

表 8-2　公共政策执行监控的具体作用

作用	具体内容
监察（compliance）	监测有助于确定政策执行人员及其他相关群体是否按照政策的标准、程序和原则开展行动。比如，环境保护机构的空气质量连续监测可以提供水平信息，进而提供有关政策执行效果的信息和依据
审计（auditing）	监测有助于确定政策方案的原定安排和计划所涉及的资源是否真正到位。比如，对分税计划的监测可以确定资金满足地方政府需要的程度及其存在的问题
核算（accounting）	监测所产生的信息有助于对大范围公共政策和项目执行所引起的社会和经济的变化进行核算。比如，生活质量的改变可以用诸如受教育程度、贫困线以下人口的百分比等指标来测量和标示
解释（explanation）	监测有助于提供关于公共政策和计划结果出现变异的原因信息。比如，在教育水平、社会福利方面的社会实验可以帮助我们找到最有效的政策和计划，并揭示它们是怎样发生作用以及为什么会有效

资料来源：[美] 威廉·N. 邓恩. 公共政策分析导论（第四版）[M]. 谢明等译. 北京：中国人民大学出版社，2011：190.

① [美] 威廉·N. 邓恩. 公共政策分析导论（第四版）[M]. 谢明等译. 北京：中国人民大学出版社，2011：151-152.

② 陈振明. 公共政策学：政策分析的理论、方法和技术 [M]. 北京：中国人民大学出版社，2004：265.

一般而言，根据时态的不同可以将政策执行监控分为三类：事前监控、事中监控和事后监控。见表8－3。

表8－3　公共政策执行监控的分类

类型	具体内容
事前监控	指在政策执行之前，有关主体未雨绸缪，事先预测和推定未来的政策执行活动可能存在缺憾，可能与政策目标不一致的地方，在此基础上提出监控措施，做好防范和应对工作
事中监控	指在政策执行过程中，实施同步监控，搜集执行信息、评估执行效果、考量评估行为，一旦发现与预期目标和政策原则等不符合的地方，立即采取纠偏措施，调整执行行为，改变执行方向，促使政策方案的真正落实
事后监控	指在一种政策执行行为发生之后或一项政策活动过程、政策周期结束之后，将政策执行的实际效果与既定目标、政策原则、政策要求等进行比较，评估执行绩效，在此基础上提出纠偏措施

资料来源：陈振明．公共政策学：政策分析的理论、方法和技术［M］．北京：中国人民大学出版社，2004：270.

对于政策执行监控的主体，要坚持多元化和网络化、规范化。一方面，需要通过多种渠道使专门的政策监控主体（上级机关、人民代表大会及代表、纪律监察机关、司法机关等）、政党、政策相对人、社会团体、大众传播媒介、公民个体等参与执行监控过程，实现多元合力；另一方面，实现政策执行监控的规范化，包括建立健全相对独立、专门的监控体系，建立健全完善的监控制度、监控体制机制等。只有这样，才能是政策执行监控更为有力，更加权威和严肃①。

关于公共政策执行监控的基本要求，要做到如下几点②：关注政策结果，锁定某些目标、以变化为导向、允许多元变量、强调主观与客观衡量的统一。见表8－4。

第五，制定合理的政策执行方案。政策执行也需要“理性”，这需要通过制定合理的执行方案来实现。即针对特定政策方案的执行，需要设计一个方案，用以系统安排具体的政策执行过程，划分政策执行责任，协调政策执行机构，分配政策执行资源，选择何种政策工具等。如果说政策方案是政策执行的终极依据的话，那么可以说政策执行方案是政策执行的具体依据。政策

① 陈振明．政策科学：公共政策分析导论（第二版）［M］．北京：中国人民大学出版社，2004：283－284.

② ［美］威廉·N．邓恩．公共政策分析导论（第四版）［M］．谢明等译．北京：中国人民大学出版社，2011：194－195.

执行方案是否具体、明确、可行、有针对性等，直接影响政策执行的效率和效果①。“承诺会产生期待，但是无法兑现的承诺都会导致期望的破灭与失望。”② 政策方案、公共决策等都可被视作“承诺”，而政策执行及其方案就是“兑现”的实际行动，因而制定合理的政策执行方案是必要的。政策执行方案的设计除了应该遵循公共政策执行方案设计与评价的一般原则外，还应具体包括政策执行主体、政策执行客体和政策执行介体三个层面的内容。

表 8－4　公共政策执行监控的基本要求

要求	具体内容
关注政策结果	要特别关注政策的“产出”，使用相关指标来衡量和测度政策的影响。既要关注政策制定者所关注的、预设的政策结果，也要关注那些超乎政策制定者意料之外的“副产品”——不被政策制定者和执行者控制的政策影响、政策执行后产生的“附带效果”等
锁定某些目标	政策结果之所以需要被关注，是因为政策结果可被视为解决问题的表现，是满足需求、实现目标、改善境遇的表现。简言之，政策执行要依据政策目标，政策执行监控也要考察执行结果与政策目标的契合程度
以变化为导向	在某种程度上可以说，政策监控就是要在新情况下（即政策执行过程中）观测政策执行情况、纠正政策执行偏差。这本身就是变化的思维方式。所以，政策执行监控要特别地以变化为导向，或者通过分析结果随时间的变化，或者通过比较两个或更多项目、计划或地区的变化，或者将两种情况结合起来监测政策结果的变动，以此为基础来分析政策的具体结果，考察具体结果与预定目标的契合程度等，进而为及时纠偏提供依据
允许多元变量	在监测政策执行结果时，要使用多元变量来测度和衡量，包括用于监测政策产出和过程的变量，来对产出和影响交叉分类等
强调主观与客观衡量的统一	客观衡量和主观衡量都可以获得有效的信息。即政策结果的测度既应包括客观指标及其信息的搜集，也应包括主观指标及其信息的搜集；既应包括定量分析，也应包括定性分析；既关注那些事实的因素，也应包括那些价值的因素等

资料来源：［美］威廉·N. 邓恩. 公共政策分析导论（第四版）［M］. 谢明等译. 北京：中国人民大学出版社，2011：194－195.

【复习思考题】

1. 你如何理解公共政策执行的含义？
2. 公共政策执行在公共政策过程中的地位和作用是什么？
3. 你怎样理解公共政策执行的属性？
4. 学界对于公共政策执行形成的理论模型有哪些？

① 周树志. 公共政策学：一种政策系统分析新范式［M］. 西安：西北大学出版社，2000：248.
② 张成福，党秀云. 公共管理学（修订版）［M］. 北京：中国人民大学出版社，2007：107.

5. 影响公共政策执行的因素有哪些?

6. 执行公共政策应该遵循的基本原则有哪些?

7. 公共政策执行网络的特征和作用是什么?

8. 公共政策执行的工具有哪些?

9. 如何做到有效选择公共政策执行工具?

10. 影响公共政策执行的资源要素有哪些?

11. 试着举一个执行失败的案例，并说明其失败的原因是什么。

12. 试着举一个执行成功的案例，并说明其成功的原因是什么。进而说明在执行公共政策时需要注意的事项有哪些?

13. 政策执行监控的重要性是什么?

14. 在进行政策执行监控时，需要注意哪些层面的因素?

15. 政策执行方案应包括的内容有哪些?

第九章　公共政策评估

【学习目标】

通过本章的学习，要理解公共政策评估的含义、意义；了解公共政策评估的基本面向；掌握公共政策评估需遵循的基本原则、基本过程；掌握公共政策评估的基本模式、基本逻辑、基本方法；掌握公共政策评估的标准体系；掌握理想的公共政策评估需要具备的特征；掌握设计公共政策评估方案的方法；了解公共政策评估所面临的困难因素。

【内容提要】

公共政策评估具有检视功能、评价功能、信息功能、决策功能、督促功能和参考功能。具有关注结果、主观价值、事实测度、监控督促和服务未来等属性。公共政策评估的基本面向可分为三个层次：主体、客体和介体。评估公共政策时应该坚持的标准有两类：一是基本指标，指的是与公平、效率、稳定和发展有关的指标；二是具体指标，指的是与特定公共政策有关的具体目标，以及该政策指向的社会公共问题。为保证政策评估的合理性，需要遵循客观性原则、针对性原则、科学性原则、参与性原则和全面性原则等。一般而言，公共政策评估过程应包括三个阶段：准备阶段、实施阶段和反馈阶段。公共政策评估的基本逻辑可通过九种模式来概括：目标达成模式、附带效果模式、无目标模式、综合评估模式、顾客导向模式、利益相关者模式、生产率模式、效率模式、职业化模式等。公共政策评估的方法有：矛盾分析法、前后对比法、加权分析法、观察法、档案分析法（查阅资料法、文献调查法）等等。应对公共政策评估过程中的障碍因素，需要政策管理者成为“组织绩效中心”；高层的支持与承诺；制定评估目标和评估规划；政策评估要有意义，利用政策评估，持续不断地发现问题、解决问题、改进政策系统；利用评估规划和衡量体系使管理者负责任；使高层之外的其他主体意识到政策评估的重要性，形成重视评估、认同评估的氛围。

古语有云："吾日三省吾身"。这是儒家对于修身的思想，指的是要时常反思自己的行为，是否做到了"仁""义""礼"等君子应该做到的。可以说，这是对自己行为、德性的评估，"反求诸己"以此达到高尚的境界[①]。公共政策也是一样，需要通过"反思"来考量其是否解决了公共问题，实现了政策目标，是否需要改进，取得了哪些经验和教训等。这就是公共政策评估——在政策执行之后的一个必备的功能环节。"政策评估的基本功能在于向政府及社会提供政策绩效的咨询；创新检视政策目标及政策方案，以谋求政策改进之道；同时，政策评估还可以作为形成政策问题或政策建议的基础。"[②] 本章即聚焦公共政策评估，对公共政策评估的概念、属性、原则、过程、方法等进行阐述。

第一节　公共政策评估的概念与属性

对于公共政策评估概念、属性等基本问题，我们不妨先看一个案例——城市"涉狗政策"的得失及其反思：

> 城市养狗是福是祸？是个人行为，还是关系他人利益的公共问题？市民养狗该不该管？由谁来管？怎样管？是高税，还是低税？是重管，还是重罚？是民间管理，还是政府参与？从目前北京市的情况看，"狗税"第一年登记费5000元，以后每年注册费是2200元。高额的"狗税"本想达到限养的目的，但从实际效果看，"高税"却与限养开了个玩笑。零点调查公司进行的一项调查显示，……缴纳税款的不到1/4。养犬数量比限养前的7.5万只增加了好几倍，而且正保持着8.2%的年增长率。可见，高税制并没有达到预期目的。[③]

这个例子说明已经执行的公共政策方案可能存在这样那样的问题，需要进行评估和反思。那么，评估的内容、属性等是什么呢？

① 张再林．治论：中国古代管理思想［M］．西安：陕西人民出版社，1993：137.
② 张成福，党秀云．公共管理学（修订版）［M］．北京：中国人民大学出版社，2007：112.
③ 谢明．公共政策导论［M］．北京：中国人民大学出版社，2004：190.

一、公共政策评估的概念

在一般意义上，评估指的是“评议估价；评价”[①]。即某主体根据一定标准对事物的价值功用、优劣长短等进行考量和评价[②]。

显然，对于公共政策评估而言，公共政策即是评估对象。而问题恰恰就出在这一对象的模糊性上了——有人认为公共政策评估是对公共政策方案的评估，其对象是公共政策方案；有人认为公共政策评估是对公共政策全过程的评估，其对象是公共政策的各个环节；有人认为公共政策评估是对执行之后的政策效果进行的评估，其对象是执行之后的公共政策，或是政策效果；有人认为公共政策评估就是找政策全过程中出现的偏差、缺憾，目的在于纠正公共政策，其对象是公共政策存在的问题等[③④]。不过大多数学者（尤其是我国学者）将公共政策评估视作对执行之后的公共政策及其效果的评估，即上述第三种观点。也可以说，以结果为导向、以绩效为导向的评估观点占主导地位。我们可以看看几种定义：

威廉·N. 邓恩认为：“评估回答一个相关但不同的问题：结果有什么价值。”[⑤]

徐家良认为：公共政策评估就是在一定的历史条件下，公共政策评估主体根据评估原则、评估标准和评估指标，依据一定的评估程序，围绕政策产出和政策影响，对公共政策的制定过程、执行过程进行检测，以判断公共政策满足预期目标、过程目标和实际目标程度的活动[⑥]。

陈振明认为：政策评估是依据一定的标准和程序，对政策的效益、效率及价值进行判断的一种政治行为，目的在于取得有关这些方面的信息，作为决定政策变化、政策改进和制定新政策的依据[⑦]。

---

① 中国社会科学院语言研究所词典编辑室编．现代汉语词典（修订本）［Z］．北京：商务印书馆，1996：980.

② 谢明．公共政策导论［M］．北京：中国人民大学出版社，2004：192.

③ 陈振明．政策科学：公共政策分析导论（第二版）［M］．北京：中国人民大学出版社，2004：309.

④ 谢明．公共政策导论［M］．北京：中国人民大学出版社，2004：192.

⑤ ［美］威廉·N. 邓恩．公共政策分析导论（第四版）［M］．谢明等译．北京：中国人民大学出版社，2011：240.

⑥ 徐家良．公共政策分析引论［M］．北京：北京师范大学出版社，2009：244.

⑦ 陈振明．政策科学：公共政策分析导论（第二版）［M］．北京：中国人民大学出版社，2004：309.

谢明认为：政策评估需以政策效果为核心，其宗旨是确定某一既定政策是否已经做了或者在多大程度和范围内做了它本打算做的事情，实际上就是对政策效果进行分析和判断。政策评估所要回答的基本问题包括：政策执行后，是否达到了预期目标？是基本达到还是完全达到？其程度和范围如何？对社会生活带来哪些影响？对观念和行为的影响？正面和负面的影响各是什么？政策投入（包括直接成本与间接成本）与政策产出（包括直接效果与间接效果）如何？政策的未来去向如何？是继续，还是调整或终结？①

顾建光认为：政策评估简单地说就是对政策实施后的效果进行判断，以决定政策的延续、修正或终止②。

综上所述，我们可以给公共政策评估下一个简单的定义：有关主体依据一定程序、原则和标准，运用各种方法，对公共政策执行之后的效果进行考量，并通过政策执行信息的搜集和分析，判断公共政策执行效果与公共政策制定过程、执行过程的关联，为政策变迁和新政策制定提供必要依据。

不难发现，公共政策评估的基本面向可分为三个层次：主体、客体和介体。

第一，关于公共政策评估的主体。评估主体是评估过程中的主导者，包括政策制定者、政策执行者、上级机关、专业的评估机构（受相关政府机构的委托）、智库、专家学者、政策相对人等。不同的主体对于政策执行效果的感受程度不同，对于政策绩效高低的“在意”程度也不同。因此，在理想的意义上，政策评估过程应该具有开放性，能够吸纳多元主体进入评估网络，反映相关信息。在本章第二节关于政策评估逻辑和评估模式的论述中，大都是以政策评估主体的不同种类为分类依据的。

第二，关于公共政策评估的客体。评估客体是评估过程的“被动者”，但评估客体却是评估主体所关注的基本点。一般而言，评估客体包括以下几个要素：一是政策执行效果，即政策执行带来哪些影响以及影响大小，包括直接影响和间接影响，也包括预期效果和附带效果；二是政策执行效果与政策目标的契合程度；三是政策执行效果与相关群体的预期、需求的接近程度；四是不同的评估主体对政策执行效果的感知程度、满意程度等；五是依据上

① 谢明．公共政策导论［M］．北京：中国人民大学出版社，2004：192－193.

② 顾建光．公共政策分析述论［M］．上海：上海人民出版社，2013：120.

述四个方面对政策制定过程和执行过程进行分析和判断，包括价值判断和事实判断；六是依据上述五方面作出整体分析和判断，对政策去向（继续、调整或终结）、政策执行方式（继续或调整）、新政策制定等提出建议[①]。

第三，关于公共政策评估的介体。评估介体是评估过程中连接主体与客体的要素，评估介体是事关评估合理与否的关键。评估介体包括：评估原则、评估过程、评估指标、评估逻辑与评估模式、评估方法五大要素。在本章的第二节将会分别介绍这几个要素。因此，这里不再赘述。

二、公共政策评估的意义

卡罗尔·魏斯（Carol Weiss）认为公共政策评估具有六方面的积极作用：

> （1）继续活停止政策的实施；（2）改善政策的实施与程序；（3）增删特殊的政策执行策略与技术；（4）作为它处推动类似政策的参考；（5）作为分配各竞争政策资源的根据；（6）作为接收或拒绝某一政策所涉及途径或理论的基础。[②]

威廉·N. 邓恩认为公共政策评估的作用有三[③]：一是评估提供了关于政策绩效的可靠和有效的信息；二是评估有助于价值的澄清和评判，该价值支撑目标和目的的选择；三是评估有助于其他政策分析方法的应用，包括问题建构和建议。不充分的政策绩效信息有助于政策问题的重新建构，比如，通过证明目标和目的应该被重新界定。通过证明先前偏好的政策方案应该被放弃或用另外的方案代替，评估也有助于新的或修订的政策方案的界定。

我们可以从六个方面来理解公共政策评估的作用和意义：

第一，检视功能。检视功能指的是通过公共政策评估获得政策执行的具体效果，即检视公共政策及其执行带来的社会效果，与政策目标的契合程度，对社会公共需求的满足程度，对社会公共问题的解决程度等。检视功能在某种程度上可被视为对公共政策执行之后客观事实（具体影响）的测度和描述，

---

① 谢明．公共政策导论［M］．北京：中国人民大学出版社，2004：193.

② 张成福，党秀云．公共管理学（修订版）［M］．北京：中国人民大学出版社，2007：112.

③ ［美］威廉·N. 邓恩．公共政策分析导论（第四版）［M］．谢明等译．北京：中国人民大学出版社，2011：249.

给人以具体、明确的“结论”。

第二，评价功能。评价功能指的是通过公共政策评估来对公共政策执行效果的价值评判。如果说检视功能更多是对客观事实的测度和描述，那么评价功能则更多是一种主观的评判，涉及执行的好与坏、政策效果的优与差、该政策的成本与收益是否合理、该政策是否值得、该政策执行主体是否尽职尽责等价值判断问题。

第三，信息功能。信息功能指的是通过公共政策评估可以获得既有政策的全面信息，包括政策目标是否合理、政策问题的界定是否准确、政策方案的设计是否科学、政策执行的推行是否有力等信息，也包括政策目标确定、政策问题的界定、政策方案的设计、政策执行等环节存在的问题及其原因等信息，还包括政策问题的发展、变迁等信息。通过评估来全面、及时、准确地获取相关信息，这既是上述检视功能、评价功能的基础，也是下述决策功能、督促功能、参考功能的依据。

第四，决策功能。决策功能指的是通过公共政策评估来决定现行公共政策的去向——是继续执行，还是做些调整和改进后继续执行，还是将该政策中止、废除。如果没有评估，就无法全面、及时、准确地获取相关信息，无法合理确定现行公共政策之去向。从这个意义上讲，公共政策评估具有“决策功能”，是公共决策的继续①。

第五，督促功能。督促功能指的是公共政策评估可以起到监控政策执行、促进政策实施的作用。一方面，公共政策评估作为一种“导向”和“诱因”，可以作为一种压力和警示，促使公共政策执行者积极承担责任。通过绩效评估，使组织的激励约束机制有了依据，建立在绩效评估基础上的奖惩，强化了组织的激励机制②。另一方面，公共政策评估具有发现问题、及时纠偏的作用。通过对政策实施过程的评估，能够及时发现执行中存在的问题，并迅速加以纠正，可以有效监督、预防执行机关怠于执行、执行走样，保证政策被正确地贯彻实施，促进行政效率的提高③。

第六，参考功能。参考功能指的公共政策评估可以为后续公共政策制定提供参考信息、参考经验等。“知而后行”，通过系统全面的公共政策评估，

① 周树志．公共政策学：一种政策系统分析新范式［M］．西安：西北大学出版社，2000：322.

② 张成福，党秀云．公共管理学（修订版）［M］．北京：中国人民大学出版社，2007：277.

③ 顾建光．公共政策分析述论［M］．上海：上海人民出版社，2013：121.

可以获取公共政策问题界定、目标确定、方案设计、公共决策、政策执行等各个方面的信息，既能获取其中的有益经验，也能发现其中的问题教训，这是一笔“财富”——在以后的政策过程中可以借鉴，或者予以防范。

三、公共政策评估的属性

威廉·N. 邓恩在比较政策评估与政策监控（本书第八章对政策监控有论述）的基础上对政策评估的属性进行了描述，有一定的启发意义。见表9－1。

表9－1　公共政策评估的性质

性质	内容解释
价值中心	政策评估以价值评价为焦点。与政策监控相比，评估关注对政策和项目有用性或价值的判断。评估主要是为了确定一项政策的价值或社会效用，而不是简单地搜集预期的和非预期的政策行为结果方面的信息。由于政策目的和目标的适当性总是遭到质疑，评估还必须包括对目的和目标本身进行评价
价值—事实相互依赖	政策评估需要依赖和兼顾主观价值和客观事实两个因素。评估对事实的依赖和对价值的依赖一样多。某项政策取得了高或低的绩效，不仅要看相关利益主体的主观评价，而且要在客观上测量政策执行所带来的影响
当前的和过去的倾向	政策评估以当前的和现在的具体情况为观测点。与建议中产生的倡导性主张相比，政策评估主张倾向于对当前的和过去的结果的测度，而不是未来的结果。换言之，评估是回溯性的而不是前瞻性的，出现在行为之后（事后）
价值的双重性	支撑政策评估的价值具有双重性质，既可以视作目的又可以当作手段。从这个角度看，政策评估与政策建议相似。具体而言，政策评估既是对政策执行及其效果的定性，这是“目的”层面的；又是对下一步行动的依据，通过评估可以为政策变迁和新政策制定提供参考，这是“手段”层面的

资料来源：[美] 威廉·N. 邓恩. 公共政策分析导论（第四版）[M]. 谢明等译. 北京：中国人民大学出版社，2011：248. 略有改动。

公共管理学者纽曼·弗莱恩（Norman Flynn）从公共管理绩效评估的角度对评估的性质进行了分析，他的观点也有重要借鉴意义。见表9－2。

从邓恩和弗莱恩的观点中，我们不难看出公共政策评估具有如下属性：（1）关注结果，对公共政策执行之后的各种效应进行测量和评价。不对未来进行展望，更多是对过去的“总结”。（2）主观价值，对政策执行之后的各种效应进行评价，包括其是否在效率、效益等方面具备合理性，是否满足了相关需求，解决了相关问题，是否兼顾了公平、效率、稳定和发展等。（3）事实测度，对政策执行之后的各种效应进行客观上的测度，利用一些统

表9-2 公共政策评估的性质

性质	内容解释
责任落实	公共部门至少在三方面担负责任：一是政府的支出必须获得人民的同意且遵照正当程序支出；二是资源必须有效利用；三是资源必须用于达成预期的结果。因为不进行评价，就难以知道公共部门是否负起了责任
利害关系人的期望	公共服务具有各种各样的顾客，它们并非是对同一结果感兴趣，公共管理者经常面临着困境——满足了一部分人的需求，却使另一部分人不满。只有通过绩效评估，才能督促公共部门做到公平和协调
对结果导向的强调	绩效评估更讲究结果导向，而非程序、规则导向。结果恰恰是绩效评估的基本观测点
个人绩效和组织绩效的双重要求	以往几乎所有的公共部门都进行针对个人的考核。但仅针对个人的绩效评估是不够的，因为个人绩效的提高并不一定导致组织绩效的提高，只有将两者有机结合起来，才能促进整体绩效的提高

资料来源：张成福，党秀云．公共管理学（修订版）［M］．北京：中国人民大学出版社，2007：276．略有改动。

计指标，来说明、描述政策绩效的数量特征、结构特征等。（4）监控督促，以评估为抓手，对政策执行起“威慑”“导向”作用，督促政策执行者担负起应有的责任。（5）服务未来，虽然政策评估的对象并不直接指向未来，不具备前瞻性，但是政策评估结果对未来具有影响作用，是政策去向的依据，也是新政策制定的依据。

第二节 公共政策评估的逻辑与方法

第一节更多介绍的是与公共政策评估有关的“知识”，这一节则以公共政策评估实践为中心，讨论公共政策评估的方法和逻辑，并分析在公共政策评估实践中常见的困难和障碍因素。通过这一节的学习，希望读者能够设计公共政策评估的方案，并且能够在“方法论”意义上获得公共政策评估的实践能力。

一、公共政策评估的标准

威廉·N. 邓恩认为公共政策评估的标准应该包括效果、效率、充分性、公正性、回应性和适当性等。见表9-3。

林水波、张世贤指出，公共政策评估标准包括八个：投入工作量、绩效、效率、充足性、公平性、适当性、执行力和社会发展总指标。见表9-4。

表9－3　公共政策评估的标准

标准类型	基本问题
效果	结果是否有价值
效率	为得到有价值的结果付出了多大代价
充分性	有价值的结果的获取在多大程度上解决了问题？满足了需求
公正性	成本和效益在不同群体之间是否等量分配
回应性	政策结果是否满足特定群体的需求、偏好和价值
适当性	所需结果（目标）是否真正值得或有价值？是否具有“内卷化”特征

资料来源：［美］威廉·N. 邓恩．公共政策分析导论（第四版）［M］．谢明等译．北京：中国人民大学出版社，2011：249. 略有改动。

表9－4　公共政策评估的标准

标准类型	基本问题
投入工作量	在政策执行过程中所投入的各项资源的质与量，以及分配状况
绩效	依据具体明确的目标，分析政策对客观事物与政策环境所造成的实际影响。绩效既包括政策推动的结果，又含有民众心目中认定的、感觉到的满意程度，可被视为公共政策的“产出”
效率	投入工作量与绩效之间的比例关系
充足性	满足人们需求、价值或机会的有效程度，反映了绩效的高度与理想追求的契合程度
公平性	政策所投入的工作量以及产生的绩效在社会不同群体间公平分配的程度。政策类型不同，所反映的公平性的角度与观点也不一样
适当性	政策目标和所表现的价值偏好，以及所依据的该假设是否合适
执行力	探求影响政策成败的原因，进而导致因果模型的构建
社会发展总指标	对社会状态与发展的数量描述与分析。既反映过去的动向，又可作为社会现状的说明，其特征是以描述性指标为主

资料来源：陈振明．政策科学：公共政策分析导论（第二版）［M］．北京：中国人民大学出版社，2004：312.

陈振明认为公共政策评估的标准包括五方面：生产力标准、效益标准、效率标准、公平标准和政策回应度等。见表9－5。

周树志将公共政策评估的标准分为三大类：一般标准、特殊标准和主观标准，每一标准又分为几小类①。见表9－6。

① 周树志．公共政策学：一种政策系统分析新范式［M］．西安：西北大学出版社，2000：325－333.

表9－5　公共政策评估的标准

标准类型	基本问题
生产力标准	这是政策评估的首要标准。评价一项政策的好与坏、正确与错误、进步与落后，要考查其是否、有无以及在多大程度上解放了生产力，促进了生产力的发展
效益标准	以实现政策目标的程度作为衡量政策效果的尺度，关注的是政策的实际效果是否与预定目标相符合、相契合的程度有多大，还存在哪些距离和偏差等
效率标准	以政策效益与政策投入之间的比率为尺度。有两种表现：一是单位成本所能产生的最大价值；二是既定目标所需要的最小成本
公平标准	以政策执行后导致的与该政策有关的社会资源、利益及成本在不同群体间公平分配的程度为尺度。一项好的政策应该是努力实现公平、合理分配的政策。一项政策很有效率，又能取得较高的效益，但却不一定是好的政策，因为其可能造成了社会的不公平。因此，好的政策应该是兼顾公平与效率的政策，只有建立在公平基础上的效率才是真正的效率
政策回应度	以政策实施后对特定群体需求的满足程度为尺度。政策回应度标准旨在从总体上衡量政策对社会的宏观影响。一项政策，只有政策对象感觉到了满足和进步，才是好的政策。换言之，公共政策是否回应了民众和社会的需求，并切切实实地实现了这种回应，才是好的政策

资料来源：陈振明．政策科学：公共政策分析导论（第二版）[M]．北京：中国人民大学出版社，2004：471－472.

表9－6　公共政策评估的标准

标准类型	基本问题
一般标准	公共政策评估的一般标准是公共政策评估活动中共用的和通用的标准。包括政治标准、社会功利标准、生产力标准、社会实践标准、历史进步标准等
特殊标准	公共政策评估的特殊标准是不同类型的公共政策行为的评价依据，各有自己专门的、特殊的评价标准，主要是以它们各自的内在目标规定为评价标准。包括政策成本标准、政策效率标准、政策效果标准、政策效益标准等
主观标准	公共政策评估最终是由具体的评估者进行的，所以评估者不仅要掌握和运用政策评估的一般标准和特殊标准，而且评估者个人的主观评价标准在政策评估中也有相当的影响力。主观标准包括：主体的价值观标准、主体利益标准、主体兴趣爱好标准等

资料来源：周树志．公共政策学：一种政策系统分析新范式[M]．西安：西北大学出版社，2000：325－333.

综合上述学者的观点，我们认为评估公共政策时应该坚持的标准有两类：一是基本指标，指的是与公平、效率、稳定和发展有关的指标。二是具体指标，指的是与特定公共政策有关的具体目标，以及该政策指向的社会公共问题。制定公共政策是为了解决公共问题实现公共目标，因此在评估公共政策时就应该以基本政策目标和具体政策目标为依据。如果一项公共政策经过实施后实现了基本政策目标和具体政策目标，那么它就是“好”的；如果一项公共政策完美地解决了预先界定的社会公共问题，那么它就是“好”的。反之亦反。当然，是否实现了基本政策目标和具体政策目标，既需要客观事实的测度，也需要通过主观评价来判断。但从评价公共政策的指标的角度看，应该以目标及其针对的社会公共问题为评价依据。

二、公共政策评估的原则

在开展公共政策评估的过程中，为了保证得到比较准确、合理的结果，需要遵循以下几项原则：

第一，客观性原则。客观性原则指的是要以客观事实为依据来考量政策效果。虽然必须得承认政策评估具有价值评判的属性，但是这种评判不能“太任性”，而应该以客观事实为前提。一方面，要求政策评估主体摒弃自身的“偏见”、祛除价值，以“中立”的观念来客观分析、评价政策绩效；另一方面，要求政策评估主体不要被政策利益相关群体的某些褊狭的观念、意见所左右，而应在尊重利益相关群体价值偏好的基础上，客观地搜集、分析信息，得出评估结论。

第二，针对性原则。针对性原则指的是要以政策问题和目标为评估依据，要以政策执行实际产生的绩效为评估对象。一方面，在开展政策评估时，不能忽视政策评估的基本指标和具体指标，否则评估的结果将会毫无疑义，要么是“南辕北辙”，要么是“言之无物”；另一方面，在评估时要以政策的绩效为对象。比如，某地通过降价的方式来吸引游客，以提高自己的旅游收入。经过一段“降价”之后，该地的旅游人数和旅游收入都大有增长。但不能据此断定“降价政策”的有效性，因为该地旅游人数和旅游收入的增长可能与“降价政策”没有直接关联，而可能是该地新开通了一条高速公路，交通方便使得其旅游产业“火”了起来；也可能是该地新开发的旅游景点极具吸引力，导致旅游人数和旅游收入大幅增长，而并非价格低廉所引起；还可能是该地有关旅游的电视广告起了作用，因知名度的提升导致旅游人数和旅游收入的增长；还可能是国家经济的发展、人们的休闲观念增强、国家的“假期”政策导致旅游人数增长，即所有地区的旅游人数和旅游收入都因国家发展、观念改变、假期政策调整而增长，在根本原因上与该地区的降价、宣传等都没有关系。总之，评价一项政策时，必须“恪守边界”，严格把握因果关系——以该政策的真正结果为对象，而不能将与之毫无关联的结果纳入进来。

第三，科学性原则。科学性原则指的是在评估政策时要遵循必要的步骤、运用科学的方法、遵循合理的逻辑等。简言之，要在方法和手段上保证政策评估的科学、有效。政策的效果具有多样性，诸如直接效果、附带效果、意外效果、潜在效果、象征性效果等，对于这些多样的效果，必须设计科学的指标，运用科学的方法，否则必将会出现遗漏。另外，公共政策往往具有较广的影响范围，具有“复杂性”，且具有“专业性”（存在于诸如生物、水利等专业领域），这也要求政策评估应遵循科学性原则①。比如，关于“核电站”政策项目的评估、关于传染病防治政策项目的评估、关于国际金融政策项目的评估等，都必须以特定的专业知识和技术为支撑，且要在科学的意义上予以全面考量。

第四，参与性原则。参与性原则指的是在政策评估过程中要吸收专家、政策相对人等多元群体参与，体现评估的开放性、民主性。首先，公共政策的公共性、民主性要求政策评估具有开放性，能够以制度化的方式吸纳多元主体参与。其次，为保证公共政策评估的科学性，需要吸纳有关专家参与，也需要政策相对人、政策执行者等参与。前者的参与为评估提供了专业支撑，后者的参与为评估提供了信息支撑，两种支撑都是保证评估科学性的基本条件。最后，公共政策是否真正地满足了公共需求，是否完备地解决了公共问题，这都需要以政策相对人的切身感受为基础，所以需要吸纳政策相对人参与评估过程；公共政策执行过程中遇到的问题、取得的经验，只有政策执行者最清楚，所以需要吸纳政策执行者参与评估过程②。

第五，全面性原则。全面性原则指的是在政策执行过程中要全面、准确地搜集各种信息，要全面、系统地分析公共政策的各种效果等。一方面，信息是评估的基础。只有掌握了及时、全面、准确的政策信息（包括政策问题、政策目标、政策方案、政策执行、政策环境等信息），才能进行评价，才能保证评价的信度和效度。另一方面，需要全面考量政策效果，既不能以偏概全，也不能大而化之；既不能只关注政策直接影响，也不能仅强调政策的附带效果、意外效果、潜在效果等；既不能忽视政策相对人的认知与评价，也不能

① 张成福，党秀云．公共管理学（修订版）［M］．北京：中国人民大学出版社，2007：280.

② 陈振明．公共政策学：政策分析的理论、方法和技术［M］．北京：中国人民大学出版社，2004：297.

忽视政策执行者的感受与判断，等等①②。

三、公共政策评估的过程

政策评估是一种有计划、按步骤进行的活动，是一个有规律可循的系统过程③。一般而言，公共政策评估过程应包括三个阶段：准备阶段、实施阶段和反馈阶段。

第一，准备阶段。准备阶段的主要任务是，在评估行动开始之前对具体的评估实践进行理性分析和科学谋划。主要包括④⑤：一是确定评估对象，即要评估的政策执行实践及其边界；二是确定评估标准，即依据政策问题、政策目标、政策情境等确定评估的指标体系、评价的标准和尺度等；三是确定评估主体，即确定由“谁”构成评估过程的主导者，并对评估主体进行必要的培训；四是确定评估参与者，即根据情况选择、确定参与评估的政策相对人、利益相关者、专家等；五是确定评估目的，即明确评估的指导方向、基本原则等；六是确定评估的时限，即明确评估开始、评估结束的时间期限；七是明确评估方法，即根据具体评估对象、评估目的、评估标准等选择合适的评估方法；八是确定评估资源，即明确支持评估的各种资源，如制度资源、办公资源、财物资源、人力资源等。九是确定评估方案，即根据上述八方面内容，形成具体、明确、可行的评估方案，形成完整的评估系统。

第二，实施阶段。实施阶段的主要任务是，依据评估标准、运用评估方法，搜集、分析相关信息，对评估对象进行评价，形成评估结果。实施阶段是评估行为的具体发生阶段，既需要运用观察法、问卷调查法、案例分析法、座谈会等各种方法充分、全面、准确地搜集相关信息，也需要运用归纳推理、演绎推理、前后对比、数理分析、回归分析、模型分析等各种方法分析搜集到的信息，得出评估结论；还需要对所获得的信息、得出的结论进行复核，

---

① 陈振明．公共政策学：政策分析的理论、方法和技术［M］．北京：中国人民大学出版社，2004：293－297.

② 张成福，党秀云．公共管理学（修订版）［M］．北京：中国人民大学出版社，2007：280.

③ 陈振明．公共政策学：政策分析的理论、方法和技术［M］．北京：中国人民大学出版社，2004：290－291.

④ 周树志．公共政策学：一种政策系统分析新范式［M］．西安：西北大学出版社，2000：334.

⑤ 陈振明．公共政策学：政策分析的理论、方法和技术［M］．北京：中国人民大学出版社，2004：291.

同时听取有关方面关于评估结果的意见和建议，对评估结论进行必要修正，提高评估结果的信度和效度，确保评估结果的准确性、真实性。最终形成正式的评估报告——使用规范、准确的文字、数据、图表、公式等明确描述和表达评估结论。有学者对政策评估的实施阶段的任务做出如下归纳，有一定的启发性：

> 主要任务是：第一，形成审查相关的政策行为信息资料。第二，提出评价者初步的非正式的评价意见。第三，集体评价，评价者独立的正式的评价意见讨论。第四，汇总统计评价者的意见，得出集体评价的意见。①

第三，反馈阶段。反馈阶段的主要任务是，处置评估结果，将评估结果运用到具体的政策实践中。具体包括三方面，一是向政策制定者、政策执行者、政策相对人等反馈、说明有关评估结果。二是根据政策评估结果，对政策制定、政策执行等提出建议，包括是否继续执行该政策，是否需要修改、调整政策方案，是否需要调整政策执行手段，在后续政策制定和政策执行方面需要注意哪些事项等。三是落实评估结果，将评估结果落实到具体的改进措施当中，切实形成评估效应。当然，在反馈阶段也有必要对政策评估本身进行总结和反思。

四、公共政策评估的逻辑②

埃弗特·韦唐（Evert Vedung）在其《公共政策与项目评估》一书中全面概括了公共政策评估的三大类九小类政策评估逻辑（也被视为九种评估模式）。如图9－1所示。

第一，目标达成模式。这是最传统也是最基本的政策评估逻辑，主要分析两方面内容：一是政策结果与政策目标的一致性程度，即政策结果与政策目标是否契合，在多大程度上相契合；二是这一政策结果是否真的是由政策

① 周树志．公共政策学：一种政策系统分析新范式［M］．西安：西北大学出版社，2000：334.

② Evert Vedung. Public Policy and Program Evaluation ［M］. New Brunswick and London：Transaction Publishers，1997：35－92. 亦可参见：陈振明．公共政策学：政策分析的理论、方法和技术［M］．北京：中国人民大学出版社，2004：293－300.

- 政策评估逻辑
  - Ⅰ效果逻辑
    - （1）目标达成模式
    - （2）附带效果模式
    - （3）无目标模式
    - （4）综合评估模式
    - （5）顾客导向模式
    - （6）利益相关者模式
  - Ⅱ经济逻辑
    - （7）生产率模式
    - （8）效率模式
  - Ⅲ职业逻辑
    - （9）职业化模式

图 9－1　政策评估模式的分类

资料来源：陈振明．公共政策学：政策分析的理论、方法和技术［M］．北京：中国人民大学出版社，2004：293．略有改动

方案及其执行所产生的，即政策结果与政策执行之间的因果关系是否是“真”的。这一模式具有两个优点：一是简单易行；二是直接契合政策目标，易于被各方所接受，也真正体现了政策评估的属性。当然，这一模式也有缺憾，如只关注政策目标的达成，而对政策执行的成本、政策执行的效率等有所忽略；政策目标以及政策结果在表面上是清晰的，但实际上往往很难捉摸等。

第二，附带效果模式。附带效果是指项目目标范围之外的影响，与主要效果——政策制定者有意识地想要得到的主要实质性影响——相区别①。不难发现，附带效果模式在本质上仍然以政策的具体效果和社会效应为主要观测点，只不过，它与“目标达成模式”相比更加全面——不仅关注政策执行的预期效果，而且关注预期效果之外的其他效果。

第三，无目标模式。上述“目标达成模式”和“附带效果模式”都以目标为观测点，这多少带有“心理暗示”的作用，容易使评估者被计划内和计划外的目标“牵着鼻子走”，得出的政策效果信息和评估结论可能会因此而有所偏差。无目标模式则力图避免这一缺憾，其试图抛开“目标”，跳出“目标”的影子，以政策执行的客观效应为主要观测点，并在此基础上评价政策。当然，这一模式也有缺憾——它似乎不再关注政策目标，且强调政策评估的客观性而忽视相关主体的主观需求，这都会影响政策评价结果的公平性和针对性。

---

① 陈振明．公共政策学：政策分析的理论、方法和技术［M］．北京：中国人民大学出版社，2004：294.

第四，综合评估模式。这一模式将政策的制定（政策规划）、政策执行和政策效果都纳入测评范围，即它不再仅仅关注结果，而将产生结果的过程纳入评估视野。显然，综合评估模式更能体现系统、全面原则。但是其实施成本相对较高，实施难度也相对较大。

第五，顾客导向模式。这一模式在“结果”这一层面上进行了另一种调整——关注政策相对人的目标、期待、需求等。将政策相对人的目标、期待、需求及其实现和满足程度作为评估的标准和依据。因此，在实施评估时将政策相对人的感受，以及政策执行对政策相对人的影响作为主要观测点，强调政策相对人对评估过程的参与。不难发现，这一模式具有较强的民主性，也以民众的需求等为依据，具有合理性和公共性。但是单纯以“顾客”为导向，可能也有失偏颇，因为政策相对人在表达政策意见、评价政策绩效时难免会出现“当局者迷”的困境，使其反馈的信息缺乏客观性，影响政策评估结果的信度和效度。

第六，利益相关者模式。这一模式与“顾客导向模式”相似，只不过观测点扩大了——将与政策有关的一切团体、个人、被政策影响到的一切团体和个人都纳入评估范围，以它们的需求、期待、目标等作为评估依据，使它们都参与到政策评估过程中来。一般而言，政策利益相关者包括政策相对人、政策管理者、政策制定者、政策参与者等。

第七，生产率模式。这一模式已跳出了“结果”的范畴，而关注政策的所费和所得，即产出与投入的比率。对于生产率模式，有十条评价准则：

> （1）过去——已经取得的生产率和过去的相比较如何？（2）国内比较——同一国家或行政区域相似组织间生产率的比较如何？（3）国际比较——不同国家相似组织已得到的生产率的比较如何？（4）水准基点——和过去最好的经验相比已取得的生产率如何？（5）目标——已取得的生产率符合政治主体的目标吗？这个结果与市政府[①]的目标一致吗？（6）顾客期望——满足顾客的需要吗？（7）利益相关者期望——满足利益相关者的需要吗？（8）职业准则——生产率满足已被接受的职业准则吗？（9）最小化——生产率是否满足最小化的要求？（10）最优化——

① 原文如此——引者注。

生产率是否与最优化模式一致?①

第八，效率模式。这一模式与“生产率模式”相类似，都注重所得和所费之间的关系。包括两方面：一是成本—收益分析，以货币为衡量方式，将所得和所费“货币化”后进行比较和分析；二是成本—效益分析，将投入（所费）“货币化”，以货币为衡量标准，而产出（所得）则根据实际效果测量，如收益人数、犯罪率下降程度等，而不再将之“货币化”。

第九，职业化模式。这一模式更多强调“职业人员”在评估过程中的作用，主张专业的职业工作者作为评估主体对自己的“同行”进行评估，依据本行业的价值准则和质量标准进行。显然，这一模式使得政策评估更加专业、更加在行。当然，实施这一模式需要尽力规避“同行相侵”现象的出现，也要尽力防范“同行相护”现象出现。

五、公共政策评估的方法

“方法”对于实现目的具有基础性的价值，有效的、合适的方法能够起到“事半功倍”的效果，而无效的、不合时宜的方法常常导致“事倍功半”，并且极可能得到相反的结果。对于公共政策评估而言，可以采用的方法有：矛盾分析法、前后对比法、加权分析法、观察法、档案分析法（查阅资料法、文献调查法）、报告法、座谈会法、问卷调查法、模型分析法、案例分析法、访谈法、量表测量法、现场工作日记/日志法、通讯评价法、会议评价法、参与者判断法，等等②。

第一，由于管理学专业的其他课程会大量地介绍这些方法，所以这里就不一一赘述这些方法的具体运用。读者可以通过查阅资料的方式来分别了解上述各种方法的具体运用。

第二，每一种评估方法都有各自的特点和优缺点，也都有各自的适用范围，所以，在具体的评估过程中，需要审慎地选择合适的方法，并做到“优化组合”——采用不同种类的评估方法，获取不同侧面的信息。

第三，希望读者选择上述一种或几种方法，将之与具体的政策情境相结

① 陈振明．公共政策学：政策分析的理论、方法和技术［M］．北京：中国人民大学出版社，2004：299.

② 可参见：魏娜．公共管理的方法与技术（第二版）［M］．北京：中国人民大学出版社，2011.

合，或者尝试着利用它们评估某一政策。

六、公共政策评估的困难

公共政策评估面临着各种各样的障碍和困难因素，了解这些因素并适当地规避这些因素是提高评估质量的关键。张成福等学者认为政策评估的困难因素有八个方面：政策目标不易确定；政策成功与否的标准不易确定；政策效果、影响与政策行动之间的因果关系不易确定；政策影响具有多层面，政策评估需要仔细、全面，务求客观，否则将陷入评估的陷阱；政策评估所需信息资料不易获取；评估的方法问题；政治上的阻力；政策评估的成本等①。陈振明认为这些困难因素包括六大方面：政策评估的不确定性；政策效果的不确定性；政策资源的混合和政策行为重叠；政策行动与环境改变之间的因果关系的不易确定；评估信息和评估经费缺乏；有关机构和人员的抵制②。

根据上述论述，这里主要强调几个方面的困难因素：

第一，复杂性。公共政策评估并不像物理学意义上测量重量、长度、温度等那样简单，而是具有很强的复杂性。比如，评估标准的复杂与不确定性，不同个体、不同群体对政策目标和政策问题的感知存在巨大差异，对政策的需求和期待也存在巨大差异，这导致了评估依据的不确定性和不可捉摸性；对于政策结果的影响也具有复杂性和不确定性，政策问题本身、政策目标设计、政策方案制定与选择、政策执行、政策环境、政策资源等等都是影响政策结果的因素，它们各自的影响程度、影响方式也不同，很难确定到底是哪个或哪几个因素的影响程度较强，这使得评估结论难以确定，也使得责任追究和原因探讨困难重重；或者说，在政策评估的过程中，因果关系十分复杂，并不是“线性”的；政策结果也十分复杂，具有多种形式，涉及多个层面，这意味着我们无法真正地认识和测度政策到底产生了哪些结果；政策情境是复杂的，有些适用于量化，有些却不能量化，只能采用“质性”方法，而有的需要量化评估和质性评估有机结合，无论哪种方法论都无法对政策评估提供一套一致满意的方法，这往往使得我们在选择政策评估方法时无所适从。

---

① 张成福，党秀云．公共管理学（修订版）［M］．北京：中国人民大学出版社，2007：114－115.

② 陈振明．公共政策学：政策分析的理论、方法和技术［M］．北京：中国人民大学出版社，2004：288－290.

第二，成本性。可以说，任何行动都需要一定的资源支撑，都需要花费一定的行动成本。如果要全面、详实地获取政策制定、政策执行以及政策效果的所有信息，那必将是“高成本”的。公共政策具有公共性，涉及面较广，往往覆盖某一国家、某一辖区，在不同领域、不同群体、不同层级那里都会造成一定的影响效应。显然，在完整意义上的政策评估需要进行全面调查或普查，成本十分高昂①。而抽样调查、重点调查等又不可避免地存在误差。另外，还有两点需要我们注意：一方面，公共资源应该用来解决公共问题，而政策评估及其成本的直接指向是政策执行及其效果，在针对政策执行及其效果方面花费过多成本而不是针对问题“下工夫”，这种做法的合理性值得“推敲”。另一方面，政策评估毕竟属于“事后”的范畴，虽然“亡羊补牢”的做法是必要和值得肯定的，但是如果把资源和精力用于政策制定和政策执行过程，而不是用于已经产生了政策效应的事后评估，可能更有效，更容易被大家所接受。

第三，隐秘性。评估与奖励不同。如果我们针对公共政策制定与执行设置一个奖励项目，一般不会受到抵制，因为有关主体要么获得奖励，要么一无所获，但最起码不会得到惩戒与批评。而政策评估多少带有“挑毛病”的意味，因此常常受到相关主体（如政策制定者、执行者）的抵制：一是担心评估会得出不利于他们的结论；二是对政策过程的独占心理驱使他们反对他人进入，以免影响他们的行动计划；三是人的本能的支配心理。有关人员的抵触主要表现为拒绝提供评估经费和资料，蔑视、贬低和否定评估结论等②。总之，政策制定者、执行者等对政策评估的抵制，要么会直接隐藏相关信息和资料，为政策评估带来阻碍；要么规避巧用，以表面“合理”的方式执行政策，使政策评估难以得到准确信息等。

对于上述困难因素，我们应该如何应对呢？美国会计总署（General Accounting Office）对于改进绩效评估的方法具有一定的启发意义③：

第一，政策管理者要成为“组织绩效中心”，其作用在于使政策评估制度

① 刘金兰. 管理统计学［M］. 天津：天津大学出版社，2007：3.

② 陈振明. 公共政策学：政策分析的理论、方法和技术［M］. 北京：中国人民大学出版社，2004：290.

③ 转引自：张成福，党秀云. 公共管理学（修订版）［M］. 北京：中国人民大学出版社，2007：285－286.

化，适时、规范地搜集和传递绩效信息等。

第二，高层的支持与承诺。一方面，政府权威、政治精英、行政首长等要真正认识到政策评估的重要性；另一方面，要切实、认真地推动政策评估的制度化，实施政策评估，并将评估结果运用到政策过程中，使评估结果真正触动相关主体的“内心”。

第三，制定评估目标和评估规划。这是保证政策评估有效性的基本举措，也是政策管理者成为“组织绩效中心”和高层支持政策评估的具体表现。

第四，政策评估要有意义。绩效评估不能走过场，不能仅仅是形式上的评估；同时，要认真对待评估，提高评估的针对性和科学性，使评估过程及其结果能够促使政策发展，改进组织绩效。利用政策评估，持续不断地发现问题、解决问题、创新政策系统。

第五，利用评估规划和衡量体系使管理者负责任。这主要指的是政策评估结果的实质性运用。因为除非将评估结果实质性地运用于政策过程当中，否则就不会真正使政策制定者、执行者等负起应有的责任，尤其需要比较实际效果与预期目标之间的差距，并寻找其中的原因和责任者。

第六，要使高层之外的其他主体意识到政策评估的重要性，形成重视评估、认同评估、参与评估、支持评估的氛围。一方面，通过评估使政策系统得以改进，可以激励相关主体认识到评估的重要性；另一方面，要使相关主体真正地参与到评估的过程中，使其在评估体验中认识评估，并促成评估绩效的真正提升。

【复习思考题】

1. 你如何理解公共政策评估的含义？
2. 公共政策评估的意义有哪些？
3. 公共政策评估的基本面向是什么？
4. 请查阅相关资料，简单说明公共政策评估的基本类型。
5. 你如何理解公共政策评估的属性？
6. 公共政策评估需遵循的基本原则有哪些？
7. 公共政策评估的基本过程有哪些？
8. 公共政策评估的基本模式有哪些？
9. 请说明公共政策评估的基本逻辑。

10. 公共政策评估的基本方法有哪些？
11. 公共政策评估的标准有哪些？
12. 请思考，理想的公共政策评估需要具备哪些特点？
13. 如果要你设计一个公共政策评估方案，该方案中应包含哪些内容？
14. 如果要你评估一个公共政策，你将从哪些方面着手？
15. 请举一个正面或反面的实例，来分析公共政策评估的基本原则。
16. 公共政策评估面临的障碍因素有哪些？如何应对这些障碍因素？

第十章　公共政策变迁

【学习目标】

通过本章的学习，需要了解政策变迁的含义、属性；掌握政策变迁的基本形式（如政策实现/政策终结、政策调整/政策修订、政策中止/政策终止、政策发展/政策创新），以及各种政策变迁形式的适用范围、基本内容等。

【内容提要】

公共政策是“变化”的，是从一个周期到另一个周期循环往复地发展变迁的。公共政策变迁的基本属性：一是政策变迁是公共政策的必备环节；二是政策变迁源于公共政策的基本属性；三是政策变迁属于公共政策的自我调节范畴。政策变迁的基本形式有四种：政策实现/政策终结、政策调整/政策修订、政策中止/政策终止、政策发展/政策创新。每一种变迁形式都有自己的适用范围、独特意义和具体内容。在理想意义上，公共政策变迁的过程主要由四个环节构成：信息搜集与评估、变迁方案制定、变迁方案决定、实施政策变迁。在公共政策变迁的过程中，需要我们遵循针对性原则、参与性原则、有序性原则、策略性原则和创新性原则等基本原则。虽然政策变迁具有积极意义，但是在实际的政策实践中会遇到心理障碍、利益障碍、程序障碍、资源障碍和政治障碍。可以说，上述五种障碍因素只会有程度大小的不同，而不会永远地消失。因此，需要采取一定的应对策略：公共责任机制的构建；政策变迁氛围的形塑；利益补偿机制的形成；政策变迁时机的把握；高层政治承诺的支持等。

请读者思考并回答这么几个问题：公共政策系统是否是一劳永逸的，如果不是，那么如何来解释这种非一劳永逸的政策系统？经过实施和评估之后的公共政策将走向何方，如何处置？某一项公共政策经过一段时间的实施之后，完满地实现了政策目标，解决了政策问题，满足了相关需求，那么，该如何处置该政策？某一项公共政策经过执行取得了一定的效果，但是也存在一些需要改进的地方，那么，又该如何处置该政策？某一项公共政策在执行的过程中出现了一些严重的问题，无法顺利实施，或者即使实施了也无法取得效果，对于这一政策我们又该采取哪些应对措施呢？

上述几个问题说明了公共政策是“变化”的，是从一个周期到另一个周期循环往复地发展变迁的。不难看出，政策变迁面临着多种情境，需要采取多种应对形式。决策者通过政策评估及监测，在获得政策执行及政策结果的信息之后，必须对政策去向做出判断和选择：是维持、延续、调整这项政策，还是终止该政策？如果决定终止，这就意味着该政策生命的结束和新政策的开始①。基于此，本章以公共政策变迁为主题，阐述其概念、属性、基本形式及其适用范围等内容。

第一节　公共政策变迁的概念与属性

20 世纪 90 年代以来，政策科学界兴起了一个新的研究热点——政策变迁（Policy Change），对政策的稳定性与变动性、政策终结（Policy Termination）、政策周期（Policy Cycle）等进行了多个层面的研究，形成一种“政策变迁理论”②。当然，对于政策变迁，学者们的具体表述存在差异，对其属性的分析也是见仁见智。

一、公共政策变迁的概念

变迁指的是“情况或阶段的变化转移。”③ 不难发现，“变迁”更多强调

① 陈振明．公共政策学：政策分析的理论、方法和技术［M］．北京：中国人民大学出版社，2004：321.

② 陈振明．政策科学：公共政策分析导论（第二版）［M］．北京：中国人民大学出版社，2004：387.

③ 中国社会科学院语言研究所词典编辑室编．现代汉语词典（修订本）［Z］．北京：商务印书馆，1996：78.

的是变化，是一种“中性”的表述。这与“发展”不同，发展指的是“事物由小变大、由简单到复杂、由低级到高级的变化”①。其强调的是朝向某一正方向的变化。由此，我们认为，公共政策变迁是指公共政策在经过执行、评估之后，由决策者根据情况决定的政策走向。

需说明三点：一是有不少学者仅仅在“负面”意义上理解政策变迁，将之视为政策调整和政策中止；二是有学者将这变迁视为政策创新与政策发展，对其“正面”价值强调有加，而相对忽视其“负面”意义；三是也有学者在中性意义上用政策变迁来概括政策执行和评估之后的政策走向，并认为政策实现/政策终结、政策调整、政策中止、政策发展等是政策变迁的基本形式，它们分别适用于不同的政策执行情境和评估结论。这里我们更加倾向于第三种观点。

二、公共政策变迁的属性

认识公共政策变迁的属性，有助于我们更好地认识公共政策变迁。对此，我们可以从三方面来理解：（1）政策变迁是公共政策的必备环节；（2）政策变迁源于公共政策的基本属性；（3）政策变迁属于公共政策的自我调节范畴。

第一，公共政策变迁是公共政策的必备环节。本书第八章的“政策监控”和第九章的“政策评估”都属于政策“反思”的范畴。问题是，“反思”之后做什么呢？需要通过哪些措施、采取哪些行为才能使“反思”的结果落到实处呢？如果说政策监控和政策评估多少带有“批判性思维”的话，那么在“批判”之后，我们需要做哪些“建设性”“建构性”“发展性”的举措呢？答案是——“政策变迁”。就像去探险一样，先选择了一条路，走着走着觉得越来越不对劲甚至明显地觉得这是一条错误的路，在这个时候，就有必要马上停止行动，重新决策、重新调整行动路线。这意味着要改变原有的行动决策。在公共政策那里，这种改变就是政策变迁的一种形式。换言之，通过政策监控和政策评估，我们可能会发现：现行政策目标设定存在偏差，对政策问题的估计和预测不准确，政策方案设计的可行性、回应性、充分性等不充足，政策执行者无法有效地按照预定计划执行政策，政策执行效果与预定目

① 中国社会科学院语言研究所词典编辑室编．现代汉语词典（修订本）［Z］．北京：商务印书馆，1996：340.

标存在较多矛盾等。在这种情况下，要么将现行政策废止，要么根据评估所搜集到的信息对现行政策进行修正、调整，要么根据最新情况重新制定一个新的政策，等等。总之，政策变迁是政策监控、政策评估的后续环节，是针对监控和评估结果所采取的进一步行动，既可以被视为现行政策执行的继续，又可以被视为新政策过程的开始①。

第二，公共政策变迁源于公共政策的基本属性。公共政策的生命力和价值在于公共政策的运动和发展。公共政策科学本质上是一门研究公共政策发展的科学，它要揭示公共政策体系活动的规律，改进公共政策组织系统，创造科学的公共政策分析方法，开创公共政策发展新局面②。我们可以从三方面来进一步解释这段话：一是公共政策是应对社会公共问题的举措，在客观上，社会公共问题是变化的，因此公共政策为确保自己的回应性、适应性，就必须具有“变迁”的属性。也可以说，公共政策变迁是公共政策系统适应经济社会发展的基本要求。二是公共政策具有“周期性”“政策本身是一个运动、发展的过程，旧政策渐趋终结，新的政策不断产生，从而形成政策循环往复的周期现象。政策周期的研究有助于防止政策僵化，促进新的、充满活力的政策的产生。”③ 也就是说，公共政策是变动性和稳定性、创新性和连续性的统一。“即便是高水平的公共政策，也有一个向更高层次发展的问题，正是这种提高和发展，促进了社会的进步。”④ 公共政策不能朝令夕改，这会导致政策执行者和政策相对人无所适从，降低政策的权威性；公共政策也不能“固步自封”，“固步自封”的政策是僵化的，是无视政策环境变化这一现实的。三是公共政策应该具有“同步逻辑”。即从哲学层次上审视和观察公共政策，它作为一种“事物”，有着自身的发展规律，自身会进行“新陈代谢”。只不过，这种“新陈代谢”过程不是简单重复，而是有质量地上升和发展，以适应经济社会的发展。这种上升和发展具有“螺旋性”特征⑤。

第三，公共政策变迁属于公共政策的自我调节范畴。从外部环境的角度

---

① ［美］威廉·N. 邓恩. 公共政策分析导论（第四版）［M］. 谢明等译. 北京：中国人民大学出版社，2011：262.

② 周树志. 公共政策学：一种政策系统分析新范式［M］. 西安：西北大学出版社，2000：596.

③ 陈振明. 政策科学：公共政策分析导论（第二版）［M］. 北京：中国人民大学出版社，2004：403.

④ 樊钉. 公共政策［M］. 北京：国家行政学院出版社，2005：240.

⑤ 周树志. 公共政策学：一种政策系统分析新范式［M］. 西安：西北大学出版社，2000：596.

看，公共政策变迁的目的在于适应经济社会的发展和变化，以达到实现某种“外平衡”的目标。但从公共政策自身的角度看，公共政策变迁是一种自我调节的活动，旨在实现“内平衡”。也就是说，公共政策变迁并不是消极的适应环境变化、解决执行困境的行为①，而是主动地发现问题、解决问题的自我调节行为，正是通过这种自我调节行为使政策过程得到优化，使政策系统的所有要素都能够协调一致、相互融通、相互促进②。

第二节　公共政策变迁的形式与逻辑

公共政策变迁面临着多种情况，其本身具有的复杂性和多样性，需要采取不同的变迁形式、遵循不同的变迁逻辑。那么，公共政策变迁具体包括哪些形式呢？每一种政策变迁形式的适用范围是什么？需要采取怎样的举措才能使政策变迁更为合理、更具积极性？本节将尝试回答这些问题。

一、公共政策变迁的形式

有学者指出，在经过政策评估之后，根据不同的评估结果可有四种处理方式：政策方案调整、政策方案持续、政策方案终止、政策方案重组③。具体见表 10－1。

上述对政策变迁基本形式的分类有一定的启发意义。但是不难发现，这种分类存在一定的问题：一是政策终止，针对的是“完美”的政策方案，而对于完全无法执行的政策方案却采用的是“政策方案重组”，这不太合适；二是对政策方案调整和政策方案重组的界限并不清晰；三是政策方案持续的情境与政策方案终止、政策方案调整相类似；四是这几种政策变迁形式都是针对政策方案的，而并不是针对政策系统，未涉及政策执行者、政策工具等内容。基于此，我们认为政策变迁的基本形式有四种：政策实现/政策终结、政策调整/政策修订、政策中止/政策终止、政策发展/政策创新。

---

① 樊钉．公共政策［M］．北京：国家行政学院出版社，2005：210.

② ［美］威廉·N. 邓恩．公共政策分析导论（第四版）［M］．谢明等译．北京：中国人民大学出版社，2011：289.

③ 张成福，党秀云．公共管理学（修订版）［M］．北京：中国人民大学出版社，2007：115－116.

表 10－1　公共政策评估结果及政策去向分类

政策去向	公共政策评估结果
政策方案调整（adjustment）	经过对政策执行的评估之后，发现政策执行存在一些困难，或者政策环境发生变化、政策问题发生改变，或者政策执行的人财物等资源出现不足的情况，因此调整政策方案，包括调整政策执行方法、技术，调整政策程序等
政策方案持续（continuation）	经过对政策执行的评估之后，发现或推测政策执行取得了一定的积极效果，满足了政策相对人的有关需求，解决了政策问题，实现了预定政策目标，因此可以继续执行该政策方案，而无需做任何调整
政策方案终止（termination）	经过对政策执行的评估之后，发现或推测原有的政策问题已经解决，且未出现新的问题，因此终止该政策方案的执行
政策方案重组（restructuring）	经过对政策执行的评估之后，发现原有的政策问题并没有解决，是因为起初的问题建构、目标设计、方案选择等出了问题，这意味着需要重新建构问题、设计目标、选择方案

资料来源：张成福，党秀云．公共管理学（修订版）［M］．北京：中国人民大学出版社，2007：115－116.

（一）政策实现/政策终结

政策实现/政策终结的具体表现是终结该政策方案，即政策方案不再具有法律效应。其适用情境是，政策问题被完美地解决，政策目标也已全部实现，且该政策所针对的社会公共问题不再存在。比如，针对某一公共设施的政策方案，待该公共设施完全建好之后，就可以宣布该政策方案已经实现，可以终结了。

宣布政策实现/政策终结具有重要的意义。一方面，政策实现意味着政策价值得到充分发挥，也最终证明了政策的有益功能，在此种情况下宣布其实现/终结，会起到振奋人心、皆大欢喜的效果。这要比任凭公共政策“自然削弱”直至“灭亡”要好很多①。另一方面，宣布政策实现/政策终结有助于节省政策资源。因为政策终结意味着政策活动的结束、某种机构、规划、惯例的终止以及有关人员的裁减。因此，政策终结可以减少人力、物力、财力的无效消耗，从而节省有限的政策资源②。换言之，对于那些已充分发挥作用的政策方案（问题已解决且不再存续、目标已实现且不再延续），如果让其继续执行，自然就意味着执行资源的浪费，包括人力、物力、精力等。由此可以说，宣布政策实现/政策终结是一种提高政策资源利用效率、净化政策系统的

---

① 周树志．公共政策学：一种政策系统分析新范式［M］．西安：西北大学出版社，2000：361.

② 陈振明．政策科学：公共政策分析导论（第二版）［M］．北京：中国人民大学出版社，2004：391.

行动。

政策实现/政策终结的方式一般有两种[①]：一是直接废止该政策方案，终结其功能、执行机构、执行举措、涉及的政策项目等。二是政策替代，指用一种新的政策方案来替代现有政策方案，原有的政策执行机构、执行资源等随之进入新的政策系统，在新系统中发挥作用。这种做法能够减少政策终结的阻力，并使原有的政策资源在新的政策领域中发挥积极作用。

（二）政策调整/政策修订

政策调整/政策修订的具体表现是对现行政策方案的目标、措施、执行工具等进行修改、完善，以更好地适应政策情境的变化。其适用情境是，该政策方案经过执行之后发挥了一定的功效，但是在目标、举措、执行工具等方面存在一些有待改进的地方，且该政策方案针对的公共问题远未解决，因而对该政策进行调整与修订。注意，这里并未彻底否定该政策方案，只是正视其中存在的一些问题，旨在通过调整来完善该政策方案，以更好地实现政策目标。

实际上，政策调整是一种附加条件的政策继续。一般意义上的政策继续是在评估之后因为政策执行的有效和有序性而直接延续政策的生命，不加调整与修订。而政策调整则不同，其虽然也承认政策方案及其执行的有效性，但是并不直接延续其执行，而是在进行非根本性的修改、完善之后继续执行。

政策调整的意义比较明显。一是增加了政策的适应性。经过执行及其评估，可能会发现政策问题发生了某些变化，也加深了对政策问题、政策目标、政策环境等的认识，在此基础上对政策方案做些有针对性的调整，可以更好地解决问题、实现目标。二是政策调整具有“渐进调适”特征，避免了政策实践的“震荡”，不至于使政策制定者、决策者、执行者、相对人等发生较大的心理调适，这有助于保持稳定，也可以减少政策变迁所面临的阻力和障碍。三是政策调整属于“微调”，这有助于保证政策执行的连续性，既能防止因朝令夕改而导致政策权威性的削弱，又能实现通过持续发力解决政策问题的目的[②]。

一般而言，政策调整的方式有：一是简单修改，即对政策目标、政策举措、政策执行方法、政策相对人等进行一些细微修正；二是政策合并，即将

---

① 陈振明．政策科学：公共政策分析导论（第二版）［M］．北京：中国人民大学出版社，2004：393－394.

② 陈振明．公共政策学：政策分析的理论、方法和技术［M］．北京：中国人民大学出版社，2004：324.

某一政策方案合并进另一政策方案中，或者将某一种政策方案的部分内容合并进另一政策方案中；三是政策分离（或称政策分解），即根据某种标准将某一政策方案划分为不同政策方案分别予以执行，或者将特定政策方案中的某一部分单列出来予以执行。

（三）政策中止/政策终止

政策中止/政策终止的具体表现与政策实现/政策终结一样，都是取消该政策的法律效力，不再将其作为执行依据。但是，政策中止/政策终止与政策实现/政策终结的适用情境不同，它是在该政策方案错误百出、毫无执行可能或毫无执行意义的情况下做出的决定。也就是说，即使政策问题仍然存在、政策目标仍未实现，但也只能重新制定政策、重新启动型政策周期。因为该政策方案已“无药可救”，没有丝毫存在的价值。不难发现，政策实现/政策终结是一种“皆大欢喜”的结果，而政策中止/政策终止是一种不得已而为之的结果，具有惩罚性、戒惧性。

政策中止/政策终止的意义有：节省政策资源，优化政策系统等。按照马克·R. 丹尼尔斯（Mark R. Daniels）的说法，政策中止可以在两种情形中实现：一是使政策效力逐渐减弱、自然消亡；二是强制中止。对于强制性的政策中止，又可以分为六种情形：政策废止、政策替代、政策合并、政策分解、政策缩减、政策法律化①。见表 10-2。

表 10-2　政策中止的基本形式

中止形式	具体描述
政策废止	直接宣布一项政策废止，这一方法常常通过政策清理的方式完成
政策替代	用新的政策方案代替旧的政策方案
政策合并	中止了旧的政策，但其部分内容被合并到其他政策方案中去；或者将多个旧政策合并成一个新的政策
政策分解	将旧政策按照一定原则或类型分解成几个部分，每一部分作为新政策来各自执行
政策缩减	采用渐进的方式逐渐减少政策涉及的范围，逐步中止旧政策。这与政策调整相似，只不过其目的在通过“量变”实现“质变”——达到中止该政策的目的
政策法律化	这是一种发展型的政策中止。指将被证明有效可行的政策方案转变为法律，目的在于提高其权威性和强制力

资料来源：陈振明．政策科学：公共政策分析导论（第二版）[M]．北京：中国人民大学出版社，2004：394-395.

① 陈振明．政策科学：公共政策分析导论（第二版）[M]．北京：中国人民大学出版社，2004：394-395.

（四）政策发展/政策创新

政策发展/政策创新的具体表现形式是政策系统的全面优化，如人员优化、组织优化、程序优化、方法优化等①。“矛盾是一切事物发展的动力。公共政策发展的动力归根结底来自公共政策体系与公共政策环境的矛盾。”② 不难发现，政策发展/政策创新并不仅仅针对政策方案进行的，其对象是整个政策系统，包括政策主体、政策客体和政策介体的全方位改进与优化。其目的在于通过一定的手段和方法全面提升政策水平，也正因为如此，就不能仅将视角倾注于政策方案本身之上③。基于此，学者徐家良对公共政策创新的含义和主题作出如下描述：

> 公共政策创新是公共政策创新主体根据社会发展的需要，面对新型的公共政策问题，重新组合公共政策要素，及时调整各种资源配置，以实现公共政策创新目标的过程。从公共政策创新的主题来分，可以有公共政策创新主体、公共政策创新内容、公共政策创新手段、公共政策创新程序。④

二、公共政策变迁的逻辑

这一部分主要阐述公共政策变迁的过程、原则、障碍因素（阻力）及其应对等内容。

（一）公共政策变迁的过程

在理想意义上，公共政策变迁的过程由四个环节构成：信息搜集与评估、变迁方案制定、变迁方案决定、实施政策变迁。见图 10 – 1。

第一，信息搜集与评估。这实际上是公共政策评估的延续，指的是在评估的基础上，对有关政策信息进行分析、评估，确定公共政策的走向，选择具体的公共政策变迁形式。这一阶段属于公共政策变迁的起点。

第二，变迁方案制定。在确定了具体的变迁形式之后，要详细制定变迁方案。这一阶段实际上是在政策评估的基础上，重新选择行动路线、设计政

① 樊钉．公共政策［M］．北京：国家行政学院出版社，2005：240.
② 周树志．公共政策学：一种政策系统分析新范式［M］．西安：西北大学出版社，2000：605.
③ 樊钉．公共政策［M］．北京：国家行政学院出版社，2005：253.
④ 徐家良．公共政策分析引论［M］．北京：北京师范大学出版社，2009：258.

策方案。只不过，其起源于政策评估及其结果，针对的是现有政策实施过程中存在的具体问题。当然，政策变迁方案的设计要遵循本书第五章所讲述的所有原则、方法等。

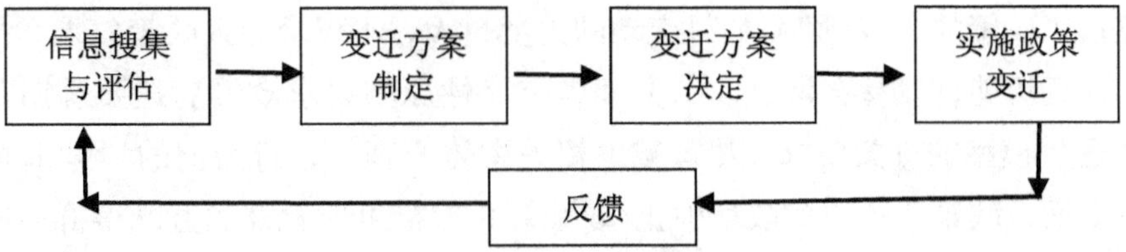

图 10－1　政策变迁过程示意图

第三，变迁方案决定。这一过程与本书第六章、第七章所讲述的公共政策方案前景预测、政策方案比较以及公共决策基本一致。即选择一个具体可行、科学合理的变迁方案，以实现有序、有效的政策变迁。

第四，实施政策变迁。这一过程与本书第九章所阐述的政策执行基本一致。指的是将变迁方案应用于具体的情境当中，变成政策实践，产生具体的政策变迁效应。在某种意义上可以说，实施行为发生后，特定的政策变迁过程即已完成，紧接着将是政策情境对变迁实践的反馈。政策系统根据反馈信息启动新一轮的政策周期。

（二）公共政策变迁的基本原则

在公共政策变迁的过程中，需要我们遵循：针对性原则、参与性原则、有序性原则、策略性原则、创新性原则。

第一，针对性原则。针对性原则在根本上要求政策变迁行为“实事求是”，针对政策执行结果以及政策评估结果来选择和执行政策变迁方案。换言之，不能“任性”地选择政策变迁形式，而应该系统审视政策执行结果，并根据该结果确定下来的“适用范围”来确定是继续执行该政策，还是在四种基本变迁形式（政策实现/政策终结、政策调整/政策修订、政策中止/政策终止、政策发展/政策创新）中选择一种。同时，还要根据政策执行困境的原因、政治力量对比、政策问题情境等设计具体的政策变迁方案。

第二，参与性原则。一方面，政策变迁极可能会面临诸多阻力，包括既得利益者的阻碍、政策制定者的阻碍等，因此如果能够吸纳多方参与，听取多方意见和建议，都将有助于顺利地推进政策变迁。另一方面，政策变迁方案的设计、实施等需要实现参与者的广泛性和复杂性，在“政策网络”的意义上推进政策变迁过程，这也是现代政策过程的基本体现①。

第三，有序性原则。稳定与秩序是公共政策制定、执行等全过程中都必须要注意的问题。在政策变迁过程中尤其是要强调有序性原则，因为政策变迁体现了政策的“变动”，如果变动的力度过大，不仅会导致政策效果大打折扣，而且可能诱发社会混乱。一方面，有序性原则要求政策变迁要遵循“渐进调适”模型的有关要求，尽量减少相关主体心理上、行为上的“调适量”；另一方面，政策变迁中的政策中止/政策终止等极可能触及利益既得群体的反对，如果处理不当，将会扩大罅隙和张力。因此，要在有序性原则的基础上合理地应对各种障碍因素。

第四，策略性原则。为实现有序变迁，就需要决策者运用高超的智慧，设计合理的应对策略来推进政策变迁——尤其是在政策中止/政策终止等过程中，阻碍力量较大，更加需要策略性原则的遵循和运用。有学者指出，以下几种策略：重视说理工作，积极争取支持力量；旧政策终结与新政策出台并举；选择有利的终结时机和焦点；“力场分析”、传播试探性信息与“闪电”策略；正确处理好政策终结与政策稳定、政策发展的相互关系等②。下文还会详细阐述实施政策变迁的策略。

第五，创新性原则。“创新”是永恒的发展动力，通过政策系统的全方位创新能够更好地解决公共问题、处理公共事务、实现公共利益。自然、有效的政策创新能够更有力地吸纳社会公众的认同，提升政策的合法性；同时，适时推出有吸引力的政策创意手段，也能够减少政策变迁的阻力，提高政策变迁的有序性。因此，在政策变迁中要遵循创新性原则，一方面要实质性地超越原有政策方案，包括政策方案的可行性、适应性、回应性等；另一方面，要在政策执行工具、政策制定系统、政策执行网络等方面做到创新，以更加适应经济社会的现代化发展③。

（三）公共政策变迁的障碍因素及其应对

学者狄龙（P. Deleon）曾指出，在政策中止方面存在很多阻力和障碍，

① 朱春奎等．政策网络与政策工具：理论基础与中国实践［M］．上海：复旦大学出版社，2011：1.

② 陈振明．政策科学：公共政策分析导论（第二版）［M］．北京：中国人民大学出版社，2004：399－403.

③ 顾建光．公共政策分析述论［M］．上海：上海人民出版社，2013：142.

如：心理上的抵触，执行机构的持久性，组织和结构对环境的适应性，反中止者结成的联盟，法律程序上的复杂性和障碍，政策中止的高成本等①。在这里，主要阐述影响公共政策变迁的五种障碍因素。

第一，心理障碍。一方面，现行政策经过执行（尤其是经过长时间执行）后，往往会在人们内心深处形成一种思维定势、文化模式。或者说，政策的长时间执行会形成一种心理依赖，人们因此而不太愿意面对新的改变，且改变总会产生一种不确定性，这也使得人们不太愿意看到改变，进而对政策变迁产生一种抵触心理。另一方面，政策变迁意味着对现行政策的改变，这对政策方案设计者、政策制定者、公共决策者、政策执行者而言具有批判性，因此他们在心理上往往不能接受政策变迁。

第二，利益障碍。一方面，公共政策具有分配功能，可以说任何一项公共政策的实施都会构建一种利益格局。在这一格局中，必然有利益既得者（或受益者），也有利益受损者（或不利者）。对于利益既得者，他们会极力阻止政策变迁，甚至会以利益集团的方式发起社会运动，向政治系统施加压力。如果处理不当，利益集团的介入常常会诱发社会失序。另一方面，政策执行机构及其结成的联盟也是既定政策的利益获得者，如果终结某项政策，即意味着执行机构的终结，也会削弱他们的职权，所以它们也常常从自身利益出发来阻碍政策变迁。

第三，程序障碍。公共政策属于公共管理的范畴，需要“依法”行事。因此，任何政策的确定和组织机构的建立，都是通过一定的法律程序进行的，同样，政策的终止和组织机构的撤销也必须按照法定的程序来办理②。遗憾的是，法定程序本身就需要时间，其间也涉及多元主体的博弈，所以程序常常是“复杂的”，这构成了政策变迁的障碍。

第四，资源障碍。一方面，原有政策在实施过程中，一般都投入了相当多的政策资源，这些资源中的大部分可能都属于“沉没成本”。这意味着，政策变迁本身会使“沉没成本”永远沉没，是一种浪费。这多少会令政策变迁“投鼠忌器”、顾虑重重。另一方面，政策变迁需要投入新的政策资源，并且

---

① 陈振明．政策科学：公共政策分析导论（第二版）［M］．北京：中国人民大学出版社，2004：389.

② 陈振明．政策科学：公共政策分析导论（第二版）［M］．北京：中国人民大学出版社，2004：397.

因政策创新而需要更多、更高层次的政策资源，这些资源不充足性常常构成新政策周期启动的障碍。

第五，政治障碍。一方面，如上所述，政策变迁意味着对现有政策格局的重构，这种变动特征会在新时期带来不确定性。即通过执行及其评估发现了旧政策存在的问题，但是也不能确保新政策万无一失、毫无风险。这对于稳定第一、秩序优先的政治原则来讲是不适当的。另一方面，“多一事不如少一事”“无过便是有功”等政治心态也是政策变迁的障碍。即为了保证不犯新错误，所以宁可遵照原有政策措施或仅作形式上的完善、细枝末节上的调整，也不愿意大刀阔斧的创新。

可以说，上述五种障碍因素只会有程度大小的不同，而不会永远的消失。那么，如何应对这些障碍因素呢？结合有关理论和实践，这里提出几种关键的应对策略：

第一，公共责任机制的构建。在最根本的意义上，政策变迁的障碍在于个别群体患得患失的心态及其对于利益损失的恐惧，而政策变迁的价值在于其可以真正地促进公共利益实现。解决这一矛盾的首要办法就是提高政策决策者、执行者以及相关利益群体的公共责任感。即在公共价值的基础上决定是否要推进政策变迁，而不是在自我价值上确定是否要实施政策变迁①。公共责任感的提升需要公共责任机制的建构：一是要加强责任规范的宣扬，使相关主体在内心深处认可有关公共规范，且具备积极履行责任态度，而不至于推卸责任、畏首畏尾。二是要通过公共参与的方式，提高公共政策系统的回应性，更好地履行公共责任。三是加强行政控制机制、监督机制等来促进相关主体担当责任②。查尔斯·E. 吉伯特（Charles E. Gilbert）在其《行政责任的框架》、特里·L. 库珀（Terry L. Cooper）在其《行政伦理学：实现行政责任的途径》等著作中都对公共责任机制的建构进行了详细论述，读者可以参阅这两本著作。

第二，政策变迁氛围的形塑。如上所述，政策变迁的很多障碍因素具有主观性，源于惧怕变迁、患得患失的政治心理，这就需要形塑一种有利于政

① 陈振明．政策科学：公共政策分析导论（第二版）[M]．北京：中国人民大学出版社，2004：399.

② 张成福，党秀云．公共管理学（修订版）[M]．北京：中国人民大学出版社，2007：355－356.

策变迁的氛围，以消除这些心理层面上的抵触。具体包括：一是在全社会形成一种勇于创新、敢于突破的社会心理，在整体上塑造一种鼓励创新、期待变化的公共生活形态；二是通过有针对性的“说理”工作，积极争取支持力量，化解抵触因素的强度；三是通过宣传、协商、听证、恳谈、座谈会等方式扩大参与，以此来消除抵触情绪，增强关于变迁、发展的认识程度①。

第三，利益补偿机制的形成。在政策变迁过程中，往往会触及一些利益既得群体的利益，致使他们成为阻碍政策变迁的核心要素。因此，除了通过说理工作使其接受政策变迁之外，还需要切切实实地、依法依程序给予他们一定的补偿；或者说，要使他们感觉到新政策的出台并不必然有害，相反，新政策将给予他们新的机会、新的期望。一般而言，利益补偿机制的形成可通过以下几种方式实现：一是新政策的出台与旧政策终结同时进行；二是对被损利益群体给予新的安置或直接的物质补偿；三是在其他政策中给予被损利益群体以特别对待，弥补就政策终结带来的利益损害等。

第四，政策变迁时机的把握。在特定焦点事件发生后，全社会的心理取向可能会趋于一致，即使那些反对变迁的群体也不会在这种情况下发出反对声音，此时便是最好的时机。比如，实施多年的“收容遣送政策”在“孙志刚事件”发生后，各种媒体都在大力宣扬其危害性和不合时宜性，尽管有些部门不太情愿中止这项政策，但是当国务院在“孙志刚事件”的舆论情境中宣布其中止时，这些部门并没有发出过于强烈的反对声音。

第五，高层政治承诺的支持。在公共政策系统当中，“高层”的引导和决断具有较高强的影响力。因此，政策变迁的启动、实施如果能够得到高层的支持，在高层得以决断和明确，往往能够起到“事半功倍”的效果②。

【复习思考题】

1. 什么是政策变迁？请尝试举几个政策变迁的实例。
2. 如何理解政策变迁的属性？
3. 政策变迁的形式有哪些？
4. 政策实现/政策终结的适用范围是什么？

---

① 陈振明．政策科学：公共政策分析导论（第二版）[M]．北京：中国人民大学出版社，2004：399.

② 张成福，党秀云．公共管理学（修订版）[M]．北京：中国人民大学出版社，2007：285.

5. 政策实现/政策终结的意义是什么?
6. 政策调整/政策修订的适用范围是什么?
7. 怎样进行政策调整?请尝试举一个政策调整的实例。
8. 为什么要进行政策调整?
9. 政策中止的适用范围是什么?
10. 怎样才能实现政策中止?请尝试举一个政策中止的实例。
11. 政策中止的障碍因素有哪些?
12. 政策中止的意义是什么?
13. 政策发展的意义是什么?
14. 政策发展的基本表现是什么?
15. 怎样才能更好地促进政策发展?

主要参考文献

[1] [美] R·M·克朗. 系统分析和政策科学 [M]. 陈东威译. 北京：商务印书馆，1985.

[2] [美] 查尔斯·林德布洛姆. 决策过程 [M]. 竺乾威等译. 上海：上海译文出版社，1988.

[3] [美] 斯图亚特·那格尔. 政策研究百科全书 [M]. 林明等译. 北京：科学技术文献出版社，1990.

[4] [美] 史蒂文·凯尔曼. 制定公共政策 [M]. 商正译. 北京：商务印书馆，1990.

[5] [美] 詹姆斯·E·安德森. 公共决策 [M]. 唐亮译. 北京：华夏出版社，1990.

[6] [日] 药师寺泰藏. 公共政策 [M]. 张丹译. 北京：经济日报出版社，1991.

[7] [日] 大岳秀夫. 政策过程 [M]. 傅禄永译. 北京：经济日报出版社，1992.

[8] [以] 叶海卡·德罗尔. 逆境中的政策制定 [M]. 王满传等译. 上海：上海远东出版社，1996.

[9] [美] 拉雷·N. 格斯顿. 公共政策的制定：程序和原理 [M]. 朱子文译. 重庆：重庆出版社，2001.

[10] [澳] 欧文·E. 休斯. 公共管理导论（第二版）[M]. 彭和平等译. 北京：中国人民大学出版社，2001.

[11] [美] 弗兰克·费希尔. 公共政策评估 [M]. 吴爱明等译. 北京：中国人民大学出版社，2003.

[12] [美] 保罗·A. 萨巴蒂尔. 政策过程理论 [M]. 彭宗超等译. 北京：生活·读书·新知三联书店，2004.

[13] [美] B. 盖伊·彼得斯，[美] 弗兰斯·K. M. 冯尼斯潘. 公共政策工具：对公共管理工具的评价 [M]. 顾建光译. 北京：中国人民大学出版社，2007.

[14] [美] 托马斯·R. 戴伊. 理解公共政策（第十二版）[M]. 谢明译. 北京：中国人民大学出版社，2010.

[15] [美] 约翰·克莱顿·托马斯. 公共决策中的公民参与 [M]. 孙柏瑛等译. 北京：中国人民大学出版社，2010.

[16] [美] 威廉·N. 邓恩. 公共政策分析导论（第四版）[M]. 谢明等译. 北京：中国人民大学出版社，2011.

[17] [美] 尼古拉斯·亨利. 公共行政与公共事务（第十版）[M]. 孙迎春译. 北京：中国人民大学出版社，2011.

[18] [美] 戴维·L. 韦默，[加] 艾丹·R. 瓦伊宁. 公共政策分析：理论与实践（第四版）[M]. 刘伟译. 北京：中国人民大学出版社，2013.

[19] 孙光. 政策科学 [M]. 杭州：浙江教育出版社，1988.

[20] 伍启元. 公共政策 [M]. 香港：商务印书馆，1989.

[21] 桑玉成，刘百鸣. 公共政策学导论 [M]. 上海：复旦大学出版社，1991.

[22] 张金马. 政策科学导论 [M]. 北京：中国人民大学出版社，1992.

[23] 沈承刚. 政策学 [M]. 北京：北京经济学院出版社，1996.

[24] 周树志. 公共政策学：一种政策系统分析新范式 [M]. 西安：西北大学出版社，2000.

[25] 刘伯龙，竺乾威. 当代中国公共政策 [M]. 上海：复旦大学出版社，2000.

[26] 林水波，张世贤. 公共政策 [M]. 台北：五南图书出版公司，2001.

[27] 严强，王强. 公共政策学 [M]. 南京：南京大学出版社，2002.

[28] 陈振明. 公共政策分析 [M]. 北京：中国人民大学出版社，2003.

[29] 陈振明. 政策科学：公共政策分析导论（第二版）[M]. 北京：中国人民大学出版社，2003.

[30] 宁骚. 公共政策学 [M]. 北京：高等教育出版社，2003.

[31] 陈振明. 公共政策学：政策分析的理论、方法和技术 [M]. 北京：中国人民大学出版社，2004.

[32] 张国庆．公共政策分析 [M]．上海：复旦大学出版社，2004.
[33] 谢明．公共政策导论 [M]．北京：中国人民大学出版社，2004.
[34] 樊钉．公共政策 [M]．北京：国家行政学院出版社，2005.
[35] 钱再见．公共政策学新编 [M]．上海：华东师范大学出版社，2006.
[36] 张凤阳．政治哲学关键词 [M]．南京：江苏人民出版社，2006.
[37] 胡象明．公共部门决策的理论与方法（第二版）[M]．北京：高等教育出版社，2007.
[38] 张成福，党秀云．公共管理学（修订版）[M]．北京：中国人民大学出版社，2007.
[39] 陈潭．公共政策学原理 [M]．武汉：武汉大学出版社，2008.
[40] 陈振明．政府工具导论 [M]．北京：北京大学出版社，2009.
[41] 王达梅，张文礼．公共政策分析的理论与方法 [M]．天津：南开大学出版社，2009.
[42] 徐家良．公共政策分析引论 [M]．北京：北京师范大学出版社，2009.
[43] 汪大海．现代公共政策学 [M]．北京：清华大学出版社，2010.
[44] 黎民．公共管理学（第二版）[M]．北京：高等教育出版社，2011.
[45] 魏娜．公共管理的方法与技术（第二版）[M]．北京：中国人民大学出版社，2011.
[46] 顾建光．公共政策分析述论 [M]．上海：上海人民出版社，2013.
[47] 朱亚鹏．公共政策过程研究：理论与实践 [M]．北京：中央编译出版社，2013.
[48] 朱国云．组织理论：历史与流派（第二版）[M]．南京：南京大学出版社，2014.
[49] 王春福．公共政策论：社会转型与政府公共政策 [M]．北京：北京大学出版社，2014.
[50] 关信平．社会政策概论（第三版） [M]．北京：高等教育出版社，2014.